Le droit du quotidien

SCHOOL OF
Policy Studies
QUEEN'S UNIVERSITY

L'École des études en politiques publiques de l'Université Queen's est un centre de tout premier plan pour la recherche et les études de haut niveau dans le domaine des politiques publiques. L'École offre un diplôme d'études supérieures multidisciplinaires; elle parraine plusieurs instituts et programmes de recherche et sert de lien entre le monde de la recherche universitaire et celui des affaires publiques.

The School of Policy Studies at Queen's University is a leading centre for advanced research and education in public policy. The School offers a multidisciplinary graduate degree, sponsors a number of research institutes and programs, and serves as a bridge between the world of academic research and the world of public affairs.

LAW COMMISSION OF CANADA
COMMISSION DU DROIT DU CANADA

La Commission du droit du Canada a officiellement commencé à exercer ses activités en juillet 1997. Le but de la Commission est de fournir au Parlement des conseils indépendants sur les politiques et les réformes du droit en assurant une perspective multidisciplinaire sur les besoins changeants de la société canadienne.

La Commission du droit du Canada est un organisme fédéral indépendant qui a pour mission d'engager les Canadiens et Canadiennes dans la réforme du droit afin de s'assurer qu'il soit pertinent, dynamique, efficace, juste et également accessible à tous et à toutes.

The Law Commission of Canada was officially established in July of 1997. Its purpose is to provide Parliament with multidisciplinary and independent advice on legal policy and law reform issues to address the changing needs of Canadian society.

The Law Commission of Canada is an independent federal agency committed to engage Canadians in the renewal of the Law to ensure that it is relevant, responsive, effective, equally accessible to all, and just.

Le droit du quotidien

Roderick Alexander Macdonald

Publié pour le compte de la Commission du droit du Canada
et l'École des études en politiques publiques de
l'Université Queen's par les presses universitaires McGill-Queen's
Montréal et Kingston • London • Ithaca

Données de catalogage avant publication de la
Bibliothèque nationale du Canada

Macdonald, Roderick A.
    Le droit du quotidien

Comprend des références bibliographiques.
Texte en français et en anglais, tête-bêche.
ISBN 0-88911-913-9 (rel.). — ISBN 0-88911-915-5 (br.)

    1. Droit — Canada — Ouvrages de vulgarisation. 2. Droit — Philosophie.
3. Droit et morale. 4. Droit — Réforme — Canada — Participation des citoyens.
I. Commission du droit du Canada. II. Queen's University (Kingston,
Ont.). School of Policy Studies. III. Titre. IV. Titre: Lessons of everyday law.

KE447.M34 2002   349.71   C2002-900491-8F

DÉDICACE

À mes parents Colin Macdonald et Fern Kennedy, à mon épouse Shelley
Freeman et à mes enfants Madeleine et Aidan

RODERICK A. MACDONALD

Roderick Macdonald est titulaire de la Chaire F.R. Scott en droit constitutionnel et droit public à l'Université McGill. Il s'intéresse depuis longtemps aux points de contact entre le droit et la vie au quotidien. Il fut co-directeur du Programme de droit communautaire à l'université de Windsor (1976 à 79), Président du Groupe de travail sur l'accessibilité à la justice du Ministère de la justice du Québec (1989 à 91), consultant auprès de l'Ontario Civil Justice Review (1994 à 95), et Président-fondateur de la Commission du droit du Canada (1997 à 2000).

TABLE DES MATIÈRES

PARTIE 3   DES DÉCISIONS

PARTIE 4   DES CONCEPTS ET DES INSTITUTIONS

AVANT-PROPOS

L'École des études en politiques publiques est fière de publier ces récits du professeur Roderick Macdonald, qui a été le premier président de la Commission du droit du Canada. Nous sommes persuadés que son audience ne manquera pas d'inclure tous ceux et celles qu'intéressent les normes et les principes de la vie dans une société pluraliste.

L'une des plus grandes qualités de ce court ouvrage est la façon dont le professeur Macdonald, à partir de récits apparemment simples, exprime de subtiles notions de droit et de politique publique. Écrits tout d'abord pour illustrer toute l'amplitude de l'ambitieux programme de recherche de la Commission du droit du Canada, ces essais vont en réalité beaucoup plus loin. Nous y lisons de nouvelles façons de penser les dilemmes éthiques auxquels nous sommes tous confrontés dans notre vie de tous les jours, dans notre famille, dans des équipes de sport, dans les facultés des universités. N'y cherchons pas de théorie explicite, car l'éclairage, la perspective y sont pluralistes. Nous y sommes invités à réfléchir à la façon dont nous organisons notre vie et dont les règles de notre vie chez nous sont inséparables de celles que nous nous attendons à ce que le Parlement inscrive dans nos lois.

Le point de vue du professeur Macdonald sur le droit témoigne d'une perspective ouverte de la politique publique, qui se fonde sur la conviction que la politique n'est pas seulement d'État et que celui-ci est parfois bien avisé de faciliter le travail des autres. L'analyse politique est l'étude des choix parfois implicites que fait la collectivité sur les actions qu'elle entreprendra pour des problèmes qui lui semblent publics, que ses actions soient collectives ou bien exécutées par l'État et ses organismes ou par des associations bénévoles du troisième secteur.

Nous nous intéressons dans notre école à la façon dont les problèmes deviennent publics et dont nous savons que certains types d'intervention politique sont viables ou opportuns. Nous espérons que si nos étudiants sont priés de réparer un quai, ce dont il est directement question dans l'une des histoires du présent ouvrage, ils et elles pourront poser les questions suivantes : qu'est-ce qu'un quai ? pourquoi sa réparation est-elle un problème public ? est-ce qu'on peut résoudre le problème autrement ? pour bien conseiller, qu'avons-nous besoin de savoir sur la glace, l'environnement ou le génie ?

Nos étudiants apporteront des réponses aussi différentes que le ferait le personnel de notre faculté multidisciplinaire. Ils et elles seront d'ailleurs nombreux à reconnaître la question, puisque je leur ai demandé de lire cet essai dans mon cours sur les perspectives de l'analyse politique.

En publiant ces histoires avec la Commission du droit du Canada, nous comptons en faciliter l'accès aux étudiants des nombreux domaines où la politique, à l'instar du droit, surgit de la vie collective.

Robert Wolfe
Décembre 2001

PRÉFACE

Un droit qui vit et qui évolue, c'est un droit qui se raconte. Non seulement dans des textes de lois souvent arides et de longues décisions jurisprudentielles, mais aussi dans de petites histoires et anecdotes qui illustrent comment les grandes questions du droit ont leur source dans l'expérience humaine.

C'est donc le génie du professeur Rod Macdonald que d'avoir su ramener les plus grandes questions de réforme du droit à une série d'histoires amusantes, intrigantes, fascinantes et combien pleines des sagesse. Il est difficile de résister à «Je me roulais par terre et c'est tombé dedans !» ou «C'est pas juste, il m'a frappée le premier».

Ce recueil est un des héritages intellectuels que laisse Rod Macdonald à l'entreprise de réforme du droit. Ses articles parus dans les revues savantes à ce sujet sont bien connus (voir entre autres, «Recommissioning Law Reform», (1997) 35 *Alberta Law Review* 831; et «Access to Justice and Law Reform» (1990) 10 *Windsor Yearbook of Access to Justice* 289). Son leadership extraordinaire dans la mise sur pied de la Commission du droit du Canada et dans l'établissement d'une méthodologie et d'un programme de recherche innovateurs a aussi été reconnu, au Canada et ailleurs. Le présent recueil ajoute une troisième phase à l'entreprise de réforme du droit : celle du droit du citoyen de comprendre le droit.

Ce recueil marque donc l'aboutissement d'un engagement profond à l'égard de l'accès à la justice : un accès à la justice qui dépasse les aspects plus traditionnels des notions d'accessibilité financière ou logistique. Il s'agit ici d'accès intellectuel à la justice : ce n'est plus une justice difficile à lire, ennuyeuse et détachée de la réalité. C'est la vie de tous les jours qui soulève, crée et questionne le droit.

Cet appel au grand public, cet engagement du grand public dans la création et le renouvellement du droit étaient au coeur de la démarche de réforme développée par le Professeur Macdonald. Il en a fait la mission de la Commission du droit du Canada, «d'engager les Canadiens et Canadiennes dans la réforme du droit afin de s'assurer qu'il soit pertinent, dynamique, efficace, juste et également accessible à tous et à toutes.» Il ne faut pas minimiser l'aspect révolutionnaire de cette démarche de démocratisation de la réforme du droit : c'est une réforme qui appartient aux citoyens. Les citoyens et citoyennes s'y retrouvent et y participent. Ce n'est plus seulement le domaine des spécialistes et des experts. Le message est clair : la réforme du droit est un défi qui intéresse tout le monde et auquel tout le monde doit participer.

Roderick Macdonald a su faire créer et mettre en vigueur une vision engagée, dynamique et stimulante de la réforme du droit. Nous lui en sommes tous reconnaissants.

Nathalie Des Rosiers
Décembre 2001

REMERCIEMENTS

Ce petit livre est né d'une conversation fortuite entre le directeur exécutif de la Commission du droit du Canada, Bruno Bonneville et le professeur Robert D. Wolfe de l'École des études en politiques publiques de l'Université Queen's. Ils ont conclu qu'il fallait publier sous forme de recueil légèrement annoté la série des messages du président qui a paru de mai 1998 à février 2000 sur le site internet de la Commission du droit du Canada.

L'idée des messages du président sous leur forme initiale revient à celle qui a géré les communications à la Commission, Cathy Hallessey. Au début de 1998, elle m'a demandé d'écrire une histoire mensuelle sur le droit et la réforme du droit à l'intention de non spécialistes. Au fur et à mesure, et avec l'encouragement de Hans Mohr et de Jennifer Stoddart, du Comité consultatif de la Commission du droit, j'ai commencé à personnaliser ces histoires et à les ancrer davantage dans le quotidien.

Je suis bien sûr reconnaissant envers ma famille, surtout mes enfants Madeleine et Aidan, qui m'ont permis de faire partager des événements de leur enfance à un public plus large. Je veux croire que ces récits reflètent fidèlement au moins un peu du sens qu'ils ont attaché à leurs premières expériences juridiques.

Susan Alter, Bruno Bonneville, Dennis Cooley, Cathy Hallessey, Susan Zimmerman à la Commission du droit du Canada et Bob Wolfe à l'Université Queen's ont tous lu et commenté les brouillons de la plupart de ces récits. Pour les fins de cette collection, plusieurs ont été légèrement révisés. La première idée de chaque récit demeure toutefois identique. Les deux derniers récits ont été rédigés pour paraître comme des messages du président au printemps 2000, mais pour diverses raisons, n'ont jamais été affichés sur le site de la Commission.

Plusieurs de mes collègues de McGill — Blaine Baker, Jean-Guy Belley, Daniel Boyer, Richard Janda, Daniel Jutras, Nicholas Kasirer, David Lametti, Geneviève Saumier, Stephen Toope, Shauna Van Praagh — ont revu le manuscrit final, proposé de nombreuses améliorations et des citations à ajouter à la fin de chaque récit à «Pour aller plus loin». Mon assistant de recherche, Hoi Kong, m'a apporté une aide précieuse en suggérant des sources tirées de la culture populaire. Patrick Forget et Sebastien Lebel-Grenier ont révisé ces listes de citations et ont trouvé les titres français de plusieurs livres, films et émissions de télévision. Je leur exprime ma profonde gratitude, ainsi qu'aux professeurs Pierre Noreau de l'Université de Montréal et David Howes de l'Université Concordia, à Nathalie DesRosiers, qui préside actuellement la Commission du droit du Canada et à tous ceux qui m'ont aidé à préciser la mise au point des diverses versions de ces récits. Je dois des remerciements tout particuliers à Catherine Rigaud, qui a su rendre ces récits dans un français fidèle au style et au ton de la version anglaise.

Je tiens enfin à exprimer ma reconnaissance intellectuelle. Le lecteur saura discerner les fortes influences de Lon Fuller et, à un degré moindre, de Jean Carbonnier. Je ne les ai jamais rencontrés. Ce que je pense savoir du droit, je l'ai appris en grande partie dans leurs œuvres et dans ce que d'autres ont écrit sur eux. Je me sentirai très honoré que des lecteurs avertis jugent que j'ai été un bon étudiant.

Roderick A. Macdonald
Décembre 2001

INTRODUCTION

LA VIE DE TOUS LES JOURS ; LE DROIT DE TOUS LES JOURS

Dès les premiers moments de notre existence, nous ressentons le besoin d'établir et de reconnaître des règles de comportement. Notre vie sociale se fonde sur un certain degré de cohérence et de prévisibilité. Pouvoir reconnaître, interpréter les paroles et les actions des autres et leur attribuer une signification, puis avoir confiance que les nôtres seront reconnues, interprétées et comprises plus ou moins selon l'intention que nous leur prêtons nous permet de rêver, de planifier et d'agir en public dans une sécurité relative.

Au cours de notre vie, nous nous tournons vers les autres dans des contextes fort divers et à des degrés d'engagement également fort divers. La communication se fait souvent par la parole, mais pas toujours. Elle se fait aussi par le geste, le son, l'image ou même le silence. Avec le temps, ces engagements deviennent souvent des schémas stables d'interaction qui imposent des contraintes à nos actions et des attentes bien établies de la part des autres. Les liens entre ces contraintes et ces attentes sont pour nous les rapports. Ceux-ci sont le berceau du droit.

Les rapports entre les être humains s'établissent et évoluent dans l'interaction de forces personnelles, sociales, culturelles, religieuses et économiques. Ces forces façonnent les règles sans forme officielle qui nous permettent de reconnaître et de négocier nos relations avec nos semblables. Elles donnent également forme à la façon dont les règles officielles qu'adopte le Parlement et qu'élaborent les tribunaux parviennent à reconnaître et à régir les rapports. Les règles des interactions quotidiennes et ce droit officiel constituent ensemble des instruments et des symboles grâce auxquels nous pouvons concrétiser les espoirs et les aspirations que nous entretenons pour nous-mêmes, pour notre famille et notre parenté, pour nos communautés et pour la société en général.

DES RAPPORTS

La vie de tous les jours est un réseau complexe de rapports — parfois occasionnels, pas forcément intimes. Il se peut qu'ils soient aussi d'affection, permanents et traduisent des attachements profonds. Parfois nous forgeons délibérément ou fortuitement des relations au sein d'institutions officielles — écoles, travail, clubs sociaux, organisations religieuses. Le plus souvent, nos relations les plus intimes se forment moins officiellement — en famille, dans le voisinage, dans notre cercle d'amis en évolution constante. La façon dont nous bâtissons des relations, le lieu où nous les bâtissons ne sont jamais fixes. Les contextes évoluent. Les relations aussi.

Dans une société qui vit, les relations se forment et s'épanouissent pour une variété de raisons. Nous y trouvons réconfort, sécurité, soutien mutuel, amour, plénitude. Habituellement, les tâches et les responsabilités de la vie quotidienne pèsent moins quand on les partage. Mais les relations peuvent parfois engendrer tristesse, chagrin, exploitation, violence même. Malgré tous les efforts d'une société pour tracer des types de rapports qui suscitent la mutualité et la confiance, des pathologies et des dysfonctionnements sont parfois inévitables. Pour le meilleur ou pour le pire, les relations structurent notre sentiment d'appartenir à une communauté, orientent nos interactions avec les autres et nous aident à définir notre identité.

Voici quelques exemples de relations qui se construisent dans la famille dès le début de la vie :

- Le bébé se rend très vite compte que ses pleurs ou ses borborygmes suscitent des réponses prévisibles de la part de ses parents et des personnes qui s'occupent de lui. En même temps, ceux-ci apprennent vite à distinguer des pleurs qui signifient «j'ai faim», «je suis mouillé» ou «je me suis fait mal».
- À deux ans, l'enfant découvre sa propre volonté et pour en tester les limites dans sa famille, il ou elle peut faire l'intéressant, piquer des crises de colère, mordre, bref, adopter un comportement perturbateur. Parallèlement, les parents et les personnes qui s'occupent des enfants comprennent vite que les crises de colère et le fait de mordre expriment rarement la volonté contrariée de l'enfant, mais souvent le fait qu'il s'efforce d'établir des moyens de communication plus subtils que ne le permet son vocabulaire limité.
- À cinq ans, l'enfant partage ses jouets, sa boîte à sable, regarde la télévision avec ses frères et sœurs, ses amis et apprend ainsi à prendre des habitudes grâce auxquelles il est possible de jouer ensemble. De même ceux-ci, après avoir joué séparément, de façon parallèle, apprennent à véritablement partager des activités.

- À dix ans, il ou elle comprend comment des règles fondamentales, fixes et prévisibles aident à structurer les activités — à l'école, à la maison, pendant les jeux. De même les enseignants, les parents et les compagnons de jeu parviennent à interpréter et à ajuster ces règles fondamentales fixes pour répondre aux capacités et aux attentes de croissance de la pré-adolescence.

- Le jeune adolescent qui remet en cause l'autorité, notamment celle de ses parents, apprend à argumenter, apprend ce qui peut constituer de bonnes raisons d'agir et comment évaluer les justifications des décideurs. À leur tour, les parents et les personnes qui détiennent l'autorité doivent faire l'effort de respecter la nouvelle connaissance d'eux-mêmes et la volonté de comprendre les règles de contrainte qu'affichent les jeunes adolescents.

- L'adolescent fait la constatation que l'émotion est plus profonde que l'action et essaie plusieurs façons d'apporter des solutions avec ses camarades et ses parents à ce qui lui paraît de prime abord impossible à résoudre. De même, ceux-ci doivent faire l'effort de trouver leurs ressources propres pour comprendre, discuter et pour concrétiser de nouvelles façons de concevoir et de résoudre des conflits en apparence insolubles avec les adolescents.

Ces six exemples d'interaction rapprochée, pris au début de notre vie n'ont évidemment rien de spécial. Il en existe bien d'autres. Quel qu'en soit le choix, tous ces moments nous éclairent sur les réflexes et les aspirations qui nourrissent les relations. Ces mêmes réflexes et ces mêmes aspirations constituent la fondation sur laquelle peut se concevoir une société gouvernée par des règles et des procédures décisionnelles équitables. Toute interaction construit une relation. Notre conscience juridique se développe à chacune de nos interactions. L'expérience de la complexité de la vie que nous acquérons pendant notre enfance et notre adolescence enrichit la qualité du droit que nous pouvons créer pendant toute notre vie.

DES IMAGES DU DROIT

Quand nous, les adultes, nous réfléchissons à ces événements de la vie de famille de tous les jours, nous nous apercevons que notre compréhension du droit et notre engagement envers celui-ci sont bien plus anciens que nous ne l'imaginions de prime abord. Il semble qu'il existe en nous un instinct du droit tout aussi puissant que l'instinct du langage. Les découvertes juridiques du pré-adolescent et de l'adolescent figurent déjà dans la vie juridique de l'enfant à deux ans, à cinq ans, à dix ans.

Ces réflexions ont pourtant de quoi nous modérer. Elles nous mettent face à nos limites en tant qu'être humain. Pourquoi nous, les adultes, sommes-nous incapables d'appliquer régulièrement et avec fruit à notre vie quotidienne ce que nous a enseigné le droit au cours de notre enfance et de notre adolescence ? Constamment — ce sont souvent nos enfants — on nous rappelle nos manquements. Non seulement le droit lui-même est un processus permanent, généré par nos myriades d'interactions, mais il semble de plus qu'il en soit de même pour l'acquisition et l'usage efficace de la lucidité juridique.

Le besoin d'instituer ou de trouver un ordre juridique dans nos relations avec nos semblables n'est pas de ce point de vue l'apanage des enfants et des adolescents. Dans nos activités quotidiennes chez nous, au travail, pendant nos loisirs, nous aussi sommes confrontés à de grandes questions de droit et d'ordonnancement juridique qui nous interpellent. Nous interprétons la conduite des autres et nous modelons la nôtre de façon à engendrer des attentes relativement stables. Dans les rapports qui se construisent à partir de nos interactions de tous les jours, nous trouvons les véhicules juridiques qui nous permettent de communiquer nos sentiments, nos engagements, nos rêves.

Nous sommes cependant pour la plupart enclins à ignorer ce comportement juridique. Nous sommes habitués à considérer que les actes des assemblées législatives, des tribunaux et des organismes publics sont l'image la plus nette, si ce n'est l'unique, du droit qui, estimons-nous, règle notre vie. Ce droit est après tout fort visible, la presse et la télévision en parlent régulièrement. Il vaut la peine qu'on s'y arrête, puisqu'il restreint notre liberté. Il est de plus soutenu par le pouvoir coercitif de la police, des huissiers et des prisons. L'image négative du droit de tous les jours est moins visible. Parce qu'il correspond à des modèles négociés d'interaction, nous ressentons comme moins contraignant et moins coercitif ce droit non officiel qui nous permet de faire face à la plupart des imbroglios juridiques majeurs de la société et de les résoudre au mieux.

Le droit qui régit nos rencontres ordinaires révèle comment nous structurons nos relations avec les autres. Ce n'est qu'ensuite que nous transposons ce que nous avons ressenti et compris dans le domaine du droit officiel. Dans la mesure où, pour nous, la vie sociale est faite de continuité, il en ira de même pour la vie juridique. Les produits essentiellement non structurés et implicites du droit de tous les jours se reflètent même dans les produits formels et explicites du droit officiel. Celui-ci n'est pas pour autant une image négative du droit de tous les jours. À ceci, plusieurs raisons ; en voici trois.

Le droit de tous les jours est surtout implicite. C'est-à-dire que personne ne le construit consciemment comme du droit, même s'il est construit consciemment. Il peut avoir autant de richesse et de subtilité que le droit explicite qui provient de processus législatifs structurés, dans lesquels on s'applique expressément à s'efforcer de faire des lois «bonnes» ou «justes». Il arrive aussi, bien sûr, que des règles de tous les jours soient explicites. Tout aussi souvent que le droit officiel est implicite. Le droit de tous les jours révèle l'énorme corpus des règlements tacites grâce auxquels le droit officiel devient possible — qu'il soit structuré et explicite ou bien non structuré et implicite.

Le droit de tous les jours manifeste un élément d'importance quant à nos efforts de faire justice. Ce n'est pas seulement le droit officiel qui peut parfois ne pas être juste. Nous sommes confrontés à des problèmes de justice dans le droit implicite. Il lui arrive de ne pas être juste parce qu'il renforce ou reproduit des modèles de domination et de hiérarchie. Pensant que nous avons vaincu l'injustice si nous la nommons et si nous formalisons une réponse, nous substituons souvent les solutions mécaniques du droit explicite.

Pourtant, plus nous manifestons de règles explicites pour obtenir justice, moins nous suscitons véritablement de débat ultérieur sur ce qu'il faut à la justice dans les cas individuels. Parce qu'il nous confronte à l'injustice, le droit de tous les jours nous refuse le confort d'avoir recours à une règle qui semble s'appliquer. En l'absence d'une règle officiellement «juste» qui nous permette d'expliquer l'injustice, nous sommes obligés de véritablement justifier nos actions. Celles-ci manifestent souvent l'injustice qu'autrement nous ne percevrions pas.

Enfin, le droit de tous les jours remet en question notre respect pour les prétentions à l'autorité fondées sur l'expertise ou la situation officielle. Parce que nous nous laissons impressionner par les réussites techniques de la science, nous sommes fortement enclins à rejeter les connaissances et le jugement juridiques qui ne viennent pas d'un spécialiste. On estime qu'un pedigree officiel de pouvoir et d'autorité suffit pour les exercer.

À l'inverse, le droit de tous les jours ne se fonde ni sur la technique, ni sur l'expertise, ni sur les titres officiels. L'autorité s'accorde du fait de l'expérience, de la sagesse, de la sagacité. À ce titre, le droit de tous les jours nous rappelle qu'aucune prétention à l'autorité juridique ne porte en elle-même sa justification.

VIVRE LE DROIT AU QUOTIDIEN

Les récits de ce livre visent à exposer un peu de la richesse de la vie quotidienne. Comment l'étude du droit au quotidien pourrait-elle améliorer la pratique contemporaine du droit, de la réforme du droit et de la politique publique ? Je ne me propose pas dans ces récits de prouver que la sagesse et la faculté de compréhension des enfants et des adolescents sont supérieures à celles des adultes. Les abus que l'histoire a perpétrés des leçons à tirer «de l'enfant et du bon sauvage» conseillent la prudence dans de telles affirmations.

Ces récits ne visent pas non plus à démontrer que chacune de nos inter-actions est juridique, ou pour être plus précis, qu'il faille la considérer comme juridique. Réfléchissez. Un économiste appréhende tous les problèmes de répartition et de distribution comme des problèmes économiques. Cela ne veut pas dire pour autant qu'ils sont uniquement économiques. De même, un juriste appréhende tous les problèmes de justice touchant nos interactions comme des problèmes du droit au quotidien. Cela ne veut pas dire pour autant qu'ils sont uniquement juridiques. Percevoir toute situation d'interaction humaine à travers une lentille juridique est le reflet d'un choix — un choix que nous faisons de mettre les questions de justice au premier plan de notre réflexion sur la qualité et le caractère de cette interaction.

Ces récits ne visent pas enfin à prouver que le droit de tous les jours est en quelque sorte meilleur que le droit officiel. Il est parfois difficile de dis-cerner ou de juger ce qui est «meilleur» quand on évalue le droit et les pratiques juridiques. Il faut d'abord se demander qui est inclus dans le régime juridique en cause, et qui en est exclu. Les régimes juridiques ne devraient pas distinguer, sans justification, entre les ayants droit à leurs avantages et les autres. Il faut ensuite évaluer comment le pouvoir est attribué, légitimé et exercé. Des procédures équitables de réglementation et de décision et un engagement envers la justice dans cette réglementation sont des normes majeures pour évaluer les lois quelles qu'elles soient. Avec de telles normes d'évaluation, ni le droit de tous les jours, ni le droit officiel ne sont forcément meilleurs, même par préemption.

Le thème sous-jacent de ce livre s'expose simplement. Le droit de tous les jours est un lieu distinct de nos interactions, ou un recueil distinct de lieux, quelles que soient les diverses formes du droit officiel qui s'y retrouvent souvent. Le droit de tous les jours est aussi une allégorie des éternels problèmes du droit officiel. Notre façon d'aborder les événements et les circonstances de la vie quotidienne éclaire énormément notre façon d'aborder des questions analogues dans le domaine du droit officiel.

La notion de loi qui se reflète ici est fort vaste. On considère que la loi comprend notamment l'immense ensemble des règles qui régissent notre comportement, qu'elles aient été explicitement édictées, qu'elles découlent d'une entente ou s'imposent dans une action. Elle comprend aussi la panoplie des décisions prises pour résoudre des contestations, qu'elles aient été imposées par des juridictions, suggérées par des médiateurs ou qu'elles découlent d'un processus électoral. Néanmoins les règles et les décisions formelles sont uniquement des marqueurs de la loi. Nous entrons sur le terrain de celle-ci dès que nous orientons notre comportement selon des règles tacites et des décisions non formelles. Bien sûr, le droit comprend plus qu'un ensemble de concepts, d'institutions et d'instruments. Il est aussi une aspiration pour la justice qui se manifeste dans toute interaction humaine.

Dans ces récits, la loi se trouve même quand il n'y a aucune action de la part de l'État. On pense souvent que parce que notre constitution exige que tout ce que font les fonctionnaires doit être autorisé par la loi, rien de ce que font les autres ne peut être loi. Que nous soyons aux prises avec des questions d'accès à la justice, de procédure équitable, des problèmes avec le pouvoir et d'interprétation dans nos interactions avec autrui, nous trouvons toujours le droit.

Surtout et avant tout, le droit provient de tous, appartient à tous et répond à tous. On l'envisage ici moins comme un ensemble d'interdictions contraignantes, imposées par les détenteurs du pouvoir social que comme un cadre de règles qui facilitent nos interactions en stabilisant ce que nous attendons des autres et ce qu'ils attendent de nous. Dans ces récits, la contribution majeure du droit est sa capacité de refléter et de déclarer les valeurs selon lesquelles nous nous efforçons d'organiser le débat sur les types de société dans lesquels nous voulons vivre.

LES ENSEIGNEMENTS DU DROIT DE TOUS LES JOURS

Les dix-huit récits de ce recueil ont été groupés en quatre thèmes. À l'intérieur de ces quatre regroupements par thème, chaque récit vise à poser des idées particulières.

La Partie 1 aborde plusieurs dimensions et aspirations du droit : qu'entendons-nous par droit ? quels sont ses objets ? ses procédures ?

Journée du droit et lapins en chocolat. Nous nous heurtons fréquemment à des questions fondamentales de répartition d'avantages et de charges par des règles et des procédures. Quels sont les atouts relatifs et les usages les plus adaptés de différents mécanismes d'ordonnancement social lorsque le décideur se trouve aussi être un bénéficiaire ?

Hockey-balle dans la ruelle, planche à roulettes et le droit vivant. Ou des fonctions de canalisation et de réglementation du droit. Quelles méthodes d'établissement de règles censées régir des comportements apparemment délinquants vont garantir l'observation volontaire de ces règles au degré le plus élevé ?

Le droit a-t-il pour rôle de donner des ordres ou de faire des règles ? Ce récit semble poser un point technique de droit ordinaire. Quel devrait être le degré de détail et de dirigisme des lois ? Il s'agit en réalité de s'interroger si l'on veut une société fortement réglementée ou bien une société dans laquelle les règles apportent des lignes directrices aux activités que l'on dirige soi-même.

Si ça va sans dire, est-ce que ça va mieux en le disant ? Ou un rappel que le droit officiel se caractérise essentiellement par son formalisme. Celui-ci, même dans le droit au quotidien, n'est pas un bien absolu. Dans quelles circonstances les relations devraient-elles ne pas être formalisées dans une entente écrite ou une règle édictée ?

Pile, c'est moi qui gagne ... Ou des différentes façons dont nous organisons notre vie en société. Établir des règles à l'avance, recourir à un juge ou un arbitre ne sont que deux possibilités. Prendre les autres en considération peut souvent mener à des issues qui résolvent les problèmes et empêchent vraiment qu'ils ne se reproduisent.

Les récits de la Partie 2 traitent des formes et des limites des règles : comment établissons-nous des règles ? comment les découvrons-nous ? comment fonctionnent-elles ? comment s'assurer qu'elles restent à jour ?

Il vaut parfois mieux se contenter de réparer le quai – n'est-ce pas ? Ou l'examen d'un dilemme majeur des législateurs aujourd'hui. Que devrait-on faire des règles, des concepts et des institutions obsolètes ou inefficaces ? Il ne semble pas qu'il existe de voie facile pour savoir quand il faut seulement bricoler une règle juridique à réparer ou quand refondre entièrement un régime si ses postulats ne sont plus valables.

Les 50ᵉ anniversaires de mariage et la famille. Ou le dilemme des règles désuètes transposé sur le terrain de la méthode juridique. Dans des cas de quelle nature devrait-on organiser le droit par référence à des concepts que définissent surtout conventions sociales et pratiques religieuses ? Dans des cas de quelle nature devrait-on définir les concepts par référence aux objets que le droit s'efforce d'atteindre ?

Des poids et des mesures. Ou de l'équilibre entre expérience et rationalité dans la conception des règles juridiques. Voulons-nous que nos concepts juridiques possèdent toujours la cohérence de la rationalité, même au prix de leur utilité ? Quand pouvons-nous tolérer des concepts qui font des distinctions en apparence illogiques, fondées sur l'expérience ?

Les petits mensonges du droit-fiction. Ce récit présente un défi à celles et ceux qui estiment que la tâche juridique la plus difficile, si ce n'est l'unique qui soit difficile, c'est d'édicter la règle «parfaite». Quand les temps changent, les idées changent et les croyances aussi. Est-il toujours nécessaire d'édicter une règle nouvelle ? De quelles différentes façons la loi peut-elle traiter une règle «parfaite» qui ne semble plus fonctionner ?

La Partie 3 aborde la prise de décision : la prise de décision juridique a-t-elle des traits distinctifs ? comment les décideurs réconcilient-ils les conflits entre la lettre et l'esprit ? comment abordent-ils l'exception ?

«... mais tout le monde le fait, pourquoi pas moi ?» Ou du problème de l'interprétation. Existe-t-il des limites sur les types d'arguments que l'on peut raisonnablement présenter dans un conflit sur le sens d'une règle ? Comment un décideur connaît-il les types d'arguments qui conviennent et ceux qui ne conviennent pas ?

Ce n'est qu'une subtilité juridique. Ou deux des plus anciens casse-têtes de réglementation juridique quand les mots servent à exprimer des règles. Jusqu'à quel point l'esprit de celles-ci devrait-il prévaloir sur la lettre ? En droit pénal surtout, quels points de droit reflètent en réalité des valeurs et des principes de base qui méritent qu'on les protège, même si on aboutit à un acquittement ?

Tenons-nous-en donc aux règles. Ou de l'objet des règles. Faudrait-il les rédiger de façon à ce que leur logique et leur objet sous-jacent se perçoivent clairement ? Comment savons-nous quand il y a lieu d'appliquer cette logique et cet objet dans les cas où les hypothèses factuelles qui sous-tendent la règle ne tiennent plus ? Faut-il toujours appliquer la logique d'une règle à des situations nouvelles et semblables ?

«C'est pas juste, il m'a frappée le premier !» Ou une méditation sur les raisons pour lesquelles nos conflits sont toujours plus complexes qu'ils n'en ont l'air de prime abord. Celles ou ceux chargés de les résoudre ne peuvent pas toujours prendre tout en compte au moment de décider. Comment savent-ils ce qu'ils doivent considérer comme pertinent à leur prise de décision dans les faits qui leur sont racontés ?

«Je me roulais par terre et c'est tombé dedans !» Ou de la question de savoir ce qui en droit constitue la vérité. Quel genre de vérité différentes procédures juridiques recherchent-elles ? et à quel prix pour les témoins qui sont des victimes ? À quel point peut-on reconcevoir les procédures sans en perdre la nature fondamentale ? Quand vaut-il mieux rechercher une certaine vérité juridique plutôt qu'une autre ?

La Partie 4 traite de quelques-uns des concepts et des institutions par lesquels se manifeste le droit : comment établit-il des catégories ? qu'est-ce que l'identité et combien d'identités le droit devrait-il reconnaître ? quelle est la relation entre les organismes juridiques officiels et non officiels, entre les organismes d'État et d'autres associations de personnes ? quelle fonction des groupes non structurés ont-ils dans les institutions juridiques ?

Tout dépend du point de vue. Nous retrouvons ici une constante de l'humanité. Personne ne voit de la même façon. Le droit fait-il les bons choix quand il classe les actions et les événements ? Comment savons-nous quand il y a lieu de considérer tel ou tel comportement comme un acte criminel, une transaction économique, une question de santé publique, un problème psychologique ?

Pour qui vous prenez-vous au juste ? Se pose là l'une des plus grandes énigmes du droit constitutionnel contemporain. Il s'agit de la question de l'identité. Le droit a-t-il la faculté de prendre en compte les identités multiples que nous avons tous ? Si oui, comment doit-il distinguer entre les identités qui importent et celles qui n'importent pas ?

On peut aller à une vente de garage cette fin de semaine ? Ou des différentes fonctions de l'État, des églises, des associations de bénévoles et des organismes locaux d'entraide dans la prestation de services sociaux par lesquels les gens expriment leur solidarité ? Comment le législateur peut-il veiller à ce que les valeurs de responsabilité démocratique et de participation citoyenne ne se trouvent pas déplacées, quand il répond aux demandes de privatisation et de déréglementation ?

Les vieilles gardes. Ou le rappel que de nombreuses relations sont cultivées dans des institutions complexes et formalisées. Et pourtant sans pratique ni entente tacite, sans association ni groupe non structuré, la plupart des institutions complexes ne pourraient fonctionner. Il est essentiel de comprendre l'interaction entre les associations officielles et celles qui ne le sont pas avant de concevoir des institutions juridiques efficaces.

Ces dix-huit récits reprennent des usages contemporains du droit officiel et du droit de tous les jours et tentent de les mettre en contexte. Ils présentent des analogies, des allégories et des anecdotes qui révèlent des questions éternelles de la théorie du droit. On peut considérer à cet égard que ces récits tentent de «démystifier» le droit officiel pour replacer ses objets sur le terrain plus familier du droit de tous les jours.

Ces récits visent aussi à faire réfléchir sur la responsabilité que nous avons d'accorder nos actions dans un régime de règles et de rapports. Ils nous rappellent nos responsabilités éthiques les uns envers les autres dans chacune de nos actions et visent à ce que nous prenions la responsabilité de nos comportements quotidiens. Le droit est une ressource précieuse. Ne pas nous interroger sur ce que nous attendons du droit revient à ne pas nous interroger sur ce que nous attendons de nous-mêmes.

En fin de compte, ce recueil de récits tente de légitimer le besoin universel de trouver du sens, grâce au droit — pour organiser nos interactions grâce à des relations découvertes et cultivées dans un cadre de règles justes. C'est en vivant le droit que nous apprenons à le connaître. C'est en nous l'appropriant que nous devenons les défenseurs de ses valeurs.

La liste de lectures «Pour aller plus loin» qui suit, ainsi que celles qui figurent à la fin de chaque partie ne se veulent pas exhaustives. Pas plus que les récits eux-mêmes, ne peut-on les concevoir comme faisant autorité. Elles ne sont qu'un recueil personnel — tout comme les messages, notes et aimants que l'on retrouve collés sur la porte d'un réfrigérateur — des textes académiques et populaires qui ont pour but de suggérer d'autres idées et d'autres pistes de réflexion. On y trouve parfois des renvois à des films et pièces de théâtre bien connus.

La forme et le contenu de ces résumés bibliographiques reprennent l'objectif général du livre. A l'image des récits, ces renvois nous invitent à retrouver dans l'expression culturelle les résonances de notre vie quotidienne. Puisque les récits nous rappellent que la vie en société ne se vit pas en catégories étanches, je n'ai pas regroupé ces références en catégories «académiques» et «autres». Toutefois, ceux qui veulent approfondir leurs connaissances trouveront des listes de lectures additionnelles dans les bibliographies des articles et monographies citées.

POUR ALLER PLUS LOIN

La vie quotidienne se prête depuis longtemps à l'analyse juridique. Généralement, les universitaires cherchent à mettre en lumière les rapports entre le droit officiel et le droit non officiel à partir de l'étude des usages propres à certaines sociétés. Voir, par exemple, S.E. Merry, GETTING JUSTICE AND GETTING EVEN (Chicago : University of Chicago Press, 1991); M.L. Baumgartner, THE MORAL ORDER OF A NEIGHBOURHOOD (New York : Oxford University Press, 1988); R. C. Ellickson, ORDER WITHOUT LAW (Cambridge : Harvard University Press, 1991); E.P. Thompson, CUSTOMS IN COMMON (New York : The New Press, 1993).

Plusieurs aspects de la dimension normative du quotidien sont étudiés dans l'ouvrage collectif dirigé par P. Ewick et S. Silbey, THE COMMON PLACE OF LAW: STORIES FROM EVERYDAY LIFE (Chicago : University of Chicago Press, 1998). Voir aussi «Beyond the Great Divide: Forms of Legal Scholarship and Everyday Life» dans A. Sarat et T. Kearns (dir.), LAW IN EVERYDAY LIFE (Ann Arbor : University of Michigan, 1993) où les auteurs tentent d'adapter les théories juridiques traditionnelles à l'idée que la vie quotidienne revêt elle aussi une dimension normative.

La littérature récente de droit comparé met en avant une conception extensive du phénomène juridique. Il n'est donc pas étonnant que le droit coutumier et la dimension normative du quotidien y soient de plus en plus présentés comme des systèmes juridiques à part entière. Le chef-d'oeuvre de H. P. Glenn, LEGAL TRADITIONS OF THE WORLD (Oxford : Oxford University Press, 2000) s'inscrit dans cette nouvelle tendance.

L'anthropologie juridique a servi et sert encore de cadre d'analyse à nombre d'études traitant de la dimension normative du quotidien. Parmi les premiers ouvrages d'impact s'inscrivant dans ce courant, notons ceux de K. N. Llewellyn et E. Hoebel, THE CHEYENNE WAY: CONFLICT AND CASE LAW IN PRIMITIVE JURISPRUDENCE (Norman : University of Oklahoma Press, 1941); S. F. Moore, LAW AS PROCESS : AN ANTHROPOLOGICAL APPROACH (Boston : Routledge & K. Paul, 1978); et C. Geertz, SAVOIR LOCAL, SAVOIR GLOBAL : LES LIEUX DU SAVOIR (Paris : Presses universitaires de France, 1999). Pour deux fascinantes études empiriques portant sur des cultures particulières, voir Lawrence Rosen, THE ANTHROPOLOGY OF JUSTICE: LAW AS CULTURE IN ISLAMIC SOCIETY (Cambridge : Cambridge University Press, 1989), et S. Drummond, INCORPORATING THE FAMILIAR: AN INVESTIGATION INTO LEGAL SENSIBILITIES IN NUNAVUT (Montreal : McGill-Queen's, 1997).

Certains ouvrages classiques de psychologie sociale font également état de la dimension normative du quotidien. Voir, notamment, Erving Goffman, LA MISE EN SCÈNE DE LA VIE QUOTIDIENNE (Paris : Éditions de minuit, 1996) et LES RITES DE L'INTERACTION (Paris : Éditions de minuit, 1984). Des thèmes semblables ont aussi été abordés par Michel de

Certeau : L'INVENTION DU QUOTIDIEN : ARTS DE FAIRE, vol. 1, (Paris : Gallimard, 1990) et L'INVENTION DU QUOTIDIEN : HABITER, CUISINER, vol. 2, (Paris : Gallimard, 1994).

Dans un ouvrage récent, Michael Reisman soutient que les interactions de la vie quotidienne sont le fondement de systèmes micro-juridiques. Voir W.M. Reisman, LAW IN BRIEF ENCOUNTERS (New Haven : Yale University Press, 1999). L'approche de Reisman et les nombreux enseignements qu'il est possible de tirer de l'étude de la dimension normative du quotidien sont analysés avec finesse par Daniel Jutras dans «The Legal Dimensions of Everyday Life», (2001) 16 REVUE CANADIENNE DE DROIT ET SOCIÉTÉ 45.

La normativité des ordres informels apparaît plus distinctement lorsque ceux-ci sont discrets et isolés et qu'ils sont analysés de l'extérieur. Parmi les ordres normatifs les plus souvent représentés par la littérature et les productions culturelles populaires, notons : les écoles secondaires (par exemple, les films de John Hughes, tels que THE BREAKFAST CLUB), la pègre (par exemple, les films LE PARRAIN de Mario Puzo et LES INADAPTÉS de S.E. Hinton), la grande bourgeoisie (par exemple, LE TEMPS DE L'INNOCENCE (Paris : Flammarion, 1987) de Edith Wharton, et toute l'oeuvre de P.G. Wodehouse), «les étrangers» (certains livres abordant le thème du voyage, par exemple, UNE ANNÉE EN PROVENCE de Peter Mayle et FALLING OFF THE MAP: SOME LONELY PLACES OF THE WORLD (New York : Knopf, 1993) de Pico Iyer), et les minorités culturelles (par exemple, L'APPRENTISSAGE DE DUDDY KRAVITZ (Montréal : Tisseyre, 1976) de Mordecai Richler). Pour un portrait d'ensemble de la dimension normative du quotidien telle que reflétée par le cinéma, voir J. Denvir, LEGAL REELISM: MOVIES AS LEGAL TEXTS (Urbana : University of Illinois Press, 1996).

De la même façon, les enseignements tirés de l'expérience quotidienne alimentent en leçons la trame narrative des contes pour enfants. Voir en particulier les FABLES D'ÉSOPE et les contes de Hans Christian Andersen et des frères Grimm. Évidemment, nombreuses sont les histoires célèbres qui pourraient également être mentionnées. En voici quelques autres exemples : Hillaire Belloc, CAUTIONARY VERSES (New York : Knopf, 1945); B. Courteau, LES FABLES DE LAFONTAINE (Montréal : Éditions Nelligan, 1986); Roald Dahl, NOUVELLES ANGLAISES ET AMÉRICAINES D'AUJOURD'HUI (Paris : Presses pocket, 1985); Sophie Ségur, la Comtesse de Ségur, LES BONS ENFANTS (Paris : Hachette, 1868), LES MALHEURS DE SOPHIE (Paris : Éditions d'art Piazza, 1930), NOUVEAUX CONTES DE FÉES POUR LES PETITS ENFANTS (Paris : Hachette, 1868); et ainsi de suite. L'énorme popularité de la série Harry Potter de J.K. Rowling démontre l'importance et surtout l'actualité du phénomène. Voir: HARRY POTTER ET LA COUPE DE FEU (Paris: Gallimard jeunesse, 2000); HARRY POTTER ET LE PRISONNIER D'AZKABAN (Paris : Gallimard jeunesse, 1999); HARRY POTTER ET LA CHAMBRE DES SECRETS (Paris : Gallimard jeunesse, 1998); HARRY POTTER À L'ÉCOLE DES SORCIERS (Paris : Gallimard jeunesse, 1998).

Nombre de théories sur le développement psychologique de l'enfant réfèrent, du moins de façon implicite, à la dimension normative du quotidien. Parmi les exemples les plus fameux (ou les plus fumeux), notons : Platon, LA RÉPUBLIQUE (surtout les Livres IV-VI) (Paris : Gonthier, 1983), J-J. Rousseau, ÉMILE OU DE L'ÉDUCATION (Paris : Garnier Frères, 1964), et Confucius, LES ENTRETIENS DE CONFUCIUS ET DE SES DISCIPLES (Paris : Flammarion, 1984) et CHOU KING: LES ANNALES DE LA CHINE (Paris : Belles lettres, 1950). Évidemment, tous les ouvrages de Jean Piaget traitent des thèmes abordés par les récits du présent recueil. Voir, notamment, J. Piaget, LA CONSTRUCTION DU RÉEL CHEZ L'ENFANT, 6e éd. (Neuchâtel : Delachaux et Niestlé, 1977), LA REPRÉSENTATION DU MONDE CHEZ L'ENFANT (Paris : Presses universitaires de France, 1947), LE JUGEMENT ET LE RAISONNEMENT CHEZ L'ENFANT (Neuchâtel : Delachaux et Niestlé, 1967), LE JUGEMENT MORAL CHEZ L'ENFANT, nouv. éd. (Paris : Presses universitaires de France, 1957).

PARTIE 1

L'ARCHITECTURE DU DROIT

INTRODUCTION

Il est rare qu'un jour se passe sans que nous ayons affaire au droit pour régler une question d'organisation sociale. Les formes et les procédures légales se retrouvent partout : dans les mesures que prennent le Parlement, les cours de justice, les fonctionnaires et la police. Elles font également partie de notre activité quotidienne.

À l'occasion d'une réunion, nous sommes invités à voter. Un collègue nous demande de glisser un mot à une personne dont le comportement est déraisonnable. Nous informons nos enfants des règles de conduite en famille. Nous acceptons de rencontrer quelqu'un pour déjeuner avec lui dans un restaurant donné. Nous faisons la queue pour prendre l'autobus. Nous arbitrons une partie de football entre jeunes ou bien nous annonçons les balles et les prises pour une ligue de balle-molle. Nous nous réunissons une fois par semaine avec des amis pour jouer aux cartes ou suivre un match de football télévisé.

Chacune de ces activités — vote, médiation, réglementation, promesse, méthode empirique approximative, jugement, usage — nous met en contact avec une forme du droit. Nous nous servons, dans chaque cas, d'un mécanisme juridique bien connu pour structurer une relation, coordonner avec autrui des plans et des projets, prendre une décision ou éviter un conflit éventuel. Ces mécanismes nous permettent souvent d'atteindre simultanément plusieurs objectifs — organisation, planification, règlement de litiges.

Toutefois, ils ne sont pas interchangeables, ni ne fonctionnent tous, nous le savons d'expérience, avec un égal bonheur en raison des circonstances et des objectifs visés. Il faut parfois reformuler les problèmes pour qu'ils puissent être assujettis convenablement à un mécanisme d'intervention donné, comme l'arbitrage.

L'expérience nous apprend également que la plupart des mécanismes de réglementation donnent les meilleurs résultats lorsque ceux qui en sont touchés participent activement à leur conception et à leur fonctionnement. Les lois elles-mêmes, qui sont apparemment l'expression unilatérale de l'autorité législative, sont largement tributaires de l'aptitude des justiciables à se conformer à leurs orientations.

L'expérience nous enseigne aussi qu'il est parfois préférable de ne pas donner un caractère formel écrit à une relation ou à un usage. Des règles qui pêchent par excès de précisions peuvent, dans certains cas, détruire une relation au lieu de la faciliter ou bien, la bureaucratiser alors qu'elle fonctionne au mieux lorsqu'elle est souple et imprécise.

L'expérience nous enseigne enfin que l'issue de tout processus dépend, en fait d'équité, de la sagesse et du discernement de ceux qui en font effectivement usage dans un cas déterminé. De bons mécanismes ne sont pas garants de bons résultats; ils peuvent tout au plus nous éviter de graves erreurs au regard de la prise de décisions — et ceci dans tous les contextes sociaux.

Les cinq récits de cette partie portent sur un certain nombre de dimensions du droit dans notre société moderne — ses formes, ses mécanismes et ses institutions. Ils révèlent, au passage, la complexité du choix en ce qui concerne la façon la plus opportune et la plus avantageuse de recourir à chacun de ces mécanismes dans la vie de tous les jours — qu'il s'agisse des gouvernements ou des citoyens eux-mêmes.

JOURNÉE DU DROIT ET LAPINS EN CHOCOLAT

Il est courant, dans le cadre des rapports sociaux, que les avantages et les charges soient répartis selon des règles et des procédures déterminées, que ce soit en famille, avec les voisins, dans les écoles ou au travail. Il arrive parfois que les parents, les directeurs d'école, les présidents de sociétés et les pouvoirs publics nous annoncent simplement la façon dont se fera cette répartition. Avant de décider, ils invitent souvent les enfants, les étudiants, les employés et les citoyens à donner leur avis. Dans un cas comme dans l'autre cependant, tant la décision que la répartition sont l'œuvre de gens qui, personnellement ne recevront ni avantage ni charge quelconques. On s'attend à ce qu'ils adoptent, de ce fait, une conduite neutre et impartiale.

On ne peut effectuer de la sorte toutes les répartitions et il arrive que des décisions doivent être prises par des personnes que le résultat intéresse directement. Elles risquent personnellement de réaliser un gain ou une perte. Même là, des règles reconnues (souvent tout à fait empiriques) et des procédures établies (y compris des pratiques informelles ou d'ordre coutumier) peuvent favoriser une prise de décision impartiale. En réalité, des pratiques empiriques et informelles bien conçues et bien réfléchies font d'habitude plus que promouvoir l'impartialité. Du fait qu'elles exigent que chacune et chacun engagent sa propre responsabilité au regard des résultats obtenus, ces règles peuvent souvent aider même les décideurs ayant des intérêts personnels à mieux saisir ce qu'une répartition juste et équitable aurait pour résultat.

Il y a environ quarante ans, mes grands-parents ont quitté leur domicile pour aller vivre dans une maison de retraite. Ils nous ont alors fait cadeau, à mon frère et à moi, de quelques vieux jeux et jouets qu'ils avaient conservés, tout en nous laissant le soin de décider qui aurait quoi, ce qui était en partie facile : mon frère aimait le train miniature et moi, le mécano. Quant à la répartition du reste, là nous étions moins certains. Qui aurait le jeu d'échecs et l'échiquier ? Celui-ci donnerait-il également à son acquéreur le droit de garder les pions ?

Nous nous sommes vite rendu compte que si nous prenions les articles séparément l'un après l'autre, certains d'entre eux qui devraient aller ensemble seraient séparés. En nous demandant ce qu'il fallait faire, nous nous sommes aperçus que nous étions aux prises avec trois problèmes. Il fallait en premier lieu décider comment répartir les objets en deux piles à peu près d'égale valeur. Il fallait ensuite savoir comment ranger dans la même pile les articles semblables et, en troisième lieu, décider quelle pile reviendrait à chacun.

Dans cette recherche, nous étions, à notre insu, devant un problème qui se pose tout le temps en matière de droit. Il surgit, par exemple, toutes les fois que des héritiers doivent liquider une succession ou lorsqu'un couple qui divorce veut répartir les biens acquis en commun durant le mariage. Bref, le casse-tête auquel nous étions confrontés, mon frère et moi, était un problème de justice distributive. Quelle sorte de prise de décision et quel principe pouvions-nous adopter pour nous répartir équitablement les jouets et les jeux ?

Telle est la question sur laquelle la Commission du droit du Canada a décidé de mettre principalement l'accent dans ses activités publiques de la Journée du droit en avril 1998.

UN LAPIN EN CHOCOLAT POUR CÉLÉBRER LA JOURNÉE DU DROIT

La Commission du droit du Canada s'est rendue en premier lieu, ce jour-là, dans une école élémentaire de la banlieue d'Ottawa offrant un programme préscolaire. Elle y a passé une demi-heure en compagnie de dix-sept enfants âgés de quatre à neuf ans. Même aussi jeunes, ces élèves comprenaient remarquablement bien les questions de droit et de justice tout en faisant preuve d'un esprit très créatif dans la recherche de solutions aux problèmes sociaux de répartition.

Nous avons commencé la session en déballant un lapin en chocolat et avons demandé aux enfants de quelle manière nous pourrions nous y prendre pour le partager équitablement entre deux frères ou sœurs ? On nous a répondu en premier lieu qu'une personne neutre, un parent ou enseignant, par exemple, serait la mieux placée pour opérer un partage «équitable». Une enfant a fait alors observer que les parents ne divisaient pas toujours les choses exactement au milieu. Il serait en fait difficile de le faire, ajouta-t-elle, pour ce lapin de forme irrégulière. Un autre élève est intervenu en disant que le recours à un adulte ne résoudrait pas tout le problème, puisqu'il faudrait décider ensuite qui choisirait en premier. Un troisième enfant a ajouté que cette proposition ne mènerait à rien non plus, si le parent ou l'enseignant n'était point dans les parages.

PARTAGER LE LAPIN ENTRE DEUX PERSONNES

Pour un moment, les élèves n'avaient pas d'idée. Ils ne parvenaient pas à trouver une méthode pour diviser le lapin sans recourir à une tierce personne qui le ferait pour eux. Nous leur avons alors demandé : «Que feriez-vous tout seuls pour égaliser deux objets ou deux piles de dimension inégale ?» Après une brève discussion sur la possibilité de couper des tranches pour égaliser deux pommes de grosseurs différentes, une pointe de solution a fini par émerger. Au bout du compte, le groupe est tombé d'accord sur l'idée «qu'une personne coupe et que l'autre ait le premier choix» serait une assez bonne solution empirique dans la plupart des cas. Le choix en second garantirait normalement que la personne qui coupe réussira à partager le lapin à peu près également.

Restait à savoir encore qui devrait couper. Un jeune garçon, amateur sans doutes des cérémonies télévisées marquant le coup d'envoi des joutes de football, a proposé de jouer «à pile ou face» pour désigner celui qui coupera. Un autre a avancé l'idée que le frère ou la sœur plus âgé(e) se charge de le faire. Un troisième élève a dit que la question de savoir qui couperait le premier n'avait réellement pas d'importance. Tant que la personne qui coupait n'était plus la même chaque fois qu'il fallait trancher un peu de chocolat, les choses finiraient par s'ajuster à la longue. Et les idées de fourmiller bientôt dans le groupe sur les façons de répartir eux-mêmes le lapin en chocolat.

Ils se rendaient compte, bien sûr, que ces différents procédés ne donneraient pas nécessairement des parts plus égales qu'en cas d'intervention d'un parent. Mais la plupart des élèves ne s'en inquiétaient pas pour autant. L'un d'eux a déclaré ceci : «Il se pourrait qu'on obtienne des portions inégales, mais nous aurons fait cela nous-mêmes sans nous chamailler». A l'instant même où tout le monde jugeait assez satisfaisante la solution à laquelle on était parvenu, voilà qu'un élève plus âgé (et plus fort aussi) a demandé s'il était juste qu'on distribue à tous et à toutes des portions égales sans égard au fait que le groupe d'élèves comprenait de petits enfants de quatre ans et d'autres, plus grands, âgés de neuf ans.

De nombreux murmures ont suivi cette observation. Personne ne s'était demandé si l'égalité fondée sur le nombre était plus équitable que celle qui tenait compte du poids et de la taille. Distribuer équitablement des morceaux de chocolat une fois qu'on a défini ce qu'était une portion équitable est une chose, c'en est une autre de savoir sur quoi l'on a assis cette décision. Le groupe a eu du mal à trouver un argument valable à l'appui de la solution fondée sur le nombre.

Un autre garçon plus âgé a eu alors une idée. On compliquerait bien davantage les choses si l'on tenait compte de la taille et du poids pour déterminer la grosseur des morceaux. Qui se chargerait de peser ou de mesurer? Comment ferait-on pour couper le lapin en pièces inégales ? De cet échange, le groupe s'est rendu compte qu'une prise de décision équitable présentait une difficulté d'ordre pratique qui limitait parfois le genre de méthode qu'on peut utiliser. Pour couper en morceaux un lapin en chocolat de forme irrégulière, la stricte application du principe de l'égalité numérique était peut-être ce qu'il y avait de mieux.

RÉPARTIR ÉQUITABLEMENT ENTRE PLUSIEURS PERSONNES

Aussitôt après cette discussion, deux élèves, ayant évalué la taille du lapin et compté le nombre d'enfants dans le groupe, ont demandé ce qu'on pourrait faire si plus de deux personnes devaient se partager le chocolat. De quelle manière pourrait-on s'y prendre pour le répartir équitablement entre autant d'élèves ? Chacun a vite reconnu que ce n'est pas en taillant le lapin en morceaux avec un couteau qu'on arriverait à le partager également.

Un consensus s'est alors spontanément fait jour disant qu'il était malvenu de choisir un lapin en chocolat de forme irrégulière pour le répartir entre plusieurs personnes. Ç'a aurait été plus facile s'il avait été pré-découpé ou bien si le chocolat était divisible comme une barre de Toblerone, Kit-Kat, Jersey Milk ou Caramilk; ou mieux encore s'il s'était agi d'une boîte de Smarties, de Skittles ou de Glossettes. Une des élèves ne voulait cependant pas se sentir frustrée du fait qu'elle ne pouvait pas échanger son lapin contre une boîte de Smarties. Elle a mis alors en avant une idée étonnamment créative pour venir à bout de ce qui semblait être un problème insoluble : fondre le lapin et en faire du chocolat chaud pour tous.

Plus tard, nous avons proposé aux enfants un autre rébus. Comment pourrait-on répartir équitablement entre eux un sac d'œufs en chocolat de taille plus ou moins égale? La classe savait qu'une grande bousculade s'ensuivrait en l'absence d'un système assurant une distribution ordonnée des œufs. Les élèves ont alors émis diverses idées, notamment : se mettre en rang «les premiers arrivés étant les premiers servis», demander au plus jeune (ou au plus âgé), au plus petit (ou au plus grand) de faire circuler le sac d'œufs, y aller par ordre alphabétique ou enfin, laisser les filles choisir les premières. En discutant de chacune de ces idées, le groupe mesurait pleinement les avantages et désavantages de chaque proposition et n'avait aucune difficulté à pressentir que différents élèves seraient favorisés selon que tel procédé ou tel autre serait choisi.

La rencontre s'est terminée par une courte discussion en vue de comprendre la raison qui a poussé la Commission du droit du Canada à soulever ce genre de questions en cette journée consacrée au droit. Un élève, fils d'une avocate, s'est étonné qu'on n'ait pas parlé de la police, des juges et du Parlement. Avant qu'on ait pu lui répondre, une petite fille, dont les parents exploitaient un magasin de produits naturels, a répondu à la question mieux que nous ne l'aurions fait nous-mêmes en disant : «Et bien, la santé c'est bien plus que des infirmières, des infirmiers, des médecins ou des hôpitaux.»

Cette réplique inattendue a permis aux autres élèves de faire le lien. Le droit n'est pas simplement une question de juges ou de tribunaux, car il s'agit de l'institution de règles et de procédures équitables afin que les gens interagissent harmonieusement les uns avec les autres et règlent pacifiquement leurs différends. Le décryptage attentif des problèmes quotidiens que pose la vie en société est tout aussi important dans un milieu préscolaire qu'il l'est au Parlement ou à la Cour suprême du Canada.

HOCKEY-BALLE DANS LA RUELLE, PLANCHE À ROULETTES ET LE DROIT VIVANT

Les émissions télévisées donnent l'impression que le droit a pour principal objet d'énoncer et de faire respecter les valeurs sociales en tenant pour illégales certaines formes de comportement. Mais la plupart des règles de droit diffèrent totalement de celles qu'édicte le Code criminel. *Elles visent moins à prévenir les écarts de conduite qu'à canaliser et coordonner l'activité humaine de tous les jours en vue de réduire au minimum les conflits et la confusion. Cette fonction de canalisation est de plus en plus mise en valeur par des mesures de réglementation. Les lois régissant l'environnement, le logement, la protection du consommateur et les relations ouvrières illustrent bien la situation. Il en va de même pour la réglementation du trafic et de la voirie, avec cette différence cependant que le contenu de ces mesures — par exemple, rouler à droite ou à gauche — importe moins que le fait qu'elles soient connues et généralement appliquées.*

Toutefois, certains règlements ne donnent pas tous les résultats escomptés parce qu'on les a conçus et édictés sans tenir compte d'une gamme assez vaste d'intérêts légitimes. C'est souvent le cas pour les règlements d'ordre local visant les adolescents. Les conseils municipaux, qui ne sondent pas au préalable l'opinion des jeunes, ont tendance à adopter des mesures réglementaires excessives et prohibitives qui qualifient de délinquant le comportement normal des adolescents. De tels règlements, mal étudiés et teintés d'indifférence, sont alors difficiles à appliquer et constituent en outre une source constante de conflits dans les quartiers. Ils peuvent également miner le respect qu'éprouvent généralement les citoyens envers l'aptitude des lois à canaliser et à coordonner leur activité, sans parler des poursuites judiciaires qui prennent à partie les autorités de réglementation.

Chaque printemps, un grand nombre d'articles paraissent dans les journaux au sujet des efforts que déploient les conseils municipaux pour interdire aux jeunes enfants et aux adolescents de pratiquer le hockey de ruelle ou la planche à roulettes dans les zones résidentielles, voire même dans les rues qui sont des culs-de-sac. Il y a de cela deux ans, mon fils de 13 ans m'a dit que notre municipalité avait interdit aux enfants, par voie de règlement, de pratiquer la planche à roulettes dans tous les lieux publics de la ville — rues, trottoirs, parcs de stationnement, aires de loisirs asphaltées de la ville — où qu'ils se trouvent. La nouvelle m'a tellement surpris que j'ai commencé à être plus attentif aux articles de journaux et de magazines portant sur le hockey de ruelle et les planches à roulettes.

Les médias ont rapporté que des parents de jeunes joueurs qui pratiquent le hockey de ruelle ont fait part de leurs inquiétudes devant un conseil local. Ces parents ont tenté de faire modifier le règlement pour permettre la pratique de ce jeu dans des rues résidentielles spécialement désignées. Rien n'y a fait. Le conseil a décidé que même les rues résidentielles tranquilles seraient réservées aux voitures, fourgonnettes, camions, motocyclettes et, occasionnellement, aux bicyclettes. Un des conseillers a déclaré en passant que l'inquiétude des parents était exagérée et que, de toute façon, de pareils règlements ne sont pas rigoureusement appliqués à moins qu'une plainte officielle ne soit portée.

Quelques mois plus tard, une pétition collective présentée par de jeunes planchistes de mon quartier a subi le même sort. Le maire de la ville a même refusé que le département des parcs et loisirs examine la possibilité de permettre la pratique de la planche à roulettes dans un terrain de stationnement vacant adjacent à un terrain de jeu pour enfants. La ville dispose de vingt-sept courts de tennis et de deux larges allées pour chiens, mais n'a, par contre, aucun parc pour planches à roulettes. Il ne faut pas être grand clerc pour savoir quels groupes de citoyens ont ou n'ont pas l'oreille du conseil municipal.

Mon fils me dit aujourd'hui que la ville a été encore plus loin. Suite à la plainte d'un propriétaire, elle a sévi davantage. Le service de sécurité public local inflige actuellement des contraventions de 60$ aux planchistes illicites, suite à quoi, certains parents ont consulté un avocat et menacent de poursuivre la ville en justice.

MYOPIE DES LÉGISLATEURS

Pourquoi les conseils municipaux semblent-ils aussi bornés lorsqu'il s'agit de réglementer le hockey de ruelle et la planche à roulettes ? La peur d'actions en responsabilité en est sans doute la cause, car les arguments visant à autoriser cette forme de hockey ou la construction d'un parc pour planchistes seraient, semble-t-il, persuasifs : coût minime, surveillance parentale plus effective, bruit ou dérangement négligeable. On peut facilement concevoir qu'un autre élément intervient en l'occurrence; c'est que les demandeurs sont des adolescents et non des contribuables joueurs de tennis ou propriétaires de chiens. La comparaison entre la contravention de 60$ qui frappe les planchistes contrevenants et celle de 25$ infligée aux propriétaires qui ne tiennent pas leur chien en laisse dans un parc pour jeunes enfants, conforte ce doute.

Pour ceux et celles qui se soucient actuellement du processus législatif démocratique au Canada, cette saga du hockey de ruelle et de la planche à roulettes soulève deux questions inquiétantes. D'abord, le processus législatif (surtout peut-être au palier municipal) peut, parfois, se montrer insensible aux préoccupations raisonnables et raisonnablement exprimées des citoyens. Lorsque le législateur ne prend pas suffisamment en considération une large gamme d'intérêts légitimes, il peut effectivement inverser l'ordre des priorités et édicter des mesures aux conséquences assez négatives à long terme.

Pour s'assurer que les règlements ne conduisent pas à des conséquences négatives imprévues, le législateur doit entreprendre, avant que les orientations de politiques soient établies, des consultations auprès de tous les intéressés — consultations qui ont pour objet d'explorer une gamme d'approches et de solutions possibles.

La seconde question est celle de la corrélation directe qui existe entre le manque de sensibilité politique chez les législateurs et la possibilité de poursuites judiciaires. Lorsque la participation du public est absente du processus politique, elle se manifeste invariablement dans les prétoires. Une fois que la discussion, la négociation et le compromis politique n'aboutissent à rien, il ne faut pas s'étonner que des parents frustrés essaient d'obtenir une issue favorable par les voies judiciaires.

LÉGIFÉRER EN MODE DYNAMIQUE

En démocratie, le processus législatif se fonde sur l'idée que le Parlement, les assemblées législatives et les conseils municipaux tenteront de s'assurer le concours des citoyens avant d'adopter une loi ou un règlement. Les points de vue contradictoires qui seront exposés seront ensuite évalués pour déterminer les besoins de l'ensemble du pays, de la province ou de la municipalité.

Dans quelle mesure cet idéal se reflète-t-il en fait dans l'attitude des conseils municipaux envers les parents et les adolescents qui veulent modifier les règlements sur le hockey de ruelle et les planches à roulettes ?

Il va sans dire que ces conseils ne peuvent laisser les résidents d'une rue en particulier déranger tout un quartier. On peut facilement comprendre pourquoi un conseil voudrait éviter que les propriétaires adoptent généralement le concept «pas dans ma cour», du fait qu'il serait impossible de gérer démocratiquement la chose publique si tous les propriétaires avaient droit de veto sur toute décision qui les toucherait.

Mais en ce qui concerne le hockey de ruelle et la planche à roulettes, il ne s'agit pas d'interdire quelque chose comme le transit de poids lourds, l'ouverture d'un foyer de transition ou d'un foyer collectif, ce que des propriétaires jugeraient indésirable dans un quartier d'habitation, mais plutôt d'autoriser des gens qui demeurent dans une rue tranquille et résidentielle à décider l'usage qui en sera fait. Et puis qui donc a le contact le plus direct avec la rue ?

Il n'est pas dit que parce que les véhicules motorisés doivent nécessairement emprunter les rues d'habitation que celles-ci doivent servir exclusivement ou même en priorité à cet usage. Si la sécurité des enfants qui jouent au hockey dans la rue est un sujet de préoccupation, on peut réduire la vitesse des voitures, poser des signaux d'arrêt à tous les coins de rue, faire de ces rues des voies de circulation à sens unique ou encore, y interdire la circulation des voitures de commerce et des camions durant une certaine période tous les jours après la fin des classes. Après tout, si les gens quittent le centre ville pour s'installer dans la banlieue, c'est, en premier lieu, pour ne plus être sacrifiés aux besoins des véhicules.

Il serait bon aussi de réfléchir aux conséquences éventuelles d'une interdiction frappant le hockey de ruelle ou la planche à roulettes. Si les jeunes ne peuvent plus pratiquer ces jeux devant chez eux dans les zones résidentielles de banlieue, ils iront sans doute le faire au centre-ville ou dans les aires de stationnement de centres commerciaux, à moins qu'ils ne choisissent, entre autres activités, de fréquenter les arcades vidéos et les salles de billard ou les bandes de rues. Ce ne sont certainement pas des solutions souhaitables, même si la vie d'un conseiller municipal de banlieue devait en être apparemment facilitée du fait que le problème est repoussé ailleurs. Tant que des parents ou d'autres personnes qui ont l'oreille des conseillers municipaux, n'ont pas signalé les conséquences qu'entraînent ces règlements sur les jeunes, ces questions sont absentes du débat politique sur la scène locale.

INCITER LES POURSUITES JUDICIAIRES

Les sagas du hockey de ruelle et de la planche à roulettes montrent également que les carences du processus législatif peuvent conduire le public à chercher des réponses auprès des instances judiciaires. Les parents d'enfants privés du hockey de ruelle ont raisonnablement conclu que le meilleur moyen d'attirer l'attention du conseil sur la question consistait en une approche directe, c'est-à-dire, à présenter une pétition visant à demander au conseil de modifier le règlement. Le simple bon sens nous dit qu'il vaut mieux aller directement à la source d'un problème et le régler, plutôt que de demander à un juge de trancher judiciairement le cas.

En s'adressant au conseil local, les parents ont presque certainement supposé que l'interdiction générale de l'objet du règlement était probablement due à une inadvertance ou bien à l'omission de la prise en compte des changements intervenus dans le mode de vie et les activités des adolescents.

Une fois les préoccupations exposées, le conseil serait en mesure d'établir un règlement plus nuancé, conforme aux intérêts de chacun.

Même si elle était prévisible, la réponse du conseil a été décevante. Nul doute qu'il a refusé d'agir, en partie à tout le moins, par pur intérêt électoral. Les adolescents et leurs activités se retrouvent à la toute fin des priorités municipales. Les promesses de créer des parcs pour les bébés et les tout-petits, des courts de tennis et des allées pour chiens récoltent plus de voix aux élections. Parcs et courts de tennis sont en outre agréables à voir et n'attirent pas des groupes d'usagers aux vêtements malpropres ou bouffants, qui paraissent indisciplinés et ne quittent que tardivement les lieux. Le refus d'agir a déchargé, bien sûr, le conseil de l'obligation d'examiner et d'évaluer l'ensemble des différents intérêts en jeu qu'il faudrait équilibrer dans tout nouveau règlement.

Il est regrettable qu'en ne faisant pas raisonnablement écho aux préoccupations des citoyens, ces conseils font face aujourd'hui à la désaffection d'un groupe de résidents à l'égard de la loi et du processus politique local. D'après les journaux, un bon nombre de propriétaires sont sceptiques quant à l'intégrité et au discernement des conseillers municipaux en tant que représentants de toute la collectivité et il y a de bonnes chances que la justice s'en mêle. Les jeunes enfants et les adolescents ont conclu de cette expérience que les institutions politiques sont inféodées à des intérêts particuliers ou, sinon, qu'elles sont tout simplement déconnectées des citoyens. Et enfin, la décision du conseil a encouragé les joueurs de hockey-balle et les planchistes à enfreindre occasionnellement la loi et à dénigrer l'autorité.

Une autre solution s'offrait, bien sûr, au conseil : celle d'inviter les joueurs de hockey de ruelle et les planchistes à assister à une de ses réunions pour participer à un débat de politique valable, ce qui les aiderait à ajuster leurs attentes aux aspects pratiques de la situation, du moins selon la vision du conseil. En mettant le conseil au fait des besoins récréatifs des adolescents, il est très vraisemblable qu'on aboutisse à un règlement plus efficace qui réponde davantage aux besoins des intéressés. Après tout, l'intérêt général qu'on porte à l'amélioration du processus législatif où qu'il ait lieu et quel qu'en soit le sujet — qu'il s'agisse du débat parlementaire sur la peine de mort ou de celui d'un conseil municipal sur le hockey de ruelle ou la planche à roulettes — est un élément de civisme crucial en démocratie.

LE DROIT A-T-IL POUR RÔLE DE COMMUNIQUER DES ORDRES OU DE FAIRE DES RÈGLES ?

Très jeunes, nous apprenons à distinguer entre l'obéissance à un ordre et la conformité à une règle. L'ordre est un commandement direct donné sur place que l'on s'attend à recevoir d'un agent de police ou d'un parent de mauvaise humeur. Les ordres sont généralement communiqués en personne et exigent une action immédiate et précise laissant peu de latitude à l'exécution. Par contre, une règle est habituellement établie et publiée d'avance ou bien elle reflète simplement une pratique actuelle reconnue. Les règles ne sont pas normalement communiquées en personne; elles sont de caractère plus général que les ordres et ne sont pas censées faire grand chose sinon structurer des pratiques ou orienter la conduite.

Une croyance populaire soutient aujourd'hui que la loi n'est qu'un moyen formel de donner des ordres écrits, l'idée étant qu'on ne saurait avoir confiance dans l'aptitude des gens à faire le bon choix, d'où la nécessité pour la société de réglementer leur conduite par le menu. Dans cette optique, la loi s'apparente à un ordre. Elle fonctionne au mieux lorsqu'elle sert à dire aux individus ce qu'on attend d'eux exactement en les contraignant à s'y conformer. Mais il y a une autre dimension à la loi. Du fait que la plupart d'entre nous se comportent raisonnablement, la société n'a besoin que d'un cadre de réglementation général. La loi donne les meilleurs résultats lorsqu'elle énonce des normes régissant la conduite appropriée qu'on doit tenir envers autrui et qu'elle établit une structure au sein de laquelle les individus peuvent poursuivre leurs objectifs dans le respect de ces normes. Le choix entre ces deux conceptions de la vocation du droit comporte d'importantes conséquences sur la façon dont les lois sont conçues et appliquées.

———————————

Au cours de l'été 1998, mon père est mort après une longue maladie. Comme ma mère était décédée de nombreuses années auparavant, c'est mon frère, ma sœur et moi, qui avons dû liquider les affaires paternelles. Son testament était assez simple. Il avait partagé la plupart de ses effets personnels entre ses huit petits-enfants, fait quelques dons à des œuvres de charité et légué le reste de ses biens, en parts égales, à ses trois enfants.

Bien que ça ait été triste d'être l'exécuteur testamentaire de mon père, la manière dont il avait décidé de disposer de ses biens n'a soulevé chez moi ni sentiment de culpabilité, ni motif de contrariété. Je me suis toutefois demandé quelle aurait été ma réaction si ma mère était encore en vie et si mon père avait légué tous ses biens à une quelconque œuvre de charité ou à un étranger. Plusieurs questions se bousculaient dans ma tête.

Premièrement, la personne qui rédige son testament devrait-elle être légalement tenue de pourvoir aux besoins des personnes à sa charge, comme le conjoint ou la conjointe et les jeunes enfants ? Cette question est débattue depuis les temps bibliques à tout le moins et les réponses qu'on y apportées ont été très différentes d'une société à l'autre et d'un siècle à l'autre. De nos jours, la plupart des Canadiens semblent d'avis que ce genre d'obligation devrait exister.

Ma deuxième question était d'ordre plus pratique. Si nous reconnaissons que la loi doit obliger les testateurs à prendre soin de leur conjoint(e) et de leurs jeunes enfants, il reste à savoir quelle serait la meilleure façon de formuler et de faire respecter cette obligation. Je me suis alors demandé s'il y avait des moyens, bons ou non, d'avoir recours au droit pour promouvoir des politiques sociales. Plus précisément, je me suis demandé s'il existait d'autres façons, bonnes ou non, de rédiger les lois qui visent à protéger les personnes à charge.

LE DROIT COMME UN ENSEMBLE D'ORDRES

D'aucuns pensent qu'on devrait recourir au droit pour réglementer étroitement le comportement. Ils voient plutôt d'un œil chagrin la nature humaine. Ils peuvent penser, par exemple, que la plupart des gens ne sont pas habituellement enclins à agir de manière juste et responsable les uns envers les autres. Pour eux, la main directrice de la loi, loi officielle de préférence, appliquée par les pouvoirs publics, doit intervenir pour organiser la vie des citoyens et leur dire, en détail, non seulement ce qu'ils doivent faire, mais aussi comment le faire. A leurs yeux, la loi n'est pas une solution de réserve à laquelle on recourt simplement pour corriger une injustice due à des agissements répréhensibles. La loi officielle est un instrument de première main qui sert à maintenir l'ordre social par un strict contrôle des comportements.

Cette interprétation donne lieu à un modèle bien précis sur la façon dont le législateur doit rédiger les lois. Les lois sont assimilées à des instructions données, du sommet à la base, par un chef d'entreprise ou un général d'armée. Le Parlement et des autres législateurs devraient se soucier uniquement de rédiger une loi qui soit l'instrument le plus efficace pour formuler, communiquer et appliquer des ordres en vue de régir le comportement. Les lois n'ont pas pour objet de reproduire le genre de règles que nous établissons pour nous-mêmes. Elles ont plutôt pour fonction de préciser exactement ce qu'on peut ou ne peut pas faire et d'habiliter les agents officiels à en assurer le respect.

LE DROIT COMME UN ENSEMBLE DE LIGNES DIRECTRICES

Il en est d'autres pour qui la loi doit simplement énoncer des lignes directrices générales qui orientent notre conduite. Ils voient habituellement la nature humaine d'un œil plus optimiste dans la croyance que les gens peuvent vivre de façon responsable et en tenant compte des intérêts d'autrui. Pour eux, l'équité et la réciprocité caractérisent habituellement l'interaction sociale. Il faut simplement rappeler au public les obligations qui lui incombent et les divers moyens dont il dispose pour les remplir. La loi formelle n'entre directement en jeu qu'en marge de l'activité de tous les jours dans les rares cas où nous nous comportons de manière irresponsable.

Cette conception du droit, comme la précédente, aboutit à un modèle bien précis sur la façon dont le législateur doit rédiger les lois. Étant donné que les valeurs et les usages sociaux reflètent pour la plupart les aspirations d'une société libérale et démocratique, la loi, pour atteindre son objectif, doit prescrire des règles qui s'harmonisent largement avec ces valeurs et ces usages. La loi met en relief les valeurs clés et nous donne les occasions de les faire valoir en collaboration les uns avec les autres. Elle a surtout pour rôle de nous aider à reconnaître les devoirs que nous avons les uns envers les autres et nous encourager à nous en acquitter en nous procurant, pour ce faire, les moyens et les outils juridiques.

DIFFÉRENTES FAÇONS DE LÉGIFÉRER EN MATIÈRE D'OBLIGATIONS ALIMENTAIRES

Il faut bien sûr se garder de trop simplifier. Les deux conceptions ci-dessus quant à l'objet du droit ne sont pas, dans la pratique, aussi nettement tranchées. Même les lois que l'on rédige comme des séries d'ordres détaillés peuvent faciliter l'interaction humaine, selon la façon dont elles sont comprises et appliquées. Il n'empêche que ces deux perspectives qui reposent sur des hypothèses de base divergentes touchant la conduite des humains, partent également de convictions différentes sur la façon dont la loi devrait refléter et promouvoir les valeurs sociales et politiques.

De quelle manière la loi devrait-elle prescrire de ne pas rédiger un testament qui laisse dans l'indigence un conjoint (une conjointe) et des enfants à charge? Une série de réponses d'ordre législatif peuvent être envisagées. En voici quatre.

Une loi pourrait disposer qu'un certain pourcentage (disons la moitié) des biens du défunt sera automatiquement réservé aux personnes à charge. Elle pourrait aussi prescrire que certaines catégories de biens, comme la maison familiale et son contenu, doivent être léguées aux personnes à charge. Par contre, une loi pourrait annoncer que certains biens fassent l'objet d'un traitement fiscal favorable — droits à pension, polices d'assurance sur la vie, résidence familiale — si les personnes à charge sont désignées comme héritières ou s'il s'agit d'un bien que celles-ci détiennent en copropriété. Une loi pourrait également disposer, si le défunt n'a pas convenablement pourvu, dans son testament, aux besoins des personnes à sa charge, que celles-ci auront le droit de réclamer contre la succession en se fondant sur les critères énoncés dans la loi.

Ce sont là quatre solutions très différentes qui ont des effets tout à fait distincts sur l'aptitude des gens à déterminer avec précision la manière dont ils veulent se décharger de leurs obligations envers les personnes à leur charge. La première ne leur reconnaît aucun rôle dans la répartition de la moitié de leurs biens. Une formule leur est imposée sans égard à l'âge, ni à la fortune des personnes à charge.

La deuxième solution est moins astreignante, bien qu'elle puisse peser sur le genre de biens qu'on acquiert au cours d'une vie. En précisant, en outre, quels biens doivent être réservés aux personnes à charge, elle peut inciter les gens à se défaire, de leur vivant, de certaines catégories de biens pour éviter que les personnes à leur charge ne les réclament plus tard en exclusivité.

La troisième proposition qui consiste à se servir du régime fiscal pour encourager les gens à adopter un comportement souhaitable est plus souple encore. En désignant les biens susceptibles d'un traitement fiscal favorable s'ils sont dévolus à des personnes à charge, on incite les gens à se conduire d'une certaine façon tout en leur laissant la possibilité de choisir les biens qui seront réservés à l'épouse ou à l'époux et aux jeunes enfants.

La quatrième solution est celle qui respecte le plus la liberté individuelle en matière de répartition des biens. Elle énumère les considérations dont les testateurs doivent tenir compte, mais leur laisse le soin de déterminer, en premier lieu, la façon dont ces principes seront appliqués, les biens qui seront affectés et qui ils considèrent comme personnes à charge. La loi n'interviendra que s'ils omettent de pourvoir adéquatement aux besoins de ces personnes. Dans cette hypothèse, pourvu que le juge soit sensible au contexte global, les choix raisonnables du défunt seront plus ou moins respectés.

CONCEVOIR DE BONNES LOIS

Il existe bien plus que quatre solutions pour donner force de loi à l'obligation de pourvoir, par testament, aux besoins des personnes à charge. Chacune d'elles

peut se situer, cependant, sur un point du spectre défini d'un côté par la notion de «la loi comme un ensemble d'ordres» et, de l'autre, par celle de «la loi
comme un ensemble de lignes directrices». Chaque méthode repose sur les
convictions qu'on se forge sur la fonction de l'État pour réglementer les
comportements et sur la capacité des gens à agir de façon raisonnable les uns
envers les autres. Chacune se fonde également sur une évaluation de la
meilleure façon de s'y prendre pour fixer, par voie législative, une ligne de
conduite. Chacune fait valoir une perspective différente sur la manière dont il
faudrait normalement résoudre les conflits.

Une société juste part de l'hypothèse fondamentale que les gens peuvent
et veulent en réalité exercer des choix judicieux pour réaliser leurs projets de
vie. Le législateur devrait donc, en principe, concevoir et rédiger la plupart
des lois en fonction de cette hypothèse. Dans quelle mesure les lois actuelles
reflètent-elles l'idée qu'elles devraient proposer des règles générales qui
facilitent la vie de tous les jours ? Combien de fois se bornent-elles à énoncer
des commandes et des ordres détaillés de gestion ?

Bien qu'il faille parfois rédiger certaines lois — comme celles qui créent
des infractions criminelles, régissent la santé et la sécurité en milieu de travail
ou déterminent des normes écologiques — sous forme de commandes détaillées
de gestion, la plupart des lois édictées dans une démocratie libérale devraient
énoncer des règles d'ordre général facilitant la vie. La reformulation des lois,
en vue de promouvoir l'idée qu'elles servent à orienter l'interaction humaine,
ne vise pas simplement à accroître la responsabilité de chacun au regard de sa
propre conduite, mais également à harmoniser les textes officiels édictés par
les corps législatifs avec les valeurs sociales fondamentales que ces textes
mettent en lumière. C'est alors que les règles et les pratiques juridiques de
tous les jours pourront réguler plus fructueusement la vie sociale.

SI LES CHOSES VONT SANS DIRE, VONT-ELLES MIEUX QUAND ON LES DIT?

La vie en société est ancrée dans la routine du quotidien. Du fait que nous nous sentons à l'aise dans nos propres us et coutumes, nous sommes en mesure de planifier notre emploi du temps, prévoir les difficultés que nous rencontrerons et même réussir à affronter l'inattendu. Les activités routinières nous permettent également de délimiter les attentes d'autrui, même celles de ceux que nous connaissons à peine. Nous pouvons distinguer un sourire d'un froncement de sourcils. Nous pouvons prévoir qu'un conducteur va brûler un feu rouge ou s'arrêter brusquement. Nous savons qu'il nous faut payer d'avance le hambourgeois acheté à un kiosque, mais que nous pouvons attendre que la note nous soit présentée à la fin d'un repas au restaurant. Ce que nous escomptons dorénavant des autres et ce qu'ils attendent de nous constituent le fondement du droit coutumier, de ses pratiques et de ses usages.

Les règles de droit qui régissent nos rapports et nos échanges sont donc majoritairement informelles, orales et fondées sur une expérience commune. Mais les circonstances changent parfois. Il arrive qu'une personne fasse quelque chose de tout à fait inattendu ou bien que nous ayons à expliquer ces modalités et ces attentes établies à une personne nouvellement arrivée. Dans tous ces cas, nous ressentons le besoin de donner à nos rapports un caractère formel, de consigner tout cela dans un recueil de règlements ou dans un contrat. Dès lors, tout change ou presque. Nous gagnons peut-être en clarté, en stabilité et en transparence au regard des autres. Cependant une fois qu'une règle est formellement écrite, nous risquons de nous engager dans un débat sur les termes que nous y avons utilisés plutôt que sur la raison qui en justifie l'usage ou sur la règle informelle elle-même. Il y a, parfois, des circonstances où il est préférable de ne pas formaliser un rapport dans un document ou dans un texte de loi.

A l'occasion de son seizième anniversaire l'an dernier, ma fille a reçu une guitare en cadeau. Elle a vite commencé à en jouer avec deux de ses amies et à parler de constituer son propre groupe musical. Son projet m'a rappelé des souvenirs chaleureux de ma propre adolescence et des divers groupes musicaux dont j'ai fait partie dans les années 60.

J'ai gardé un excellent souvenir de l'un d'eux en particulier. En 13e année, je faisais partie d'un quatuor passionné de musique folklorique. Nous aimions particulièrement ce qu'on appelait alors la chanson engagée. En guise d'hommage, notamment, à notre professeur de français, qui s'intéressait à nos ambitions musicales et nous avait appris à chanter la complainte contestataire classique «Un Canadien errant», nous avions pris le nom de «Les chansonniers». M. Landon était un mentor et un professeur remarquable qui était friand d'aphorismes. L'un de ses préférés, qu'il nous citait juste avant les examens pour nous rappeler qu'il ne fallait rien tenir pour acquis, était le suivant : «Les choses qui vont sans dire vont encore mieux quand on les dit.».

J'avais été frappé à 17 ans par la vérité profonde de cette maxime. Dans le contexte des examens, elle semblait inattaquable. Toutefois mon expérience avec «Les chansonniers» m'a par la suite fait douter quelque peu de la sagesse de cet adage en tant que réponse universelle à l'incertitude et aux désaccords qui entourent les rapports humains.

RÉDIGEONS UN CONTRAT

C'est l'amour du folklore et le plaisir de faire de la musique ensemble qui nous avaient réunis tous les quatre à l'origine. Chacun de nous avait des aptitudes et des goûts légèrement différents. Randy, le plus poète du groupe, aimait Bob Dylan et Phil Ochs. Gabriella, qui avait une formation de musique classique et un sens superbe de l'harmonie, adorait Harry Belafonte et Peter, Paul et Mary. Antoinette, dotée d'une très belle voix de soprano, se voyait suivre les traces de Joan Baez. Quant à moi, j'étais l'instrumentiste le plus habile du groupe et je m'intéressais particulièrement à Bob Wills, Woody Guthrie et Hank Williams.

Nous nous retrouvions tous les samedis après-midi pour chanter et faire de la musique — apprenant de nouvelles chansons, essayant de nouvelles harmonies, explorant nos talents de musiciens. Notre répertoire comporta bientôt quelques douzaines de morceaux. A tour de rôle et de façon informelle, nous choisissions les chansons, interprétions les solos, concevions les harmonies et faisions les arrangements. C'est à ce moment-là que Randy et moi avons commencé à écrire des chansons que nous avions hâte de présenter au groupe. Ces samedis après-midi comptent parmi les plus beaux souvenirs de mon adolescence.

A mesure que notre réputation se répandait dans le voisinage et à l'école secondaire, nous avons été invités à nous produire au YMCA local, dans les centres communautaires, les cafés et lors de spectacles à l'école. C'est alors que nous avons commencé à toucher des cachets et il a fallu prendre des décisions. Allions-nous simplement diviser entre nous nos modestes rentrées ? Acheter de meilleurs instruments ? Investir dans un système de sonorisation ? Nous procurer des uniformes ? Des disques et du matériel ? Qui devrait s'occuper de nos finances ? Nous avons vite découvert que rien n'engendre autant de divergences que le succès

Les divergences portaient également sur des questions de fond. Tout était source de conflit, depuis le choix des chansons que nous allions interpréter jusqu'à la question de savoir si nous aurions chacun le droit de veto sur un morceau précis. Allions-nous chanter exclusivement en anglais ? Quelle part allions-nous faire à notre répertoire original dans notre spectacle ? Au bout d'un certain temps, il semblait que nous passions autant de temps à discuter de ces questions accessoires qu'à répéter et à nous amuser.

Alors, comme c'était la mode à l'époque, nous avons décidé qu'il nous fallait un contrat pour tout démêler. Randy entreprit de le rédiger et, au bout de quelques semaines, il nous a présenté un document d'une vingtaine de pages où tout était prévu dans le moindre détail. Nous avons évidemment bien vite découvert que nous n'étions pas vraiment le groupe musical que nous pensions être. En tentant de saisir dans une série de termes et de principes écrits les divers éléments qui nous définissaient, nous avions pris le chemin de la discorde.

En exprimant notre relation en langage contractuel, nous avions perdu de vue le but commun et les aspirations partagées qui nous avaient réunis à l'origine. La mise par écrit de cet objectif commun a révélé, tout d'abord, que celui-ci n'était pas le seul. En outre, au lieu de nous porter à nous concentrer sur ce que nous faisions et ce que nous voulions réaliser ensemble, le contrat a eu l'effet contraire en raison des clauses particulières qui établissaient notre droit d'affirmer notre volonté à l'encontre de celle des autres. Après s'être rivés pendant quelques mois à ce contrat, «Les chansonniers» se séparèrent.

IL NOUS FAUDRAIT UNE CLAUSE POUR ÇA

Une dizaine d'années plus tard, je m'apprêtais à me marier. Tout le monde me signalait l'importance de signer un contrat de mariage avec ma fiancée pour que soient établies les règles financières de base qui allaient régir notre vie commune. En réfléchissant au contenu de ce genre d'entente, je me suis posé toutes sortes de questions qui n'avaient rien à voir avec l'argent ou les biens. Faudrait-il insérer des clauses indiquant si nous avions ou non des enfants, à quel moment et combien ? Qui choisirait l'endroit où nous allions vivre ? Qui ferait le ménage, préparerait les repas, ferait le lavage, déneigerait l'entrée, tondrait le gazon, s'occuperait des fleurs et ainsi de suite ? Avant longtemps, j'eus mal au cœur à l'idée de revivre mon expérience des «chansonniers».

Après en avoir discuté à maintes reprises, ma fiancée et moi-même avons décidé d'abandonner l'idée d'un contrat de mariage exhaustif. Sans doute aurions-nous pu, avec l'aide d'un avocat ou d'un notaire, en venir à une entente couvrant, à tout le moins, les questions économiques essentielles de notre vie commune, sans définir notre vie matrimoniale comme si c'était une série de droits et d'obligations. En fin de compte, nous n'avons pas demandé d'aide professionnelle, ni n'avons rédigé nous-mêmes un contrat. Nous avons cependant découvert qu'il était utile de discuter de ces questions, ne serait-ce que parce que ces échanges nous ont amenés à conclure que nous ne voulions pas en faire l'objet d'un contrat officiel.

Aujourd'hui, après vingt-cinq ans de mariage, j'ai également compris qu'il est important parfois d'exprimer explicitement ce qui est entendu implicitement. Les couples mariés ont tout à gagner à chercher des occasions de s'avouer leur amour même si, après deux douzaines d'années, ce sentiment va généralement de soi.

N'empêche que les leçons tirées de nos premières discussions au sujet du contrat de mariage persistent à ce jour. Nous savons tous les deux qu'il y a une grande différence entre dire « je t'aime» et dire «je t'aime parce que tu as les cheveux roux, les yeux bruns, un beau sourire, que tu es bon, compatissant, que tu cuisines à merveille, et ainsi de suite.» Les couples se disent normalement «je t'aime» précisément parce qu'ils ne veulent pas avoir à préciser en détail le pourquoi et le comment.

À mesure que ma femme et moi voyons les relations se rompre autour de nous les unes après les autres, une tendance semble se dégager. Toutes les fois qu'un couple, placé devant une situation nouvelle — naissance d'enfants, chômage, maladie, succès économique appréciable — estime que le seul moyen de faire face à ce changement consiste à rédiger une entente détaillant les conditions de leur nouvelle relation, c'est là un bon signe que cette relation n'existe plus. A l'instar des «chansonniers», les couples qui ont conclu un accord par écrit, découvrent soudain qu'au lieu de négocier et de faire des concessions lorsque leurs opinions divergent, ils se reportent, par une sorte de réflexe, au texte du contrat pour prouver lequel des deux a «raison».

FAIRE DES LOIS ET PASSER DES CONTRATS

Les règles et les accords, écrits ou verbaux, constituent deux importants éléments d'un système juridique. L'art de concevoir et de rédiger les lois s'apparente beaucoup à l'art de négocier et de rédiger des contrats. Les deux procèdent de l'idée consistant à formuler une coutume par écrit. Il n'est pas nécessaire, bien sûr, que l'instrument écrit l'emporte sur toutes les règles et les coutumes informelles qui ont déjà servi de cadre à une relation. Celles-ci continueront normalement à exister, mais sous une nouvelle forme. C'est pourquoi les rédacteurs n'ont pas toujours besoin de tout détailler dans une loi ou un accord sous forme de droits et de devoirs.

Il est parfois préférable que les questions réellement importantes restent sous-entendues — l'expression générale d'un engagement et d'un objectif partagés étant suffisante. Parfois, le fait de réfléchir à un contrat est aussi utile que sa rédaction détaillée : tout ce qu'il faut, au besoin, c'est une clause générale, car les parties se sont déjà entendues sur leur relation en fonction de l'accord implicite sur lequel reposera cette clause générale. L'effort pour mettre les choses par écrit est parfois préjudiciable, car les gens ne sont pas tenus de chanter à l'unisson pour exactement les mêmes raisons, pour autant que leurs raisons de vouloir faire partie du groupe musical ou même de prendre un engagement comme le mariage ne soient pas discordantes.

Deux questions sont au cœur de toute politique législative : déterminer, d'une part, le moment où il importe de mettre les choses par écrit et, d'autre part, ce qu'il y a lieu de mettre noir sur blanc. Comment décider quand rédiger un contrat officiel ou une loi dont l'objet est de prévenir le recours à des règles informelles antérieures ? Comment savoir à quel moment la vraie valeur de cette rédaction consiste à examiner en détail toute une série de questions plutôt qu'à leur trouver des réponses détaillées ? Essayer de comprendre à quel moment il est préférable de dire ou, au contraire, de taire ce qui va sans dire, voilà le défi auquel font face les rédacteurs juridiques tous les jours.

PILE, C'EST MOI QUI GAGNE...

Les assemblées législatives et les tribunaux sont généralement perçus au Canada comme les principales institutions juridiques. Si la vie en société est empreinte de paix et de collaboration, c'est, dit-on, parce que le Parlement rédige toutes les règles nécessaires à la réglementation et à l'orientation des comportements et qu'on peut avoir recours aux tribunaux pour trancher équitablement les différends. Bien que l'élaboration formelle de règles (légiférer) et le règlement formel des différends à partir de ces règles (juger) soient des éléments importants pour maintenir la primauté du droit, ce ne sont pas les seules voies légales qui servent à organiser la vie en société. Beaucoup de règles ne sont jamais expressément édictées. Elles ont été établies par la coutume, l'usage ou la pratique. De nombreux différends sont tranchés par un médiateur ou par voie de négociation sans jamais être renvoyés à une cour de justice.

Citons le vote et le recours délibéré au hasard, parmi d'autres moyens de structurer et de coordonner les rapports entre nos semblables. Tout comme la législation et le jugement, les élections et le tirage au sort peuvent constituer des méthodes d'ordonnancement valables, seulement si la forme des problèmes se prête à une telle résolution. Pour déterminer le moment le plus opportun en vue de formuler les questions de façon qu'elles soient étudiées et tranchées selon les règles établies, par des décisions de justice ou par toute autre voie, il faut comprendre les formes et les limites de chacune d'elles : Quels choix structurels antérieurs sont inhérents à chaque méthode ? Quelles conceptions des comportements chacune d'elles met-elle en valeur et reflète-t-elle ? Comment chacune d'elles peut-elle s'appliquer équitablement à des cas individuels ?

Quand mon fils était plus jeune, j'étais chef de louveteaux chez les scouts. Une partie de chaque réunion était réservée à des jeux d'équipe. Tout adulte qui a déjà pris part à des activités avec les enfants — à titre d'entraîneur, d'arbitre ou de simple spectateur — sait que les enfants prennent le jeu très au sérieux et qu'ils l'organisent avec énormément de soin.

Depuis, j'ai souvent réfléchi, en surveillant des jeux, à mes expériences de chef de louveteaux. Ce qui me frappe à présent, et pourtant je ne m'en apercevais pas à l'époque, c'est la subtilité des règles et des procédures avec lesquelles les membres de la meute organisaient et réglaient le déroulement de leurs jeux. Un petit nombre de jeux — le dodge-ball, par exemple — étaient connus depuis longtemps. D'autres étaient pratiquement inventés de toutes pièces par la meute locale.

Dans un cas comme dans l'autre, les règles et les procédures précises que suivaient les jeunes n'étaient pas simplement tirées d'un quelconque livre de jeux, pas plus qu'elles n'étaient consignées dans le journal de la meute. Elles étaient issues de ce que les louveteaux avaient tiré de leurs observations des autres, de leurs erreurs, de leurs échecs, de leurs pratiques et de leurs expériences antérieures. Ils tranchaient les disputes selon des règles raffinées et ne faisaient appel que rarement à leur chef pour résoudre leurs différends.

RÉGLEMENTER ET DÉCIDER

Un des premiers défis qui se présentent à des jeunes dans tout sport d'équipe est précisément le choix du camp, ce qui était souvent facile pour une meute, vu que les garçons étaient répartis par groupes de six. Ils devaient néanmoins s'entendre sur la façon de faire correspondre les groupes de six quand, du fait des absences, le nombre de joueurs pouvait varier de quatre à six. De nombreux autres jeux se déroulaient entre des équipes choisies sans tenir compte de groupes de six. Dans ces cas-là, le choix n'était pas très facile.

Quelquefois on s'alignait selon la taille, chaque équipe recevant un joueur sur deux. Ou encore, les meilleurs ou les plus âgés devenaient des «capitaines» qui choisissaient leurs joueurs à tour de rôle. Il fallait, auparavant, que les deux capitaines décident qui choisira en premier. Ils pouvaient alors faire appel à d'autres méthodes — «pile ou face», «pair ou impair», faire tourner le ballon ovale ou bien lancer la batte de base-ball, la rattraper et le premier qui en touche le bout est celui qui commence.

Les capitaines choisissent ensuite leur équipe. Un joueur va inévitablement être choisi en dernier. Si c'est le plus jeune, il n'en souffrira pas trop, car il y aura un plus jeune que lui l'année suivante. Mais si le dernier est un joueur plus âgé, balourd ou «pas très bon» qui est toujours choisi en dernier, la gêne et l'humiliation peuvent s'ensuivre.

La plupart des enfants n'ignorent pas ce problème. Je me souviens d'avoir observé, un soir, deux louveteaux sizainiers qui ont tranquillement résolu la question en convenant que chacun choisirait l'équipe de l'autre. Même si ce n'était que pour une fois, le dernier choisi devenait le premier. Quelques mois plus tard, j'ai vu deux autres sizainiers perfectionner davantage cette idée. Ils ont convenu de sélectionner six par six : par deux fois (noir et rouge), ils ont choisi les meilleurs joueurs et, les deux autres fois (jaune et gris), ils ont commencé par les moins doués. Quand je leur ai demandé, à la fin de la réunion, d'où ils avaient tiré cette façon de choisir, ils m'ont répondu immédiatement : «C'est évident.»

Ces garçons de neuf ans comprenaient parfaitement les conséquences psychologiques de la sélection des équipes. Leurs stratégies pour sélectionner des équipes équilibrées de façon à tenir compte des autres louveteaux m'ont impressionné encore plus. Pour que la partie puisse se jouer, les équipes doivent être raisonnablement équilibrées. Certes, les garçons aiment gagner. Mais si le score est déséquilibré, l'équipe perdante se désintéresse de la partie qui alors n'aboutit à rien. Même après la formation des équipes, il y a plusieurs moyens d'en assurer l'équilibre. Parfois, celui qui marquait un but devait changer de camp. Une autre technique consistait à ce que le marqueur se fasse remplacer jusqu'à ce qu'un autre but soit marqué ou encore, que l'équipe qui avait marqué le but joue à force égale, mais sans gardien de but.

Bien sûr, les sizainiers n'ont pas inventé toutes ces procédures sans l'aide d'un adulte à chaque étape et ils ne les ont certainement pas appliquées à des jeux précis sans quelques conflits occasionnels. Mais ils ont fait preuve d'une faculté d'adaptation et d'une créativité en matière d'organisation qui manquent parfois aux adultes. Quant à nous, les adultes, c'est par une démarche plutôt formelle que nous recherchons la coopération sociale. Notre réflexe est de mettre par écrit les règles qui vont dicter notre conduite (le réflexe de légiférer) et de créer des organismes dont la vocation est de résoudre les conflits (le réflexe de statuer). Comme le montrent les diverses façons dont ces louveteaux ont structuré leurs jeux, nous disposons de nombreuses options pour organiser la vie sociale, outre celle de demander au Parlement de légiférer ou aux tribunaux de statuer sur des conflits.

POUR ORGANISER : VOTER OU S'EN REMETTRE DÉLIBÉRÉMENT AU HASARD?

Édicter des règles, élaborer des coutumes et des usages, statuer, recourir à la médiation, négocier sont des outils qui nous servent à créer et à maintenir l'ordre social. Ils engendrent quelquefois de l'injustice, par exemple, lorsqu'une personne concentre tout le pouvoir entre ses mains ou que certains se trouvent entièrement exclus. Mais la plupart du temps, sur le terrain de jeu ou ailleurs, nous sommes en mesure de reconnaître et de surmonter ces injustices éventuelles. Il nous faut simplement connaître comment fonctionne chaque processus afin d'ajuster notre tir et prévenir les injustices.

L'expérience vécue sur le terrain de jeu nous montre aussi que nous faisons couramment appel à une série de procédés pour réglementer et décider, parmi lesquels le vote et le recours délibéré au hasard sont les plus courants.

Ici également, il nous faut réfléchir sur la façon dont ces mécanismes fonctionnent si nous voulons éviter de commettre une injustice.

Le vote est efficace lorsqu'il s'agit de prendre une décision collective. Il peut être formel, comme c'est le cas lors d'élections politiques ou, au contraire, informel, lorsqu'un groupe de personnes décide d'aller voir tel ou tel film. En général, chacun ou chacune a une voix égale, mais pas toujours. Il arrive parfois que le vote soit pondéré par des facteurs sociaux ou économiques. Nous créons quelquefois des droits de vote inégaux en exigeant qu'une proposition soit approuvée par deux groupes ou plus. Ou encore une majorité spéciale est quelquefois requise et, parfois, une simple pluralité suffit. Quelle que soit notre façon de décider, la condition préalable et nécessaire à toute procédure de vote consiste évidemment à déterminer qui a le droit de voter, avec quelle pondération et selon quelles règles.

L'impartialité en matière d'élections comporte deux éléments qui portent l'un sur les décisions de fond relatives à l'attribution des droits de vote et l'autre, sur la procédure de vote elle-même. Les élections doivent être empreintes d'impartialité. Ainsi, les électeurs ne doivent pas être intimidés. Les bulletins déposés doivent être comptés tels quels. Une fois le comptage terminé, les règles servant à déterminer l'issue du vote ne peuvent pas être modifiées.

Pour s'en remettre au hasard, il faut aussi s'entendre au préalable sur certaines questions d'organisation essentielles. Si le choix est binaire — pair ou impair, pile ou face, par exemple, — il faut encore décider qui choisit le premier. En cas de choix multiple, comme tirer à la courte paille, les règles du tirage doivent être définies à l'avance. En principe, la forme précise de ces règles de procédure — courte paille, choix aléatoire de chiffres, rotation d'un pointeur — n'est pas tellement importante puisque chacun jouit d'un droit égal. Mais si le tirage est pondéré, l'équité veut que l'on s'entende d'avance sur l'ordre des choix. De toutes façons, une fois les règles fixées équitablement, le hasard est un mécanisme décisionnel tout à fait impartial.

LES MULTIPLES FORMES DU DROIT

L'on serait porté à croire, en jugeant selon l'importance accordée à ses activités par les journaux, que toutes les règles législatives de notre société émanent du Parlement. Cette attention que portent les médias au processus politique trahit une vision étroite du droit dans la société contemporaine. Selon cette vision, le Parlement devrait édicter une nouvelle loi pour réglementer toute situation nouvelle. Bien qu'il faille se préoccuper des lois que les assemblées législatives édictent et des décisions de justice que rendent les tribunaux, il faut aussi s'intéresser aux retombées des unes et des autres sur toutes les autres façons dont la vie sociale peut être organisée et coordonnée. Les règles qu'on édicte et les décisions de justice minent-elles ou, au contraire, renforcent-elles d'autres mécanismes servant à planifier et à trancher des questions ? Faut-il même que les assemblées législatives et les tribunaux interviennent tant soit peu dans certains domaines ?

Tous ces différents modes de réglementation de l'interaction humaine occupent aujourd'hui une place importante dans le système de droit. Ils nous aident à élaborer nos propres règles et à décider. Ils existent indépendamment de l'État et jouent un rôle dans nos activités quotidiennes; mais nous pouvons tous être touchés par la façon dont le droit officiel les reflète. Tout comme il est difficile de distinguer les mécanismes formels (législation et jugement) de ceux qui ne le sont pas (pratique coutumière, contrat, médiation, vote, hasard), il est aussi malaisé de trier ces modes selon qu'ils résultent d'une activité officielle ou bien de nos activités. L'essentiel est de savoir comment tous ces mécanismes, formels et informels, fonctionnent ensemble et à quel moment recourir le plus efficacement et équitablement à l'un ou à l'autre pour organiser un aspect de notre vie sociale.

POUR ALLER PLUS LOIN

Introduction

Lon Fuller a consacré le plus clair de sa carrière aux thèmes abordés dans cette partie. Voir notamment l'ouvrage posthume préparé par K. Winston, THE PRINCIPLES OF SOCIAL ORDER: SELECTED ESSAYS OF LON L. FULLER (Durham : Duke University Press, 1983), qui réunit des travaux touchant les formes et les limites de divers processus contemporains d'ordonnancement social. Fuller s'est intéressé tout particulièrement aux caractéristiques fondamentales de la législation et de la jurisprudence dans : THE MORALITY OF LAW, 2e éd., (New Haven : Yale University Press, 1969) et ANATOMY OF THE LAW (New York : Praeger, 1968).

Bien qu'ils ne portent pas directement sur les principes d'ordonnancement social (ou, selon la terminologie qu'utilisait Fuller, sur «l'architecture de l'ordre social»), trois recueils d'essais de Jean Carbonnier offrent une analyse pénétrante des rapports entre le droit formel et le droit informel. Voir J. Carbonnier, DROIT ET PASSION DU DROIT SOUS LA VE RÉPUBLIQUE (Paris : Flammarion, 1996); FLEXIBLE DROIT, 8e éd., (Paris : L.G.D.J., 1995); et ESSAIS SUR LES LOIS, 2e éd. (Paris : Répertoire Dufrénois, 1995). Voir aussi, J. Carbonnier, SOCIOLOGIE JURIDIQUE (Paris : Presses universitaires de France, 1994).

Depuis Platon et Aristote, le rôle des institutions juridiques est toujours demeuré un sujet épineux pour la théorie politique. En ce qui concerne plus précisément la nature de la loi, les analyses de Saint-Thomas d'Aquin, Montesquieu et Jeremy Bentham sont particulièrement éclairantes. Voir aussi l'étude de Gerald Postema, BENTHAM AND THE COMMON LAW TRADITION (Oxford : Clarendon, 1983).

La nécessité ou non de se doter d'une constitution qui enchâsse une charte des droits demeure fondamentalement un débat quant au rôle des diverses institutions juridiques. Pour des opinions divergentes sur cette question, voir M. Mandel, LA CHARTE DES DROITS ET LIBERTÉS ET LA JUDICIARISATION DU POLITIQUE AU CANADA, (Montréal : Boréal, 1996) et W. Bogart, COURTS AND COUNTRY (Toronto : Oxford University Press, 1995).

Selon Michael Walzer, notre conception de ce qui est juste peut varier en fonction du contexte dans lequel s'inscrit l'action humaine. Voir SPHÈRES DE JUSTICE (Paris : Éditions du Seuil, 1997). Une thèse semblable est défendue à partir d'une perspective sociologique par B. de Sousa Santos dans TOWARDS A NEW COMMON SENSE: LAW, SCIENCE AND POLITICS IN THE PARADIGMATIC TRANSITION (New York : Routledge, 1995). En matière de réforme du droit, comparer le mérite des différentes méthodes de résolution des litiges civils s'avère l'une des tâches les plus difficiles. Pour une application des théories relatives au rôle des institutions juridiques dans le contexte d'une réforme de la justice civile, voir la Commission de réforme du droit de l'Ontario, Study Paper on Prospects for Civil Justice (Toronto : OLRC, 1995).

La Commission du droit du Canada s'est récemment penchée sur les différents thèmes abordés dans cette partie. En effet, cette dernière a été chargée en 1998 de rédiger un rapport sur la façon de réparer les sévices physiques et sexuels subis par des enfants qui ont fréquenté des institutions dirigées, financées ou parrainées par l'État. La Commission a d'abord défini les besoins des survivants, de leur famille et de leurs collectivités. S'arrimant aux besoins des personnes et des communautés touchées, elle a ensuite dressé une liste de critères de fond et de procédures à l'aune desquels elle peut juger tout mécanisme de réparation du préjudice subi par les survivants. Certains critères, comme l'ouverture, l'équité et l'impartialité, se rapportent à des thèmes plus universels tandis que d'autres, comme la reconnaissance, la réparation et la thérapie, prennent directement en considération les besoins particuliers des survivants ainsi que la responsabilisation et la prévention.

Parmi les mécanismes évalués par la Commission du droit, notons : les poursuites pénales, les actions civiles, les commissions d'indemnisation des victimes d'actes criminels, les paiements à titre gracieux, le mécanisme de l'ombudsman, les bureaux de défense des enfants, les commissions d'enquête, les commissions de la vérité, les programmes administratifs de réparation et de compensation et les actions communautaires locales non gouvernementales. Voir le rapport La dignité retrouvée: la réparation des sévices infligés aux enfants dans les établissements canadiens (Ottawa : Approvisionnements et Services Canada, 2000). Ce rapport peut être consulté sur le site : www.lcc.gc.ca.

Journée du droit et lapins en chocolat

Les questions soulevées par ce récit touchent à de nombreux domaines de l'activité humaine. Depuis la discussion d'Aristote dans le livre V de L'éthique à Nicomaque, les philosophes n'ont cessé de débattre les paramètres de la «justice distributive». Pour des perspectives contemporaines, il vaut la peine de comparer J. Rawls, Théorie de la justice (Paris : Seuil, 1997) et R. Nozick, Anarchie, État et utopie (Paris : Presses universitaires de France, 1988).

Trop occupés à expliciter les critères qui fondent des finalités justes à l'action humaine, les philosophes oublient parfois de proposer des processus d'ordonnancement social viables, autrement dit de prévoir les moyens pour atteindre les dites finalités. Pour une analyse des différents processus par lesquels l'ordre social peut être réalisé, nourri et maintenu malgré la présence de situations potentiellement conflictuelles, voir W. Witteveen and V. van der Burg (dir.), Rediscovering Fuller: Essays on Implicit Law and Institutional Design (Amsterdam : Amsterdam University Press, 1999).

Les trois ouvrages suivants offrent à ce sujet un complément d'information utile : H. Hart et A. Sacks, THE LEGAL PROCESS: BASIC PROBLEMS IN THE MAKING AND ADMINISTRATION OF LAW, W. N. Eskridge et P.P. Frickey (dir.), (Westbury, N.Y. : Foundation Press, 1994); N. Komesar, IMPERFECT ALTERNATIVES: CHOOSING INSTITUTIONS IN LAW, ECONOMICS AND PUBLIC POLICY (Chicago : University of Chicago Press, 1994); et J. Elster, LOCAL JUSTICE: HOW INSTITUTIONS ALLOCATE SCARCE GOODS AND NECESSARY BURDENS (New York : Russell Sage Foundation, 1992).

La meilleure façon de distribuer les ressources entre les membres d'une communauté est une question qui demeure d'actualité depuis des siècles, voire des millénaires. La Bible contient d'ailleurs des histoires comme celles du roi Salomon et de Caïn et Abel, ainsi que des sermons de Jésus comme le sermon sur la montagne, qui ont fourni les premières réponses à cette question. La littérature classique n'est pas en reste et s'est également frottée au problème, voir notamment LE ROI LEAR de W. Shakespeare, BLEAK HOUSE (Paris : Hachette, 1907) de C. Dickens et MODESTE PROPOSITION POUR EMPÊCHER LES ENFANTS DES PAUVRES D'ÊTRE À LA CHARGE DE LEURS PARENTS OU DE LEUR PAYS ET POUR LES RENDRE UTILES AU PUBLIC (Paris : Éd. Mille et une nuits, 1995) de J. Swift. Enfin, le documentaire SEVEN UP illustre les conséquences de modifications aux modes de distribution des ressources sociales sur l'évolution d'une génération d'individus.

Si la communauté distribue des ressources, elle est également appelée à imposer des charges. Comment déterminer, par exemple, qui, dans une communauté, doit supporter la charge supplémentaire découlant d'une situation de rareté? Pour une stratégie particulièrement macabre qui consiste à exécuter une personne désignée par tirage au sort, voir A.W.B. Simpson, CANNIBALISM AND THE COMMON LAW (Chicago : University of Chicago Press, 1984).

HOCKEY-BALLE DANS LA RUELLE, PLANCHE À ROULETTES ET LE DROIT VIVANT

L'exemple de la pratique du hockey-balle dans la ruelle et de la planche à roulettes soulève deux questions qui sont au cœur du processus législatif des démocraties libérales contemporaines. La première : les décideurs sont-ils au fait des intérêts contradictoires qui sont en jeu lorsqu'ils déterminent des orientations législatives ou politiques ? La seconde : un mécanisme politique défectueux entraîne-t-il nécessairement l'augmentation du nombre de recours devant les tribunaux ?

La première question est examinée par Fuller dans THE MORALITY OF LAW, 2ᵉ éd, (New Haven : Yale University Press, 1969). Fuller étudie les conditions qui favorisent une plus grande fidélité et un plus grand attachement des citoyens à l'égard de la loi. Récemment, des juristes ont remis en question le caractère véritablement démocratique du processus législatif et ont proposé plusieurs techniques pour pallier ce qu'ils appellent le «déficit démocratique». Voir, par exemple, J. Mashaw, GREED, CHAOS, AND

Governance: Using Public Choice to Improve Public Law (New Haven : Yale University Press, 1997) et D. Farber et P. Frickey, Law and Public Choice: A Critical Introduction (Chicago : University of Chicago Press, 1991).

La littérature juridique sur l'accès à la justice s'intéresse davantage à l'accessibilité des tribunaux qu'au degré d'ouverture ou à la transparence du processus législatif. Voir, par exemple, R. Abel (dir.), The Politics of Informal Justice (2 vol.) (New York : Academic Press, 1982) et C. Greenhouse, Praying for Justice: Faith, Order and Community in an American Town (Ithaca : Cornell University Press, 1986). Pour une discussion sur les exigences procédurales propres à différents processus d'ordonnancement social, voir R.A. Macdonald, «A Theory of Procedural Fairness», (1981) 1 Recueil annuel de Windsor d'accès à la justice 3.

Aux États-Unis, la stratégie qui consiste à saisir les tribunaux de questions délicates afin d'accélérer les changements au sein de la société fait l'objet d'un vif débat. Selon les partisans du mouvement «droits civiques (Civil Rights)», permettre aux membres des minorités de recourir aux tribunaux afin qu'ils y invoquent leurs droits constitutionnels est la seule manière d'assurer à ces exclus une participation politique effective. Voir P. Williams, The Alchemy of Race and Rights (Cambridge, Mass. : Harvard University Press, 1991); comparer avec Mary Ann Glendon, Rights Talk: The Impoverishment of Political Discourse (New York : Maxwell Macmillan, 1991).

Pour une discussion plus globale sur l'exclusion politique et sur l'inefficacité du recours aux tribunaux pour contrecarrer cette exclusion, voir L. Lithwack, Been in the Storm So Long (New York : Knopf, 1979) et G. Rosenberg, The Hollow Hope: Can Courts Bring About Social Change? (Chicago : University of Chicago Press, 1991).

En dépit des études empiriques démontrant l'inefficacité du recours aux tribunaux, la population en général continue à croire que le procès est un exutoire satisfaisant pour ceux et celles qui n'ont pas de pouvoir politique. Des films comme Le souffle de la haine, Du silence et des ombres, Erin Brockovich et L'initié renforcent cette perception. Deux émissions de télévision des années 1960 — Perry Mason avec, dans le rôle titre, Raymond Burr et The Defenders, qui met en vedette E.G. Marshall — illustrent deux façons bien distinctes de concevoir le rôle des avocats. Cette dernière série, en dépit de son titre, s'intéresse davantage au fonctionnement du processus législatif et aux mécanismes non judiciaires informels qu'aux procès comme tels.

Le droit a-t-il pour rôle de communiquer des ordres ou de faire des règles?

Les règles juridiques ont longtemps fasciné les hommes de loi et les philosophes. Dans la Somme théologique, *prima secundae*, Saint-Thomas d'Aquin examine les divers aspects de l'art de légiférer. Jeremy Bentham a aussi consacré plusieurs ouvrages à ce sujet, dont le plus connu s'intitule: TRAITÉS DE LÉGISLATION CIVILE ET PÉNALE, E. Dumont (dir.), (London : Taylor et Francis, 1858). Sur les caractéristiques générales de la règle de droit, voir H. Hart et A. Sacks, THE LEGAL PROCESS: BASIC PROBLEMS IN THE MAKING AND ADMINISTRATION OF LAW, W. N. Eskridge et P.P. Frickey (dir.), (Westbury N.Y. : Foundation Press, 1994) et F. Shauer, PLAYING BY THE RULES: A PHILOSOPHICAL EXAMINATION OF RULE-BASED DECISION-MAKING IN LAW AND IN LIFE (Oxford : Clarendon Press, 1991).

Plusieurs textes ont récemment été écrits sur les différentes formes d'expression du droit et sur les postulats — notamment, quant à la faculté pour l'individu d'exercer son libre arbitre — sur lesquels ces formes d'expression reposent. Voir, par exemple, W. Witteveen, «Semiotics, Symbolic and Symphonic Law: Communication Through Legislation», dans H. van Schooten (dir.), SEMIOTICS AND LEGISLATION (Liverpool : Deborah Charles, 1999) à la page 27; W. Witteveen, «Legislation and the Fixation of Belief», dans R. Kelveson (dir.) THE EYES OF JUSTICE (New York : Peter Lang, 1994) à la page 319; K. Winston, «Legislators and Liberty», (1994) 13 LAW AND PHILOSOPHY 389; G. Postema, «Implicit Law», (1994) 13 LAW AND PHILOSOPHY 361. En fin de compte, le fait pour un auteur de postuler ou de ne pas postuler la capacité des individus de comprendre et de suivre les lois influence grandement sa position quant à la possibilité de rédiger des lois dans une langue courante. Voir, par exemple, K. Shriver, DYNAMICS IN DOCUMENT DESIGN: CREATING TEXTS FOR READERS (New York : Wiley, 1997).

Les productions culturelles populaires s'interrogent également sur la question de savoir si les règles sont, par essence, une aide ou une contrainte. Par exemple, plusieurs histoires mettent en scène un professeur qui s'avère une véritable source d'inspiration pour ses étudiants. Voir, entre autres, le long métrage LA SOCIÉTÉ DES POÈTES DISPARUS et l'émission de télévision HEAD OF THE CLASS. Cet enseignant, souvent lui-même un tantinet marginal, conçoit en général le règlement de l'école comme un guide qui favorise les actions innovatrices et non comme un carcan. Mais, péripéties obligent, trône sur l'institution scolaire un directeur autoritaire et rétrograde, pour qui le règlement de l'école s'élève au rang des dix commandements. Évidemment, le directeur applique le règlement à la lettre et ainsi coupe court à toute manifestation de créativité de la part des étudiants. À la fin, laquelle selon vous de ces deux conceptions du règlement l'emporte ?

Bien que l'analogie ne soit pas exacte, cette divergence dans la façon de concevoir les règles est présente dans la philosophie chinoise. L'idée d'une règle comme ordre a des affinités avec la philosophie de Han Fei-Tzu et l'école «légaliste» tandis que l'idée des règles (surtout les règles qui gouvernent les biens et les rites) comme aide au développement des rapports humains peut être associée à l'école de Confucius. Voir W.T. Chan, trad., A SOURCE BOOK IN CHINESE PHILOSOPHY (Princeton, N.J. : Princeton University Press, 1963).

Si les choses vont sans dire, vont-elles mieux quand on les dit?

L'influence de l'écrit sur la culture au sens large a notamment été étudiée dans J. Goody, La logique de l'écriture : aux origines des sociétés humaines (Paris : Colin, 1986). D'ailleurs, faire revêtir à une règle non écrite une forme linguistique n'est pas sans conséquence. À ce sujet, voir Joseph Church, Language and the Discovery of Reality : A Developmental Psychology of Cognition (New York : Random House, 1961). Voir aussi S. Pinker, L'instinct du langage (Paris : O. Jacob, 1999).

L'existence des mots et la propension à la justification sont deux phénomènes intimement liés. Voir J. Vining, The Authoritative and the Authoritarian (Chicago : University of Chicago Press, 1986). Les caractéristiques de la rédaction juridique sont étudiées par D. Klinck, The Word of the Law: Approaches to Legal Discourse (Ottawa : Carleton University Press, 1992) et par J. B. White: Acts of Hope: Creating Authority in Literature, Law and Politics (Chicago : University of Chicago Press, 1994); Heracles Bow: Essays on the Rhetoric and Politics of Law (Madison : University of Wisconsin Press, 1985); When Words Lose Their Meaning (Chicago : University of Chicago Press, 1984).

Dès que le législateur décide d'édicter une règle, il doit aussi décider du degré de spécificité de celle-ci. Ce problème est analysé par D. Jacoby, «Doit-on légiférer par généralités ou doit-on tout dire?», (1982-83) 13 Revue de droit de l'Université de Sherbrooke 255; voir aussi C. Diver, «The Optimal Precision of Administrative Rules», (1983) 93 Yale Law Journal 65.

J.-G. Belley, dans Le contrat entre droit, économie et société (Cowansville: Éditions Yvon Blais, 1998) traite du rapport entre le texte d'un contrat et l'application qui en est faite dans la pratique quotidienne. Voir aussi J. Deprez, «Pratique juridique et pratique sociale dans la genèse et le fonctionnement de la norme juridique», (1997) Revue de la recherche juridique 799.

Bien entendu, le texte d'une loi ou d'un contrat ne peut jamais exprimer la totalité d'un message normatif. Cela étant, à partir de quel moment et pourquoi doit-on enchâsser une règle dans un texte canonique? Ce sont là deux questions examinées par Maurice Tancelin, «Les silences du Code civil du Québec» (1994) 39 Revue de droit de McGill 747. En théologie, une importante réflexion sur la dimension normative des silences est engagée. Pour une perspective chrétienne, voir Robert Bolt, Thomas More: pour l'homme seul (Paris : Abexpress, 1991); pour une perspective bouddhiste Mahayana, voir la traduction anglaise du texte fondamental, The Vimalakirti Sutra, par R. Thurman, The Holy Teaching of Vimalakirti : a Mahayana Scripture (University Park : Pennsylvania State University Press, 1983).

Les efforts déployés afin de conserver certaines pratiques et coutumes non écrites malgré l'importance qu'accorde la modernité à l'écrit est un thème très présent dans la culture populaire. Des films comme LES VESTIGES DU JOUR et RETOUR À HOWARD'S END et presque tous les téléromans contemporains – y compris des classiques comme ALL IN THE FAMILY – mettent l'accent sur le statut social de la personne afin de comprendre et de déterminer son comportement, minimisant ainsi le poids des règles formelles.

PILE, C'EST MOI QUI GAGNE...

Les ouvrages portant sur les différents modes de scrutin et leurs effets sur la participation et les résultats pullulent en théorie politique. Mentionnons d'ailleurs que le paradoxe de Condorcet vaut tout autant aujourd'hui qu'il y a deux siècles. Voir J.C. Condorcet, SUR LES ÉLECTIONS ET D'AUTRES TEXTES (Paris : Fayard, 1986). La meilleure discussion contemporaine sur les difficultés en matière d'élections en général et sur le paradoxe de Condorcet en particulier est celle de Hannu Nurmi, VOTING PARADOXES AND HOW TO DEAL WITH THEM (Berlin : Springer, 1999). Depuis quelque temps, les chercheurs en droit démontrent un intérêt croissant pour les modes de scrutin et ce, tout particulièrement en matière de faillite, de restructurations corporatives et de recours collectifs. Dans sa monographie LAW AND SOCIAL NORMS (Cambridge : Harvard University Press, 2000), Eric Posner démontre le rôle des normes implicites dans l'application des règles formelles propres aux scrutins.

Le recours délibéré au hasard comme principe d'ordonnancement social fait l'objet de plusieurs études. Voir, par exemple, D. Albert, TIME AND CHANCE (Cambridge: Harvard University Press, 2000); M. Orkin, WHAT ARE THE ODDS? CHANCE IN EVERYDAY LIFE (New York : Freeman, 2000) et A. Dershowitz, THE GENESIS OF JUSTICE: TEN STORIES OF BIBLICAL INJUSTICE THAT LED TO THE TEN COMMANDMENTS AND MODERN LAW (New York : Warner, 2000).

Les présidentielles américaines de 2000 ont mis en évidence la part de hasard dans les élections, part qui est nécessairement plus significative lorsqu'au terme du dépouillement des votes les candidats sont presque nez à nez. À ce sujet, voir le curieux commentaire de R.A. Posner, BREAKING THE DEADLOCK: THE 2000 ELECTION, THE CONSTITUTION, AND THE COURTS (Princeton : Princeton University Press, 2001).

Plusieurs textes d'inspiration religieuse consacrent de longs développements au hasard comme mode de distribution des bénéfices et des charges. Dans ce domaine, l'exposé le plus pénétrant demeure probablement la théorie de l'élection divine de Jean Calvin (COMMENTAIRES, Livre VII).

Le droit moderne s'efforce pour sa part de gérer le hasard et les aléas de la vie. La gestion du hasard se trouve même au coeur de l'épineux débat sur la légitimité éthique des nouvelles technologies de reproduction. Ceux qui sont en faveur du développement de ces technologies prétendent que le dépistage *in utero* des maladies génétiques permettra de nouvelles interventions médicales qui pourront pallier sinon réduire les séquelles associées à une tare génétique. Ceux qui s'opposent au dépistage soutiennent plutôt que les maladies en question (par exemple, les incapacités physiques) ne sont pas des maux en soi, mais sont plutôt représentés comme des maux par la société et qu'on ne devrait pas consacrer de ressources médicales pour tenter de les «guérir». Pour une vive discussion à ce sujet, voir E. Parens & A. Asch, Prenatal Testing and Disability Rights (Washington, D.C. : Georgetown University Press, 2000).

La bonne fortune et la réaction des familles et des communautés lorsque celle-ci survient est un thème récurrent de la littérature et du cinéma contemporains. Parmi les exemples les plus connus, mentionnons Les Belles Soeurs de Michel Tremblay et les films Waking Ned Devine, Petits meurtres entre amis et Un plan simple.

PARTIE 2

DES RÈGLES

INTRODUCTION

Au centre du droit contemporain, il y a des règles. Des règles qui ordonnent. Des règles qui structurent notre vie sociale. Des règles qui coordonnent les comportements. Des règles qui établissent des institutions par lesquelles nous pouvons réaliser des projets individuels et collectifs. Des règles qui fournissent un cadre conceptuel pour organiser nos diverses relations avec nos semblables.

La plupart de ces règles qui régissent notre conduite demeurent aujourd'hui non écrites. Beaucoup le sont cependant. Les règles écrites ont à présent une place bien plus grande dans le droit qu'au cours des siècles antérieurs. Et pourtant, ici comme ailleurs, chose accoutumée n'est fort prisée. Il est facile de prendre pour acquis les mécanismes par lesquels les règles sont découvertes ou établies et d'en oublier le degré de complexité.

L'établissement explicite de règles — leur édiction délibérée — est devenue une forme d'art. Que ce soit chez nous, au travail, dans un club ou en société, il nous faut découvrir comment énoncer au mieux le droit par des règles écrites. Il en va de même pour le Parlement. Les êtres humains rechignent à constamment «ré-inventer la roue». Ils cherchent donc des précédents. Ils les trouvent souvent dans les usages en vigueur. Si les règles visent à reprendre un usage, il faut d'abord reconnaître et décrire les usages. Ensuite seulement, on peut établir une règle écrite. Si les règles visent à modifier un usage ou à encadrer ce qui apparaît comme une idée nouvelle, il est toujours plus facile, plutôt que de repartir entièrement à zéro, d'apporter quelques petits ajustements qui préservent ce qui a été saisi et entendu par le passé.

Les règles, certes, ne sont pas des objets physiques. Ce sont des lignes directrices de nos actions. Une fois établies, elles doivent être constamment surveillées. Il se présente trois grands défis à l'évaluation de l'établissement de règles. Parfois, celles-ci ne parviennent pas à concrétiser ce pour quoi elles ont été conçues. Parfois les circonstances changent tellement que les règles en perdent leur efficacité. Parfois le législateur s'aperçoit que la petite question que l'on pensait pouvoir résoudre par une petite modification législative traduit en fait un problème social beaucoup plus criant, nécessitant l'attention.

Les quatre récits de cette partie traitent de la façon dont les législateurs parviennent à reconnaître ces difficultés et à les aborder. Toute règle qui commence à vieillir les oblige à s'interroger sur le degré de modifications législatives nécessaires pour la rafraîchir ou la mettre à jour. Toute règle qui ne répond pas exactement à l'objectif politique qu'elle était censée atteindre les oblige à décider s'il faut préférer des concepts formels ou bien fonctionnels pour rétablir la correspondance entre la politique et le texte. Chaque fois que les postulats qui définissent la façon dont le droit conçoit un problème sont dépassés par les changements sociaux, il leur faut envisager s'il vaut mieux reconstruire toute une structure conceptuelle depuis la base. Enfin, puisque tous les ajustements d'une règle ne sont pas forcément directs, il leur faut continuellement décider quand il vaut mieux modifier de façon tacite, par interprétation plutôt que de façon explicite, par édiction d'une règle nouvelle.

IL VAUT PARFOIS MIEUX SE CONTENTER DE RÉPARER LE QUAI — N'EST-CE PAS ?

Les règles de droit, surtout quand elles sont écrites, visent à un certain degré de stabilité. Si un législateur prend la peine de résumer une règle par écrit, on suppose qu'elle va durer plus longtemps que si elle était coutumière ou non écrite. Si des règles écrites changent constamment, elles perdent leur capacité de guider les comportements. On ne saura pas suivre les changements, encore moins modifier son comportement en conséquence. Il demeure que les règles ne peuvent prétendre à la permanence. De nouvelles technologies peuvent affecter les usages ; ainsi, il faut adapter les règles portant sur le caractère confidentiel des conversations téléphoniques aux communications sur internet. Les attitudes et les valeurs aussi évoluent ; le droit de vote n'est plus à vingt et un ans.

Les changements sociaux engendrent souvent des changements dans les lois. Les législateurs ont pour défi majeur de décider le degré de ceux-ci, quand les règles, les concepts et les institutions juridiques deviennent désuètes ou inefficaces. Il peut sembler parfois qu'un concept ou une règle doivent être abandonnés ou remplacés ; il peut sembler aussi que du bricolage y suffira. Il n'est pas facile de décider s'il faut entièrement remplacer, rénover en partie ou simplement réparer, à moins de se demander, dans chaque cas, combien des postulats sociaux majeurs de la règle en cause demeurent encore. Et encore, les avantages qu'on s'attend à en retirer peuvent ne pas suffire à justifier les dérangements que causeraient une réfection totale ou une rénovation à grande échelle.

––––––––––––––––

Chaque été depuis vingt ans, je passe une semaine de vacances au chalet que mon grand-père a construit et qui nous appartient maintenant, à ma sœur, mon frère et moi. Chaque printemps, nous avons le plaisir de passer en revue le dernier épisode de l'éternel et inégal combat que se livrent les forces de la nature — oh ! la force de la glace au moment de la débâcle printanière — et de sonder notre capacité de trouver une meilleure façon de renforcer et d'ancrer nos quais. Et chaque été, comme j'entreprends pendant mes vacances de réparer les dégâts causés par l'hiver, je ne peux m'empêcher de me demander quelle serait la meilleure façon de reconstruire les quais.

Ma sœur, qui habite la ville, veut toujours tout démolir et recommencer à zéro. Mon frère, qui habite à peu de distance du chalet, en milieu rural, propose immanquablement de faire le minimum de réparations nécessaires pour que nous puissions utiliser les quais pendant l'été. Et moi, qui finis par faire presque tout le travail, j'adopte l'un ou l'autre point de vue selon la quantité d'énergie qui m'anime pendant mes vacances — démolissant parfois les quais jusqu'à leurs fondations, me contentant parfois de mettre la partie supérieure à niveau et de remplacer les planches cassées.

L'expérience de cette année a tout particulièrement été source d'humilité. L'an dernier, ma sœur avait réussi à nous convaincre de reconstruire un quai. C'est ce que nous avons fait, déchargeant plusieurs tonnes de roche, déplaçant plusieurs mètres cubes de sable et reconstruisant le caisson de fond en comble. Le nouveau quai a magnifiquement résisté à l'hiver, mais une petite rampe servant à mettre les bateaux à l'eau qui y était fixée a été broyée par la glace. Pire encore, un autre quai, qui était ancré derrière deux énormes rochers depuis cinquante ans, a été soulevé parce que la glace avait déplacé les rochers.

RÉPARER LES QUAIS ET RAFISTOLER LES LOIS

Comme je constatais les dommages causés aux quais, mes pensées m'ont ramené à la réforme du droit. Quand les membres de la Commission du droit du Canada ont établi pour la première fois un Plan stratégique et ont commencé à définir de quelle manière ils devraient choisir leurs projets de recherche précis, ils se sont livrés à un exercice qui n'est pas sans rappeler les discussions de famille tous les ans pour construire et réparer un quai.

En examinant une loi, une règle de droit énoncée dans une décision judiciaire ou un ensemble d'usages contractuels et coutumiers, il arrive souvent que ceux qui réforment le droit voient de légers problèmes qui ont besoin d'être rectifiés. La règle peut être trop étroite. Trop vaste. Elle peut reposer sur des hypothèses périmées de la vie en société. Elle peut ne pas pouvoir s'appliquer aux technologies modernes. Et ainsi de suite. Le premier réflexe du réformateur est bien sûr de résoudre le petit problème en question. On s'abstient de s'interroger sur les principes fondamentaux, sur la situation dans son ensemble ou même sur les forces qui rendent le changement nécessaire. On se contente, autrement dit, de «réparer le quai».

Pendant une courte période, simplement réparer le quai peut faire l'affaire. À mesure que la glace casse certaines planches du quai, on les remplace tout simplement. Au bout de quelques années, toutefois, même si la surface du quai paraîtra toute neuve, les fondations auront perdu de leur solidité. Il est même possible que le caisson qui soutient le quai soit en train de s'écrouler et que tout à coup il s'effondre. Il devient nécessaire de reconstruire le quai en entier.

Il n'est pas toujours facile ni même toujours faisable, cependant, de reconstruire de fond en comble. Lorsque l'on prend une structure affaiblie pour la reconstruire plus solidement au même endroit ou presque, les forces qui ont causé son effondrement ne sont, habituellement, que transférées ailleurs. Si le nouveau quai lui-même ne fléchit pas sous la pression de la glace, il est tout à fait certain que la rampe de mise à l'eau qui y est fixée cédera.

Donc, pour savoir comment réparer le quai, il faut savoir où la glace va aller la prochaine fois. Il faut également se demander si le quai est, au départ, placé au bon endroit. Et cela nous oblige à nous demander si la conception actuelle du quai est adéquate. Le coût et la difficulté que suppose le renforcement de l'encoffrement du quai en valent-ils la peine, alors que celui-ci pourrait être remplacé par un quai plus léger qui peut être retiré de l'eau chaque hiver ? Après tout, il arrive parfois que même un quai bien conçu et bien arrimé s'écroule lorsque les forces qui s'exercent contre la fondation rocheuse sont tout simplement trop puissantes. Cela peut également amener des propriétaires de chalet frustrés à se demander si le quai est même nécessaire.

RECONSTRUIRE LES QUAIS ET RÉFORMER LE DROIT

L'analogie entre la reconstruction des quais et la réforme du droit est très étroite. On peut fort bien être en mesure de résoudre un léger problème dans un secteur du droit par une modification législative qui a pour effet de déplacer le problème. C'est ce que font quotidiennement les responsables de l'élaboration des politiques dans les ministères. Mais il n'est pas clairement établi qu'il faille un organisme indépendant comme une commission de réforme du droit pour entreprendre cette tâche.

D'autres fois, il peut être nécessaire de reconstruire ou même de repenser les fondations d'un régime réglementaire. C'est là la partie difficile de la réforme du droit. C'est là qu'il faut se demander si on a besoin d'une loi améliorée (un meilleur quai permanent) ou d'une nouvelle loi (un quai remplaçable) ou peut-être de pas de loi du tout (on va se débarrasser du quai). On cherche alors à comprendre les forces du changement social (la nature de la débâcle des glaces) et à les orienter, si possible, d'une manière qui les dissipe et les canalise efficacement (qui préserve le quai et transfère le stress sans causer de dommages).

Pour être sérieuse, la réforme du droit suppose ce genre d'enquête créative. Elle doit s'interroger sur la façon dont nous avons conçu et établi le droit jusqu'à ce jour et sur les solutions qui s'offrent à nous afin de résoudre les dilemmes et relever les défis que posent les changements sociaux. Parfois, il vaut sans doute mieux que le Parlement se contente de «réparer le quai». Plus souvent, toutefois, il est probable que la solution acceptable consiste à reprendre la conception du quai ou même à l'enlever complètement. L'un des défis majeurs de la réforme du droit est d'apprécier à quel moment de telles réponses sont souhaitables ou possibles.

RÉGLEMENTER, RÉPARER, RÉNOVER

C'est, semble-t-il, employer les ressources à bon escient que de diriger les efforts de réforme du droit là où l'on peut canaliser les pressions des changements sociaux en réponses juridiques qui exigent davantage que de simplement «réparer le quai». Après tout, l'instinct de celles et celles qui ont la responsabilité de réformer le droit est d'agir. Si changement social il y a eu, il doit obligatoirement y avoir une réponse explicite du droit. Les législateurs connaissent la même tentation. Si la loi ne fonctionne pas, il faut la réparer.

Il arrive pourtant que le changement social n'exige pas de changement juridique. La vie continue, tout simplement et le droit graduellement perd son efficacité. Dans ces cas, les tribunaux se chargent souvent de réformer le droit. Dans un chalet, il arrive que l'on abandonne la lutte contre la glace, tout simplement. Au fil des années, on passe de moins en moins de temps à résister à ce à quoi on ne peut résister jusqu'à ce qu'un printemps, on trouve que le quai a été emporté. La lutte du Parlement du Canada pour employer le droit pénal pour réglementer l'avortement thérapeutique, et finalement son échec, reflète une résignation du même ordre.

Il arrive aussi que la réforme du droit ne soit pas requise, car un domaine de la réglementation a perdu sa pertinence. Au chalet, il se peut que le lac soit utilisé différemment. Il se peut qu'on n'ait plus besoin d'un quai pour les bateaux à voile, en plus de celui pour nager. Plus personne ne s'inquiète si le quai pour les bateaux à voile s'effondre, à moins qu'on ne risque l'accident. Une réforme de la loi selon laquelle les propriétaires de taverne sont tenus de fournir des poteaux pour que les clients attachent leurs chevaux ne mérite guère l'attention des législateurs.

Ceux-ci sont constamment confrontés à des choix sur leur façon d'agir. Quand ils envisagent de réformer le droit, ils ne devraient jamais oublier qu'ils ont le choix entre rénover, remplacer ou simplement réparer. Ils devraient toujours évaluer si les avantages attendus de la stratégie qui sera retenue justifie les dépenses engagées. Il est tout aussi important qu'ils n'oublient jamais non plus la possibilité de ne pas agir.

LES 50ᵉ ANNIVERSAIRES DE MARIAGE ET LA FAMILLE

Le droit dans nos sociétés contemporaines a de nombreux objectifs. Voici deux de ses fonctions majeures : annoncer des principes de l'organisation efficace de la vie en société qui prennent en compte les véritables modèles de nos interactions ; énoncer les valeurs essentielles et les principes moraux que l'on considère être à la base de la vie en société. Dans une société homogène, ces deux fonctions entrent rarement en conflit. Par contre, plus une société montre de diversité, plus on débattra des valeurs et des principes fondamentaux. Plus une société montre de diversité, plus il est probable qu'il y aura discordance entre les règles juridiques tirées des usages sociaux et religieux traditionnels et les nouveaux besoins juridiques de la population en général.

Le législateur s'efforce en général de résoudre progressivement les discordances provoquées par un accroissement de la diversité sociale. La portée des règles et des notions traditionnelles se trouve graduellement élargie. Celles-ci n'étant pas souvent structurées par rapport aux objectifs politiques poursuivis, le fait de réformer progressivement le droit n'encourage pas le législateur à se demander si des concepts définis par rapport à des objectifs conviendraient mieux à des sociétés à diversité prononcée. Toutefois au fur et à mesure que s'ouvre l'éventail des extensions, ce qui semblait au départ une question étroite se révèle refléter un problème beaucoup plus vaste de définition du droit. Le domaine du droit où ceci est le plus évident est celui des rapports personnels entre adultes.

———————

Plus tôt cette année, ma famille et moi nous sommes rendus en Colombie-Britannique pour célébrer le 50ᵉ anniversaire de mariage de mes beaux-parents. Le point culminant de notre séjour a été une fête à laquelle ont assisté quelque soixante parents et amis et leurs enfants. Comme je circulais parmi les invités, deux choses m'ont frappé. La plupart des personnes présentes vivaient, ou avaient récemment vécu, une relation familiale stable. Toutefois, seule une petite minorité de ces personnes étaient mariées à ce moment-là.

Il y avait un frère et une sœur âgés (tous deux veufs) qui partageaient un appartement depuis cinq ans. Il y avait deux sœurs qui n'avaient jamais été mariées et qui habitaient la même maison depuis plus de quarante ans. Il y avait deux amis (l'un veuf, l'autre divorcé) que mon beau-père avait connus dans l'armée de l'air et qui eux aussi partageaient un appartement. Il y avait trois couples non mariés dans la quarantaine et la cinquantaine, qui vivaient ensemble depuis plus d'une décennie, depuis leur divorce. Il y avait des pères et des mères célibataires, qui essayaient de renouer une nouvelle relation. Il y avait des invités qui ne s'étaient jamais mariés, vivaient seuls et avaient déjà eu une relation de longue durée. Et il y avait un couple homosexuel.

La diversité évidente de ces relations familiales m'a fait réaliser à quel point les couples mariés depuis longtemps et n'ayant jamais divorcé, comme mes beaux-parents, sont rares et qu'il existe maintenant de nombreuses autres formes de relations familiales stables.

Cela m'a fait penser à la manière dont le droit aborde pour l'instant les questions touchant les «rapports personnels étroits» entre adultes. Cela m'a également rappelé à quel point il est difficile d'élaborer et de mettre en œuvre une politique sociale qui aborde des questions de cet ordre. Les notions traditionnelles de mariage et de filiation (notamment, la relation entre parent et enfant) ne semblent plus convenir du tout.

DES RAPPORTS PERSONNELS ENTRE ADULTES

Pour l'instant, la droit canadien n'a pas de point de vue uniforme sur le mariage, les obligations alimentaires ou la filiation. Nous savons que les êtres humains sont, pour la plupart, des êtres sociables qui aiment la compagnie des autres et cherchent à entretenir des relations stables. Des études indiquent que la plupart des gens vivent en meilleure santé, plus longtemps, plus heureux et plus productivement lorsqu'ils ont des relations stables. D'ailleurs, lorsque ces relations ne sont pas possibles, l'attachement émotif est souvent reporté sur un animal de compagnie, comme un chien, un chat, un oiseau ou un poisson rouge.

Cela ne donne-t-il pas à penser que la politique officielle devrait essayer d'encourager l'établissement et le maintien de rapports stables entre adultes ? Et cela ne donne-t-il pas également à penser que nous devrions adopter des lois qui apportent une certaine sécurité affective, physique, psychologique et économique aux personnes qui vivent une relation de ce genre ?

Le droit s'oriente à présent dans cette direction. Cependant ce n'est qu'indirectement qu'il vise les bénéficiaires de ces politiques officielles fort louables. D'une manière générale, nous avons poursuivi l'objectif qui consiste à favoriser des rapports entre adultes, qui soient stables, mûrs et enrichissants, en centrant nos lois sur les personnes mariées. La plupart de nos programmes sociaux actuels ne peuvent s'appliquer aux nombreux couples non mariés et aux personnes vivant d'autres genres de relation entre adultes. Donc, les pouvoirs publics doivent à présent se demander s'il y aurait lieu de reformuler les politiques actuelles qui soutiennent la sécurité affective, physique, psychologique et économique des couples mariés de sorte qu'elles concernent le plus grand nombre possible de Canadiens et de Canadiennes.

C'est-à-dire qu'il faut se demander si l'objectif visé par ces politiques est de promouvoir le mariage ou d'appuyer l'établissement de rapports d'interdépendance qui soient stables. Les deux sœurs qui ont toujours vécu l'une avec l'autre devraient-elles pouvoir se désigner mutuellement bénéficiaires de leurs REER ? Les deux vieux copains de l'armée qui emménagent ensemble devraient-ils pouvoir se partager leurs régimes de soins dentaires ou autres régimes contributifs ? Le frère et la sœur qui sont veufs et qui souhaitent reformer un foyer devraient-ils avoir le droit de déclarer leur revenu conjointement ?

Supposons un instant que nous arrivions à la conclusion que l'objectif véritable devrait être de favoriser et d'appuyer l'établissement de rapports stables entre adultes. Comment pourrait-on reformuler nos lois afin d'accroître la cohérence entre la politique souhaitée et les règles de droit que nous adoptons ? Comment pourrions-nous reprendre la rédaction des lois dont la portée est devenue à la fois trop étroite et trop large.

REMANIER LES LOIS – DEUX MODÈLES

En droit, il y a habituellement deux façons de remanier des lois qui, dans la pratique, ne concordent pas avec l'objectif politique visé. Par analogie ou par une fiction juridique déclarée, on peut étendre la définition existante d'un concept. L'adoption est un exemple de la première méthode : on confère à l'enfant adopté le même statut juridique qu'à l'enfant biologique. On trouve un exemple de la deuxième méthode dans la notion voulant que les sociétés soient considérées comme des «personnes» morales ayant, dans la plupart des cas, les mêmes droits que les personnes physiques.

Tant pour l'adoption que pour étendre la notion de «personne», le corps législatif fait un choix de politique quant à la portée d'un concept de droit. Il décide que dorénavant il faut traiter une situation n'appartenant pas à l'évidence à la définition historique comme si elle y appartenait. Remarquons que dans les deux cas, surtout dans le second d'ailleurs, le fait d'étendre la notion déforme véritablement quelques-unes des idées fondamentales sur la notion initiale : comment des idées telles que la liberté de religion ou la liberté de disposer par testament s'appliquent-elles à des personnes morales ?

En ce qui concerne la mise en oeuvre d'une politique générale d'intérêt public visant à favoriser et à enrichir des rapports stables d'interdépendance entre adultes, une législature pourrait, selon ces méthodes, adopter l'une de deux techniques de définition. Elle pourrait disposer que les personnes qui vivent ces autres genres de relation — frère et sœur veufs, sœurs âgées, vieux copains de l'armée et ainsi de suite — doivent être traitées de la même manière que le sont les couples mariés. Le libellé de la nouvelle loi ressemblerait à ceci : «dans la présente loi, quiconque vit en relation A, B ou C a le droit de faire X, Y ou Z de la même façon et au même effet que les personnes légalement mariées».

La législature pourrait aussi simplement redéfinir «mariage» de sorte que ces relations correspondent à la nouvelle définition. Plutôt que de rédiger une série de modifications législatives de lois particulières, elle reprendrait leur organisation conceptuelle actuelle et redéfinirait simplement la notion clé. La nouvelle loi énoncerait par exemple : «le terme "conjoint, conjointe" désigne quiconque vit en relation A, B ou C». Les deux nécessitent à un certain degré que la législature modifie la notion de mariage.

Il est également possible de reprendre la rédaction d'une loi de telle sorte que l'on abandonne tout simplement un concept existant comme point de référence d'une politique pour insister plutôt sur les éléments essentiels de l'objectif souhaité. De préférence à une catégorisation formelle d'une situation concrète, la loi définirait des critères d'inclusion et d'exclusion se rapportant aux faits de cette situation ou aux objectifs que recherchent les gens. Dans certains secteurs du droit commercial, par exemple, nous avons renoncé à étendre d'anciens concepts comme l'hypothèque à de nouvelles situations et avons choisi d'inventer un tout nouveau concept appelé «sûreté», qui se définit par rapport à la nature même de l'opération commerciale en question.

De même, pour mettre en œuvre une politique officielle générale visant à favoriser et à enrichir les relations stables entre adultes, l'organe législatif pourrait, selon cette méthode, remanier différentes lois portant notamment sur les pensions, l'impôt, l'assurance afin que le critère d'admissibilité ait un rapport avec les éléments essentiels de la relation — sa durée et sa nature — plutôt qu'avec l'état civil des personnes concernées.

DÉFINIR DES CONCEPTS JURIDIQUES

Les concepts du droit ne correspondent pas automatiquement aux choses matérielles de notre monde. Il faut donc trouver d'autres moyens d'en définir la portée. C'est-à-dire que pour inclure certains faits sociaux ou des rapports juridiques dans un concept donné et les en exclure, il faut annoncer de nouveaux critères de définition de ce concept. Des concepts originellement tirés de la vie de tous les jours ont été étendus grâce à des fictions relativement anodines dans une grande variété de domaines du droit. Surtout quand le référent initial du concept était matériel, l'objet politique visé n'a incité personne à remettre en question la technique que la législature avait choisi pour atteindre cet objet.

Dans les cas, par contre, où un concept de droit n'a pas de matérialité mais se définit par ses «caractéristiques essentielles» présumées, ces extensions par analogie peuvent parfois soulever de vives controverses. Quand de plus le concept est ancré dans des points de référence socioculturels tels que la coutume, la tradition, la religion, la moralité ou l'idéologie, ces extensions peuvent provoquer de vifs débats. C'est surtout vrai quand le droit les étend fictivement bien au-delà des limites des définitions que fournissent ces points de référence socioculturels.

Il n'y a probablement pas aujourd'hui de meilleur exemple d'un concept juridique et socioculturel en une telle situation de tension que celui du mariage. Si l'on comprend pourquoi le mariage est devenu un concept de droit aussi contesté, on saisit les questions que les responsables des politiques et les législateurs doivent affronter tous les jours pour remanier des lois qui font référence à des concepts socioculturels. C'est manifestement une tâche délicate et difficile de repenser complètement les politiques d'intérêt public que nous voulons adopter comme société, étant donné la pluralité évidente des relations stables entre adultes auxquelles il faut absolument apporter une solution.

Ensuite, ce n'est pas une tâche facile d'évaluer les différents moyens législatifs qui permettront d'obtenir le résultat souhaité. Mais cet heureux événement qu'a été le 50ᵉ anniversaire de mariage de mes beaux-parents m'a permis de constater par moi-même pourquoi ces questions doivent être posées et pourquoi très concrètement elles préoccupent les Canadiens et les Canadiennes.

DES POIDS ET DES MESURES

Souvent, les règles de droit établissent des concepts d'ordre général qui nous permettent d'organiser nos rapports avec autrui, ou encore s'y réfèrent. En un sens, de tels concepts fonctionnent comme des systèmes de mesure. Ils nous fournissent une grille avec laquelle nos rapports peuvent se mesurer, s'organiser, se comparer. En droit comme dans la vie, deux types de système de mesure sont fréquents. Le premier emploie le vécu quotidien pour structurer la façon dont les relations sont caractérisées et évaluées. Dans le second, des spécialistes déduisent un cadre de principes abstraits pour organiser et caractériser les relations. Comment le législateur sait-il quand il faut conserver des concepts fondés sur l'expérience ou au contraire, réorienter la logique des concepts juridiques par référence à des critères généraux abstraits ?

Tout concept étant le produit de son époque et de sa région, le législateur se retrouve, dès que surgit un nouveau contexte social, avec des exigences contradictoires de la part de l'expérience et de la logique. La difficulté est en partie de décider si l'adoption de nouveaux concepts abstraits qui ne sont pas ancrés dans le vécu quotidien va éloigner la loi des gens mêmes à qui elle s'adresse. La difficulté est aussi d'évaluer quand le fait de reprendre à zéro la conception d'une structure juridique peut réussir à surmonter les préjudices cachés et les conséquences néfastes de règles de droit en vigueur, fondées sur l'expérience. Comme à chaque fois qu'on envisage de changer un système de mesure, il faut surtout retenir que la meilleure attitude sera de ne pas toujours se cantonner à l'expérience, ni de toujours réinventer la roue.

Par un après-midi particulièrement froid et venteux de l'hiver dernier, je skiais avec mes enfants. Pendant que nous étions sur le remonte-pente, je fais remarquer à mon fils qu'il ne fait probablement pas loin de zéro. Ce à quoi, il me répond «mais papa, il fait moins 25, au moins». Il avait raison bien sûr. Et moi aussi. Il parlait de centigrades et moi de degrés Farenheit.

Cet échange m'a amené à réfléchir à la façon dont nous mesurons les choses. Appréhender le monde doit avoir été un savoir-faire essentiel pour survivre. La plupart des anciens mesurages se faisaient probablement d'après l'expérience et la nécessité. Par exemple, nous savons qu'on mesurait le temps en jours, en lunes, en années et qu'on mesurait les distances en pouces, en coudées et en pas ; ensuite, on a mesuré le volume en cuillères à thé, en tasses, en boisseaux, en barils. Aucun de ces trois systèmes de mesure — temps, espace, volume — n'était relié aux deux autres.

Puis, il y a deux cents ans, les révolutionnaires français ont eu la bonne idée, selon eux, de normaliser toutes les mesures par le système décimal (centimètre, mètre, kilomètre), dont celle de la température et celle du temps. Une telle normalisation permettrait ensuite d'intégrer en un système unique la mesure de la distance, celle du volume, celle du poids (c'est ainsi qu'un centimètre cube est un millilitre, un millilitre d'eau pesant un gramme).

Nos deux façons différentes de mesurer la température, celle de mon fils et la mienne, m'ont fait comprendre qu'il n'existe aucune norme absolue pour décider de la façon de mesurer. Les systèmes de mesurage sont décidés en grande partie en fonction de la commodité. Fonctionnent-ils ? À cet égard, mesurer se compare à l'usage d'une langue. C'est une façon d'examiner le monde, d'organiser la communication de ce que nous voyons et d'expliquer les relations entre les choses.

Le droit en fait tout autant. Le droit «mesure» les relations humaines. Chaque concept ou idée du droit définit quelque chose ou bien quelqu'un et structure des relations entre les personnes et entre personnes et choses. Par exemple, quand le droit dit que tous les êtres humains sont des personnes, il dit en même temps qu'ils ne peuvent être des biens, ce qui signifie qu'ils ne peuvent être esclaves.

Le droit a-t-il quelque chose à apprendre de la normalisation et de l'intégration des mesures ? Est-il possible ou même souhaitable d'entreprendre en quelque sorte une décimalisation du droit ?

EXPÉRIENCE ET LOGIQUE DES MESURES ET DU DROIT

Le Canada, à l'instar de la plupart des pays, utilise le système métrique. Seuls des gens de plus de cinquante ans, qui ont appris par cœur à l'école ce que sont perche, mesure d'arpenteur, quart, «gill», grain de remède ou « stone», savent ou se soucient de savoir qu'il y 4 perches dans une mesure d'arpenteur et 14 livres dans une «stone». Les jeunes enfants d'aujourd'hui ignorent souvent les anciennes mesures anglaises les plus courantes − l'once, la livre, la pinte, le gallon, le pouce, le pied, le mille. On ne les retrouve que dans quelques expressions anglaises − «a miss is as good as a mile» [faute d'un point, Martin perdit son âne], «that's as heavy as a ton of bricks» [aussi lourd qu'une tonne de briques], «ten-gallon hat» [chapeau de cow-boy].

Ces mesures aujourd'hui largement oubliées s'étaient développées en réponse aux besoins de certains groupes. Qu'ils aient été charpentiers, brasseurs, boulangers ou armateurs, ils raisonnaient selon leur activité commerciale ou artisanale − le savoir local servait des besoins locaux. Il existe aussi des concepts juridiques aujourd'hui largement oubliés, qui étaient fondés sur l'expérience et les besoins locaux. En droit aussi, il existe de concepts à présent oubliés, qui étaient fondés sur l'expérience et les besoins locaux. Peu de praticiens de la common law se souviennent de ce que sont le domaine en fief taillé ou la tenance unitaire; peu de civilistes connaissent les concepts de mort civile et du serment décisoire.

La volonté du dix-huitième siècle européen de normaliser les mesures grâce à un système décimal se fondait sur l'axiome fondamental du siècle des Lumières. Le savoir selon la raison valait mieux que le savoir selon l'expérience ; les systèmes rationnels et scientifiques de mesurage étaient supérieurs aux mesurages pratiques de la vie quotidienne. La normalisation et l'intégration décimalistes ont pourtant entraîné la disparition de nombreuses unités de mesures intermédiaires qui étaient utiles. Leur valeur pratique était grande — par exemple celle du pied, de la livre ou du gallon — du fait des relations que ces unités décrivaient.

Un aubergiste par exemple se préoccupait avant tout de pintes, qu'il détaillait en verres et qu'il tirait de ses quarts et de ses barils ou de ses barriques. Les mesures plus petites ou plus grandes lui importaient peu, ni que ces unités de volume ne soient pas décimales, ni que les mesures de liquide et de poids ne se transposaient pas facilement. En revanche, quand il s'est agi de normaliser le mesurage, l'utilité pratique des unités de mesure a dû céder le pas à l'élégance d'un système logique. On peut dire en quelque sorte que la commodité pour les plus grands manufacturiers experts a primé sur les besoins des usagers locaux.

Une volonté similaire de rationalité existe en droit. L'expérience et les usages locaux se dévaluent et laissent place à des catégories juridiques abstraites et générales, basées davantage sur les besoins des avocats et des juges. Le droit commercial en offre un bon exemple. Acheteurs et vendeurs savent qu'il existe une différence pratique entre un emprunt à la banque pour acheter une voiture et acheter cette voiture à crédit auprès du vendeur. Notre système de droit aujourd'hui est indifférent. Que l'entente soit un nantissement commercial auprès de la banque, une vente conditionnelle auprès du vendeur, cessions de créances en garantie, aujourd'hui les juristes ne parlent que de sûreté.

DES MESURES RÉCALCITRANTES

La rationalité des mesures modernes n'a pourtant pas été totale. Quelques exceptions persistent. Les révolutionnaires français ne sont pas parvenus à décimaliser la mesure du temps. Nos années ont 12 mois, nos semaines 7 jours et nos journées 24 heures de 60 minutes de 60 secondes, et non pas des heures de 100 minutes, des jours de 10 heures, des semaines de 10 jours et des années de 10 mois.

La nécessité et l'expérience comptent toujours, même dans les systèmes métriques. L'usage de certaines unités est plus répandu que d'autres. Certaines — par exemple, le décimètre, l'hectomètre, le décalitre et l'hectogramme — s'emploient fort rarement, alors que d'autres s'emploient par multiples de dix — aux jeux olympiques, on parle davantage d'une course de cent mètres que d'une course d'un hectomètre.

Autres exemples. Dans les pays qui se sont récemment convertis au système métrique, l'usage conserve des unités de mesure traditionnelles désormais décimalisées. Nous achetons au Canada 454 grammes de beurre plutôt que 500 grammes, puisque l'ancienne livre anglaise pèse 454 grammes. Même dans les pays ayant adopté depuis longtemps la décimalisation, des mesures non normalisées persistent par rapport aux unités officielles. En France, le vin s'achète en bouteilles de 75 centilitres et non d'un litre.

Le choix et la forme des systèmes de mesure dépendent de facteurs fort divers, tels que la physiologie humaine, la théologie, l'économie et la politique. Il est aisé de constater même aujourd'hui que le système décimal est fondé sur le nombre de nos doigts et de nos orteils et que la semaine de sept jours résulte directement du judéo-christianisme pour qui il a fallu sept jours à Dieu pour créer l'univers. Il est moins évident, et pourtant c'est tout aussi exact, que l'élaboration du système métrique se rapporte moins au mesurage qu'au fait que la France révolutionnaire croyait à la parfaite rationalité de l'homme.

Les non spécialistes préféreront toujours, pour appréhender le monde, des systèmes de mesure qui se fondent sur l'expérience. Le scientifique ou l'ingénieur préféreront un système métrique, qui décimalise les unités de mesure, leur calcul et leurs interrelations. De la même façon, pour les spécialistes, les concepts juridiques fondés sur l'expérience auront davantage de sens que les concepts d'abstraction logique élaborés et favorisés par des avocats et des juges.

COMMENT LE DROIT MESURE-T-IL ? LOGIQUE ? EXPÉRIENCE ?

La création et l'imposition du système métrique illustrent le triomphe de la science sur l'expérience. La plupart des gens aujourd'hui l'acceptent et l'utilisent, ce qui a peu de rapport avec leur opinion quant à sa supériorité en tant que système de mesure. Quel système est utilisé importe peu, dès lors qu'on l'apprend. Mon fils et moi avons été bien d'accord; moins 25° C et 0° F, c'est du pareil au même, c'est frette en maudit!

Qu'en est-il du droit ? Le choix d'un concept de mesure plutôt qu'un autre est-il aussi anodin que le choix entre le système centigrade et celui de Fahrenheit ? Les spécialistes nous martèlent que seules leurs idées sur ce qui importe et sur l'organisation des choses devraient être adoptées. Nous savons pourtant que nos propres idées ont souvent tout autant de sens. Le droit a beau nous dire que les règles régissant la vente d'un terrain et celles régissant la vente d'une automobile devraient être identiques. Grâce à notre expérience, nous savons qu'il n'en est rien. Le droit a beau nous dire qu'un contrat passé entre deux sociétés est identique à un contrat entre deux consommateurs. Grâce à notre expérience, nous savons là aussi qu'il n'en est rien.

La difficulté fondamentale pour le législateur contemporain est de savoir quand il faut conserver des concepts fondés sur l'expérience et quand il est utile (et sûr) de réorienter nos concepts par référence à des critères généraux abstraits qui ne font pas référence au vécu quotidien et ne s'en inspirent pas non plus. Le défi existe tout particulièrement quand nous nous efforçons d'appliquer un concept qui existe déjà à une situation entièrement nouvelle. Toutefois le législateur doit aussi savoir quand l'adoption de nouveaux concepts est le meilleur moyen de neutraliser les conséquences nuisibles et les préjudices cachés de règles en vigueur, fondées sur l'expérience. L'expérience n'apportera pas toujours la réponse qui convient le mieux à la question du législateur, la logique non plus.

LES PETITS MENSONGES DU DROIT-FICTION

La plupart des gens vivent leur vie en prise relativement directe avec la réalité. Quand on leur demande de s'expliquer ou de décrire un événement particulier, ils le font en général d'une façon qui a du sens pour leur entourage. Leur grammaire est cohérente et les mots qu'ils emploient correspondent en général aux faits. Ils ne disent pas «caresse tendre» pour décrire une attaque brutale. La plupart du temps, il en va de même pour le droit. Il décrit les événements quotidiens d'une manière intelligible et les caractérise en termes compréhensibles. Pas toujours cependant. Les termes et les concepts du droit semblent parfois hors contexte. Le droit a parfois recours à un vocabulaire étrange. Il emploie parfois un vocabulaire familier d'une façon étrange.

Des usages étranges résultent en général de ce que le droit tente de cerner une situation nouvelle ou imprévue. Une telle réaction est courante. Il arrive souvent que les gens abordent des circonstances nouvelles ou des changements qui vont trop vite en se racontant «des petits mensonges». De telles fictions sont en général anodines, surtout si chacun reconnaît la «tromperie». Des conjoints qui s'envoient des cadeaux «de la part du père Noël» n'essaient pas de se tromper l'un l'autre. Quand un concept juridique ou les termes d'une loi ne correspondent plus à la vie sociale, le droit lui aussi invente des fictions afin de combler l'écart jusqu'à ce que l'assemblée législative puisse agir. Ces «petits mensonges» permettent au droit de conserver des structures actuelles de pensée tout en s'adaptant à l'évolution des circonstances.

Quand j'avais 11 ans, de toutes les activités de mes camps d'été, c'est le canot que je préférais. Bien sûr, mon mètre cinquante et mes quarante-cinq kilos avaient du mal à maîtriser un canot de seize pieds, quand l'eau était agitée. Je prenais donc des cours et j'y apprenais notamment différentes techniques afin de pouvoir pagayer par tous les temps. Une des premières leçons était que si un coup de vent de face vous fait dévier, il faut pagayer avec des coups en «C» pour ramener à l'avant la proue du canot.

Un jour de vent violent, j'ai été déporté tout au fond de la baie. En dépit de tous mes efforts, je n'arrivais pas à redresser mon canot. Mes coups en C n'avaient aucun effet. Mon canot se retournait toujours vers l'arrière. En fin de compte, l'instructeur est venu me chercher dans son canot. Mais au lieu de me proposer de me remorquer jusqu'au quai, il m'a conseillé «Pagaye dur tout droit devant toi. Quand tu commences à dévier, fais un coup de balai avant pour redresser ton canot. Puis recommence à pagayer tout droit. Et ainsi de suite.»

J'ai fait comme il m'avait dit. D'abord cinq coups droits énergiques, en tournant vers la gauche ; puis un coup de balai avant pour effectuer un cercle complet ; encore cinq coups droits énergiques, puis un coup de balai avant pour effectuer un cercle complet. Et je recommençais de multiples fois. Mes manœuvres concentriques ont réussi à me ramener au quai. J'ai rangé mon canot avec soulagement. Puis je me souviens avoir fait remarquer à l'instructeur que son conseil de coup de balai avant était juste et plus ou moins utile, mais inexact. Car il venait de nous apprendre le coup en C pour pagayer droit par forte brise. «T'inquiète pas pour ça. C'est la technique du coup en C pour vent fort», m'a-t-il répondu en riant.

Environ cinq ans plus tard, j'ai retrouvé une situation semblable dans un récit de Mark Twain. Tom Sawyer et Huckleberry Finn avaient décidé de creuser pour trouver un trésor enfoui. Tom creuse avec son canif. Huck qui le regarde, appuyé sur une pelle, lui demande s'il ne veut pas la pelle pour creuser. Tom lui répond que non, parce que dans l'histoire qu'il a lue pour trouver les trésors enfouis, on dit qu'il faut creuser avec un canif. Après s'être obstiné pendant un quart d'heure encore et sans succès aucun, Tom se tourne vers Huck : «Passe-moi donc le canif sur lequel tu t'appuies».

Tout comme moi pendant ma leçon de canot, Tom venait de découvrir l'une des grandes leçons de la vie. La réalité ne correspond pas toujours à ce que disent les livres. Il est alors quelquefois plus facile de faire comme si, en inventant une fiction, plutôt que de réécrire le livre. Il en va souvent de même pour le droit : plutôt que de le réformer directement par voie législative, les tribunaux ont parfois recours à des fictions pour modifier des règles qui ne fonctionnent plus.

POURQUOI AVONS-NOUS RECOURS AU DROIT-FICTION ?

À l'encontre de l'ancien droit de tradition orale, le droit moderne a beaucoup recours à des mots écrits pour exprimer les règles juridiques. Les lois édictées ressemblent à des manuels de canotage et de chasse au trésor. Nos lois, nos règlements, nos décisions judiciaires décrivent comment notre monde devrait fonctionner. Ils énoncent aussi les conséquences qu'entraîneront certaines de nos actions. Les mots ont ce pouvoir magique de nous faire croire que nous pouvons avoir prise sur l'imprévisible dans notre vie rien qu'en le nommant.

Les assemblées législatives doivent pourtant faire face au problème que les règles écrites ne peuvent pas tout prévoir pour l'avenir. Il leur arrive parfois un problème entièrement nouveau : une loi qui portait au début du 19ᵉ siècle sur les véhicules et les routes ne visait certainement pas les automobiles. Ou bien une situation ancienne se présente sous une forme nouvelle : il n'est pas certain qu'une loi du 19ᵉ siècle sur la diffamation écrite ou imprimée s'applique au courrier électronique. Ou encore, les faits ne changent pas, mais la société saisit mieux ce que le droit devrait faire : nous savons à présent que les lois du 19ᵉ siècle qui n'accordaient pas aux femmes mariées le même droit à la propriété qu'aux hommes mariés n'étaient ni justes, ni correctes.

On peut aborder ces différentes situations de multiples façons. Si la législature en a le temps et l'énergie, elle peut adopter une nouvelle loi. Si les tribunaux en ont l'occasion, ils peuvent prendre une décision qui soit fondée sur l'équité et la justice et s'applique à la nouvelle situation. Ces deux possibilités obligent les deux institutions formelles de la justice à expliciter leurs actions.

Le droit-fiction sert d'intermédiaire. Les assemblées législatives peuvent ne pas être prêtes à décider d'une question qui leur paraît trop susceptible d'entraîner des dissensions. Ou bien, mais c'est beaucoup plus rare puisqu'ils ont reçu le pouvoir constitutionnel de déroger aux lois, les tribunaux peuvent hésiter à donner une nouvelle interprétation à des lois devenues très controversées. Le recours au droit-fiction permet aux premières comme aux seconds d'accomplir leur charge sans gêner des schémas de pensée bien établis. Bien sûr, la vraie fiction juridique existe seulement quand tous ceux et celles qui y participent savent qu'il s'agit d'une fiction.

Prenons l'exemple du mariage putatif. Des conjoints, dont le mariage a été annulé parce qu'ils ignoraient au moment de la cérémonie qu'ils étaient proches parents, ont tout de même droit à quelques-uns des avantages que produit le mariage. Les législatures pourraient certes modifier les lois pour énoncer précisément les droits après mariage putatif, mais en général elles s'en abstiennent. Elles ont plutôt recours à la fiction du mariage putatif (mariage «comme si») pour obtenir l'effet qu'elles recherchent.

Les fictions du droit établissent le paradoxe suivant. Plus nous mettons explicitement par écrit nos règles de droit dans des textes législatifs — autrement dit, plus nous avons recours aux lois plutôt qu'aux fictions pour satisfaire la nécessité de conserver le droit à jour — plus nous nous voyons dans l'obligation de dire de petits mensonges pour faire face à des situations que ne couvrent pas nos règles «nouvelles et partant, meilleures».

QUAND CESSE DONC L'UTILITÉ DES FICTIONS ?

Ceci ne veut pas dire que les fictions soient anodines et qu'il ne faille pas s'en inquiéter. À un moment donné, elles deviennent inutiles. Quand suffisamment de canoéistes auront appris à pagayer avec le vent de face et qu'on aura de nouvelles techniques pour le gros temps, le «coup en C pour vent fort» aura perdu toute utilité. On inventera un nouveau coup qui portera un nouveau nom.

Il existe en principe deux situations de droit dans lesquelles le législateur décide de déroger à une fiction bien établie. Soit l'opinion publique a changé, de sorte qu'il peut à présent traiter explicitement une situation qu'il ne pouvait auparavant aborder qu'indirectement. Ou bien il estime qu'il dispose d'assez de preuves et qu'il comprend assez la nouvelle situation pour légiférer directement à son endroit.

Le droit-fiction semble disparaître d'autres façons encore. Il perd souvent son caractère imaginaire quand nous oublions qu'il est véritablement fiction. La personne morale en est l'un des exemples actuels les plus frappants. Le droit traite en général les sociétés comme si elles étaient vraiment de véritables personnes et leur accorde les mêmes droits contractuels et patrimoniaux. Combien sommes-nous à remarquer que cette fiction de la personne morale est susceptible de modification ? Qui plus est, combien sommes-nous à réaliser que ce droit-fiction pourrait se modifier sans difficulté aucune si nous voulions nous en défaire ?

De nos jours, quelques-unes des questions les plus difficiles de la réforme du droit proviennent de ce que nous avons oublié que nos fictions ne sont que des fictions. Nous en sommes arrivés à leur accorder une réalité, même quand elles nous causent beaucoup de difficultés. Quand, pour s'aider à creuser un trou, Tom Sawyer nomme une pelle «canif», l'affaire n'est pas grave. Si par contre, il s'était agi de couper la corde qui est en train d'étrangler quelqu'un, prendre une pelle en s'imaginant que c'est un canif serait inutile et peut-être même dangereux.

L'une des plus grandes missions de la réforme du droit est de mettre à jour des situations où le droit s'enlise dans des fictions. Quand celles-ci sont mises à jour, nous devons ensuite nous demander si les axiomes des règles originales et leurs excroissances fictives conservent leur validité. Si ce n'est pas le cas, nous ne devons pas craindre de le faire savoir. Il est bien sûr impossible d'abolir le droit-fiction; la vie sociale est une perpétuelle mouvance. Si cependant nous arrivons à mieux comprendre comment il fonctionne dans des situations particulières, nous pourrons alors mieux évaluer quand il convient de remplacer une fiction par une modification législative ou une nouvelle interprétation judiciaire.

POUR ALLER PLUS LOIN

INTRODUCTION

Les différences entre les normes sociales et les règles juridiques font couler beaucoup d'encre en théorie du droit. Il en est de même pour les typologies des règles juridiques. Voir, notamment, H.L.A. Hart, LE CONCEPT DE DROIT (Bruxelles : Facultés universitaires Saint-Louis, 1976); F. Schauer, PLAYING BY THE RULES: A PHILOSOPHICAL EXAMINATION OF RULE-BASED DECISION MAKING IN LAW AND LIFE (Oxford : Clarendon, 1991) ; et R. Dworkin, A MATTER OF PRINCIPLE (Cambridge : Harvard University Press, 1985). Des politicologues et des sociologues ont aussi consacré de l'énergie à cet exercice. Voir J. Shklar, LEGALISM: LAW, MORALS AND POLITICAL TRIALS (Cambridge : Cambridge University Press, 1983); et G.H. Von Wright, NORM AND ACTION: A LOGICAL INQUIRY (New York : Humanities Press, 1963). Ces livres peuvent toutefois s'avérer d'un accès difficile pour les lecteurs qui ne sont ni juristes ni philosophes. On trouve, par contre, une analyse normative très intelligible des Dix commandements dans S. Levinson, «The Adultery Clause of the Ten Commandments» (1985) 58 SOUTHERN CALIFORNIA LAW REVIEW 719.

Les règles écrites ne sont pas un élément inévitable de la vie en société. Pour une discussion des avantages et des inconvénients propres à l'édiction de quelque règle que ce soit, voir H.M. Hart and A. Sacks, THE LEGAL PROCESS: BASIC PROBLEMS IN THE MAKING AND APPLICATION OF LAW (White Plains: The Foundation Press, 1994) ; et W. Eskridge, LEGISLATION: STATUTES AND THE CREATION OF PUBLIC POLICY (3d) (St. Paul : West Publishing, 2001). L'une des meilleures discussions des formes et des finalités du droit non-écrit se trouve dans L. Fuller, «Human Interaction and the Law» (1969) 1 AMERICAN JOURNAL OF JURISPRUDENCE 3.

Nous sommes entrés il y a 200 ans dans l'ère de la législation comme mode d'expression du droit. Ce mouvement s'affirme particulièrement dans les grandes codifications européennes du 19ième siècle — codifications qui ont aussi leur pendant en Amérique du nord. Comparer les analyses historiques de A.-J. Arnaud, LES ORIGINES DOCTRINALES DU CODE CIVIL FRANÇAIS (Paris : L.G.D.J., 1969) et de C.M. Cook, THE AMERICAN CODIFICATION MOVEMENT: A STUDY OF ANTE-BELLUM LEGAL REFORM (Greenwood : Westport Press, 1981).

Les effets de l'harmonisation du droit par le biais des organismes nationaux destinés à son uniformisation ainsi que par les conventions internationales sont le reflet contemporain du même objectif. Pour un survol et une analyse critique, voir M. Boodman, «The Myth of Harmonization of Laws» (1991) 85 AMERICAN JOURNAL OF COMPARATIVE LAW 699. Au Canada, la co-existence des systèmes de common law et de droit civil, ainsi que l'obligation constitutionnelle de bilinguisme juridique impose des contraintes particulières sur le processus législatif. Voir L'HARMONISATION DE LA LÉGISLATION FÉDÉRALE AVEC LE DROIT CIVIL ET LE BIJURIDISME CANADIEN (Ottawa : Approvisionnement et services Canada, 1999). Un excellent recueil d'essais sur le sujet est publié sous le titre «Harmonisation et dissonance: Langues et droit au Canada et en Europe» (1999) 3 REVUE DE LA COMMON LAW EN FRANÇAIS 1-278.

L'établissement de règles est un élément central de la plupart des actions officielles de réforme du droit. Pour des perspectives comparées et un résumé des théories actuelles, voir R.A. Macdonald, «Recommissioning Law Reform» (1997) 35 ALBERTA LAW REVIEW 421 et la réponse de W. Hurlburt, «The Origins and Nature of Law Reform Commissions in the Canadian Provinces: A Reply to "Recommissioning Law Reform" by Professor R.A. Macdonald» (1997) 35 ALBERTA LAW REVIEW 880.

Il n'est pas facile de tenir à jour les règles statutaires dans les systèmes de droit non-codifiés. Pour une proposition assez radicale pour surmonter cette difficulté, voir G. Calabresi, A COMMON LAW FOR THE AGE OF STATUTES (Cambridge : Harvard University Press, 1982). En ce qui concerne le problème analogue dont sont affectés les systèmes codifiés voir J.E.C. Brierley, *et al.*, QUEBEC CIVIL LAW (Toronto : Emond-Montgomery, 1993), Première Partie.

IL VAUT PARFOIS MIEUX SE CONTENTER DE RÉPARER LE QUAI — N'EST-CE PAS ?

Maintenir et faire fonctionner efficacement un ordre juridique n'est pas une tâche à prendre à la légère. Bien que des us, des pratiques et des coutumes soient en constante évolution, dès que les règles sont exprimées sous forme écrite elles acquièrent une certaine inertie. Cette inertie est d'autant plus significative que la procédure d'amendement propre aux règles écrites est normalement assez laborieuse. Par conséquent, quelques juristes ont proposé que les tribunaux soient autorisés à modifier ou à supprimer les lois: voir, par exemple, G. Calabresi, A COMMON LAW FOR THE AGE OF STATUTES (Cambridge, Mass. : Harvard University Press, 1982).

Parfois les législatures en arrivent à la conclusion qu'il faut modifier ou abroger une loi. Mais, cette décision n'est que le début d'un processus. Souvent il n'est pas du tout clair comment entreprendre la réforme. Il arrive que la législature n'ait le choix qu'entre bricoler un concept juridique bâti essentiellement sur des bases formelles et refondre un concept sur des bases fonctionnelles. On constate souvent un tel conflit entre forme et fonction dans les litiges de droit commercial. Pour une discussion approfondie, voir M.G. Bridge, R.A. Macdonald, R.L. Simmonds and C. Walsh, «Formalism, Functionalism, and Understanding the Law of Secured Transactions» (1999) 44 REVUE DE DROIT DE MCGILL 567-664.

Quant à eux, les civilistes abordent la même question en évaluant s'il vaut mieux réviser le code ou recodifier en profondeur. Voir M. Planiol, «L'inutilité d'une révision générale du Code Civil», dans Le Code Civil, 1809-1904, livre du centenaire (Paris : A. Rousseau, 1904) 958; voir aussi L.J. De la Morandière, «The Reform of the French Civil Code» (1948) 97 University of Pennsylvania Law Review 1. Certains conçoivent plutôt le nouveau *Code civil du Québec* comme une révision du droit. Voir, par exemple, J. Pineau, «La philosophie générale du Code civil», dans Le nouveau Code civil: interprétation et application (Montréal : Thémis, 1993) à la page 269. D'autres le considère comme une décodification. Voir Pierre Legrand, jr., «Sens et non-sens d'un Code civil européen» (1996) 48 Revue internationale de droit comparé 779.

Dans les autres domaines, les conflits quant à l'opportunité de rénover ou de remplacer les institutions sont aussi fréquents qu'en droit. En politique, il y a les réformistes et les révolutionnaires. En théologie moderne, les deux approches se manifestent dans les conflits entre deux mouvements catholiques — les conservateurs et les tenants de la théologie de la libération. Voir, par exemple, G. Gutiérrez, Théologie de la libération: perspectives, (Bruxelles : Lumen vitae, 1974) et W. Rauschenbush, Christianity and the Social Crisis, R.D. Cross, ed. (New York : Harper & Row, 1964).

Les 50ᴱ anniversaires de mariage et la famille

Le défi des sociétés multiculturelles et multiethniques est souvent perçu en philosophie politique comme mettant en cause le rapport entre l'identité personnelle et la diversité sociale. Pour les études récentes voir notamment W. Kymlicka, La citoyenneté multiculturelle (Montréal : Boréal, 2001), et C. Taylor, Multiculturalisme: différence et démocratie (Paris : Flammarion, 1997).

La vie au quotidien nous pose ce défi en des termes quelque peu différents. Ce ne sont pas seulement les institutions politiques qu'il faut renouveler. Les concepts juridiques fondamentaux — le mariage, la famille, les biens, les successions, la responsabilité civile — sont aussi le reflet d'un contexte social. On trouvera une étude ainsi qu'une bibliographie détaillées des questions se rapportant aux rapports personnels étroits entre adultes dans le document de discussion de la Commission du droit du Canada, La reconnaissance et le soutien des rapports de nature personnelle entre adultes (Ottawa : Travaux publics et Services gouvernementaux, 2000).

La définition de ce qui constitue un rapport personnel affectif ainsi que la façon dont notre société devrait concevoir ce type de rapport sous-tend plusieurs films populaires. Parmi les films qui démontrent la diversité de ces rapports, et l'éventail de réponses juridiques qu'ils peuvent susciter, voir Butch Cassidy et le kid, Thelma et Louise, Drôle de couple et Harold et Maude.

La façon d'adapter les institutions sociales à une société en mouvance est souvent le thème des romans qui traitent des populations immigrantes. Des conflits éprouvés par une jeune fille d'origine asiatique qui est obligée de maintenir l'équilibre entre son rôle de «fille» et les attentes de la culture nord-américaine est le sujet du livre de A. Tan, THE JOY LUCK CLUB (New York : Vintage Books, 1991).

Pour un très bon exemple d'un texte évoquant le défi de la diversité, illustré de magnifiques dessins en couleur, voir E. Carle, THE VERY LONELY FIREFLY (New York : Philomel Books, 1995).

DES POIDS ET DES MESURES

Les juges et les législateurs sont confrontés tous les jours à la tentation d'organiser les concepts et les règles juridiques uniquement sur la base soit de l'expérience vécue ou de la rationalité systémique. Le plus souvent toutefois, bien avant que la législature ne soit appelée à résoudre un problème quelconque, ce problème a été reformulé comme étant susceptible d'une solution «systémique et rationnelle». En d'autres termes, le processus législatif n'apparaît privilégier que ce dernier modèle pour l'organisation des règles juridiques, ce qu'illustrent du reste presque toutes les tentatives de codification du droit. Le débat entre Bentham et von Savigny au 19ième siècle avait d'ailleurs pour objet de cerner les conditions selon lesquelles une codification du droit serait possible. Voir J. Bentham, TRAITÉS DE LA LÉGISLATION CIVILE ET PÉNALE, (Londres : Taylor et Francis, 1858); FRAGMENT SUR LE GOUVERNEMENT, (Paris : L.G.D.J., 1996) ; et PRINCIPES DE LÉGISLATION ET D'ÉCONOMIE POLITIQUE, (Paris : Guilaumin, 1888) ; et comparer K. F. von Savigny, ON THE VOCATION OF OUR AGE FOR LEGISLATION AND JURISPRUDENCE (New York : Arno Press, 1975).

Un conte assez amusant sur les tensions entre «l'expérience» et «la rationalité systémique» est présenté par J.L. Borges, «On Exactitude in Science» dans FICTIONS (London : Calder, 1965). Cette fable concerne une carte qui reproduit exactement le territoire visé sur une échelle 1:1.

Cette même tension est la source de plusieurs romans et autres oeuvres littéraires qui donnent une vision romantique de l'expérience face à la rationalité moderne. Voir, par exemple, les oeuvres de Tolstoy, surtout LA SONATE À KREUTZER, (Paris : Livre de poche, 1973). Comparer F. Dostoïevski, LES CARNETS DU SOUS-SOL, (Arles : Actes Sud - Labor - L'aire, 1992), qui prétend que la modernité n'aura pas pour effet d'éliminer le désir humain de résister aux impératifs de la rationalité. Thomas Gradgrind, qui figure dans le roman de Charles Dickens, BLEAK HOUSE (Paris : Hachette, 1907), est un autre personnage littéraire qui fait face à ces deux modes de connaissance et qui prend position en faveur de l'idée que l'éducation doit exclusivement traiter des «faits» et de la «rationalité systémique».

Dans le domaine de l'éthique, les pôles extrêmes de cette dichotomie sont occupés d'un côté par les «émotivistes», et de l'autre par les éthiciens travaillant dans la tradition analytique anglo-américaine. La distinction entre ces courants est discutée en profondeur par R. M. Hare, Sorting Out Ethics (Oxford : Clarendon Press, 1997). Voir aussi D. Seanor et N. Fotion (dir.), Hare and His Critics: Essays on Moral Thinking (Oxford : Clarendon Press, 1988). Dans un texte récent, Margo Somerville cherche à démontrer pourquoi les deux modes de connaissance — l'expérience et la rationalité — sont nécessaires pour que nous puissions bien comprendre les problèmes juridiques complexes. Voir M. Somerville, The Ethical Canary: Science, Society and the Human Spirit (Toronto : Viking, 2000).

Plusieurs études en anthropologie juridique traitent explicitement de la rencontre entre le droit autochtone, basé sur l'expérience, et le droit colonial, basé sur la rationalité. Voir, notamment, C. Geertz, The Interpretation of Cultures (New York : Basic Books, 1973); Savoir local, savoir global (Paris : Presses universitaires de France, 1999), et dernièrement, S.E. Merry, Colonizing Hawaii: The Cultural Power of Law (Princeton : Princeton University Press, 2000).

L'idée qu'il existe deux formes de connaissance — l'une ancrée dans l'expérience et l'autre dans la raison — est également visible dans les écrits féministes. Voir, par exemple, Feminist Approaches to Theory and Methodology: An Interdisciplinary Reader, S. Hesse-Biber, C. Gilmartin, R. Lydenberg (dir.), (Oxford : Oxford University Press, 1999), et Knowledge, Difference, and Power: Essays Inspired by Women's Ways of Knowing, N. R. Goldberger, *et al* (dir.), (New York, NY : Basic Books, 1996).

Enfin, Georges Ifrah propose une étude fascinante du rapport entre la rationalité systémique et l'expérience en mathématique. Voir Georges Ifrah, L'histoire universelle des chiffres, (Paris : Robert Laffont, 1981).

Les petits mensonges du droit-fiction

Les fictions ont depuis longtemps capté l'intérêt des juristes. Au dix-neuvième siècle Henry Sumner Maine a pour la première fois compris le rôle des fictions comme technique de réforme du droit. Il a comparé les fictions avec la législation et l'appel à l'équité comme instruments de modernisation du droit. Voir H.S. Maine, Études sur l'ancien droit (Paris : Fontemoing, 1884). Plus récemment, les fictions ont été présentées comme un élément essentiel de tout système de savoir qui a la prétention d'expliquer un phénomène en entier. Voir en ce sens, L. Fuller, Legal Fictions (Palo Alto : Stanford University Press, 1968).

Les fictions juridiques contemporaines sont examinées dans R. A. Samek, «Fictions and the Law» (1981) 31 University of Toronto Law Journal 290. Ce dernier les perçoit comme une technique destinée à faciliter ce qu'il appelle la «meta-phenomenon», ou la substitution progressive des questions de forme (procédurales) aux questions de fond (substantielles). L'idée est approfondie dans R. A. Samek, THE META PHENOMENON (New York : Philosophical Library, 1981). Samek, comme Fuller, s'appuie sur des idées développées par H. Vaihinger, THE PHILOSOPHY OF «AS IF», C.K. Ogden (trad.) (London : Routledge, 1924).

Plusieurs contes de Hans Christian Andersen concernent par ailleurs le rôle des fictions. Voir, Hans Christian Andersen, CONTES D'ANDERSEN (Paris : Brodard et Topin, 1970).

Le caractère fictif ou non de la notion de personne morale a depuis longtemps suscité d'intenses débats en droit. Comparer à cet égard, J.C. Coffee, «"No Soul to Damn: No Body to Kick": An Unscandalized Inquiry into the Problem of Corporate Punishment» (1981) 79 MICHIGAN LAW REVIEW 386 et C.D. Stone, WHERE THE LAW ENDS: THE SOCIAL CONTROL OF CORPORATE BEHAVIOR (New York : Harper & Row, 1975). Les deux auteurs s'intéressent à la question de savoir si les fictions sont une technique juridique distincte ou simplement une illustration de la nécessité de qualifier des phénomènes juridiques.

D'autres disciplines connaissent la même difficulté. En médecine, le désir de nommer des phénomènes inconnus peut être vu comme une tentative de les contrôler. En effet, qualifier une facette de l'activité humaine de maladie (par exemple, la Maladie du déficit de l'attention) ou une pathologie comme un syndrome (par exemple, le SIDA) semble être nécessaire à l'organisation de la recherche visant à comprendre et à combattre le phénomène. En ce qui concerne la santé mentale voir T. Szasz, LA LOI, LA LIBERTÉ ET LA PSYCHIATRIE (Paris : Payot, 1977) et LE MYTHE DE LA MALADIE MENTALE (Paris : Payot, 1986). Comparer T.J. Scheff, «The Labeling Theory of Mental Illness», 39 AMERICAN SOCIOLOGICAL REVIEW 444. Le film, LA FOLIE DU ROI GEORGES est une parodie de ce type de processus de qualification.

G. Lakoff et M. Johnson prétendent que la métaphore est un processus cognitif fondamental: LES MÉTAPHORES DE LA VIE QUOTIDIENNE (Paris : Éditions de minuit, 1985). M. Ball soutient par contre que ces métaphores constituent et créent la réalité qu'elles semblent représenter: LYING DOWN TOGETHER: LAW, METAPHOR AND THEOLOGY (Madison, Wis. : University of Wisconsin Press, 1985).

L'importance de la métaphore en droit est particulièrement bien illustrée par les allusions à l'idée d'État organique qui émaillent l'oeuvre de T.S. Eliot. Sur cette question, voir T. Eagleton, LITERARY THEORY: AN INTRODUCTION (Oxford : Blackwell, 1983). La même analyse peut être appliquée à la métaphore de l'État comme «famille» et à l'idée que la langue, la race et la nation doivent s'unifier dans l'État. Voir, par exemple, E.J. Hobsbawm, NATIONS ET NATIONALISMES DEPUIS 1780: PROGRAMME, MYTHE, RÉALITÉ (Paris : Gallimard, 2001).

PARTIE 3

DES DÉCISIONS

INTRODUCTION

Il nous arrive à tous, et pas seulement aux juges, de prendre quotidiennement des décisions faisant appel à des règles. Ce processus se décompose en de nombreuses étapes. Tout d'abord, nous devons décider s'il existe véritablement une règle applicable à la situation et si ladite règle est un simple conseil ou une suggestion. Ensuite, nous devons décider si la règle nous concerne. Entrons-nous dans la catégorie des gens — parents, consommateurs, locataires, salariés, par exemple — qu'elle vise ? Puis, nous devons déchiffrer le sens exact de la règle. Que nous demande la règle ou que nous permet-elle véritablement de faire ? Enfin, dans le cas d'une règle contraignante, nous devons décider si oui ou non nous sommes obligés de la suivre. Certaines circonstances atténuantes ne nous dispensent-elles pas de faire ce qu'elle prescrit ?

Il est certain que, dans le cours normal des choses, ces différentes étapes se décomposent rarement en questions distinctes. De même, il est très rare qu'elles se présentent en ordre logique. Ces prises de décisions quotidiennes ne semblent pas avoir ou exiger la rigueur généralement associée aux décisions officielles prises par les tribunaux. C'est la raison pour laquelle, nombreux sont ceux qui oublient que leurs décisions de routine sur le sens à donner aux règles sont de véritables exemples de décisions d'ordre juridique. Ils s'imaginent que seuls les tribunaux sont capables de prendre de telles décisions. Pour eux, seuls les juges sont tenus au processus d'analyse et d'application des règles de droit.

Néanmoins, la tâche de prendre des décisions à la maison, au travail, dans le parc — est en soi tout aussi complexe que la tâche à laquelle font face les juges. Toute décision d'ordre juridique exige que l'on porte une attention toute particulière aux faits; que l'on évalue soigneusement la règle à appliquer; et que l'on ait un sens aigu de ce que requiert la justice dans une situation donnée.

Les cinq récits de cette partie illustrent certaines des difficultés habituelles et certains des défis d'interprétation que rencontrent les personnes qui ont à prendre des décisions d'ordre juridique. Le droit fournit une grande variété d'arguments, de forme comme de fond, pour atteindre le résultat ou la décision recherchée. Comment le décideur va-t-il évaluer ces différents arguments ? Parfois, le cadre général de la règle indiquera la voie à suivre sans véritablement l'exprimer dans les mots utilisés. Qu'est-ce qui fait qu'un décideur en vient à savoir s'il doit suivre la lettre de la loi, plutôt que son esprit, et vice versa ?

Les décideurs juridiques rencontrent également d'autres problèmes. Il existe des règles générales qui s'appliquent aux situations ordinaires, aux situations de tous les jours et qui nous permettent de planifier et d'organiser nos vies. Malheureusement, toutes les situations ne sont pas ordinaires. Quand un décideur va-t-il alors savoir s'il peut écarter une règle ou adapter son application lorsque surviennent certaines circonstances ? Là encore, les règles de la preuve des différents tribunaux viennent aider les juges pour déterminer les faits dans un litige mettant aux prises deux personnes. Mais cela ne les aide pas beaucoup à remonter à l'origine d'un conflit qui perdure. Comment savons-nous quand opter pour un processus juridique qui prend en considération l'ensemble du dossier ? Décider du genre d'explications que l'on acceptera comme étant la vérité dans un but particulier est l'un des défis les plus difficiles auxquels fait face quiconque prend des décisions d'ordre juridique.

«... MAIS TOUT LE MONDE LE FAIT !»

On oublie souvent la différence profonde qui existe entre les décisions que peut prendre un jeu électronique et les décisions que doivent prendre les gens dans la vie de tous les jours. Les personnes qui prennent des décisions d'ordre juridique ne disposent jamais de règles qui automatiquement régleront leur affaire. Il est rare que les personnes concernées par le résultat d'une affaire présentent toutes les faits de la même manière. Cela est vrai même pour les juges. Ceux-ci disposent toujours du pouvoir discrétionnaire de décider quels sont les faits et de décider comment appliquer une règle particulière à ces faits. La plupart des autres décideurs disposent d'encore plus de liberté. Ainsi, au moment de rédiger une loi, les fonctionnaires décident d'abord de sa nécessité, de la mesure dans laquelle elle doit être détaillée, et de qui va relever son interprétation et son application.

La prise quotidienne de décisions d'ordre juridique – par les parents, les professeurs, les fonctionnaires et la police – sous-entend également que s'exerce un très grand discernement. La règle de droit peut fixer le cadre général dans lequel s'insèrera une décision mais la loi peut aussi offrir toute une variété d'arguments qui permettront d'influencer l'interprétation de la règle. Ces arguments sont très semblables à ceux que l'on entend tout les jours dans le contexte familial. La première tâche du décideur est de soupeser et d'évaluer le bien-fondé des différents arguments. Ensuite, les arguments retenus doivent être tissés ensemble de manière à fournir à la décision prise un fondement rationnel convaincant par rapport au sens et à l'application de la règle en question.

L'Halloween est l'une des grandes expériences que vivent les parents en milieu urbain. Voir des hordes de petits diables défiler dans les rues en poussant des cris de joie ; rencontrer voisins et amis qui escortent leurs enfants, et parfois même leurs bébés, de porte en porte ; fabriquer des costumes avec de vieux vêtements ; voir l'imagination des jeunes s'enflammer à l'idée d'être une fée, un héros sportif, un personnage de dessin animé, un animal ou quoi que ce soit d'autre ; subir pendant une semaine leurs crises de colère tandis qu'ils engloutissent d'énormes quantités de bonbons — voilà quelques-uns des aspects les plus marquants de cette fête.

Souvent, toutefois, l'Halloween peut donner lieu à des échanges moins agréables. Rien n'est autant susceptible de déclencher un conflit entre, d'une part, l'enfant désireux de repousser les limites de l'autorité parentale et, d'autre part, le parent soucieux d'éduquer et de protéger sa progéniture, que la supplique annuelle de l'enfant qui veut obtenir la permission de rentrer plus tard ou de parcourir des rues plus éloignées. Inévitablement, les parents entendent la phrase fatidique «... mais tout le monde le fait !». Il y a des années, c'est moi qui le disais. Plus récemment, l'entendre de mes propres enfants m'a permis de mieux apprécier combien les jeunes sont habiles à formuler des arguments juridiques.

GRANDS ET PETITS AVOCATS

Les pédopsychologues nous disent que les enfants de huit à dix ans se situent à un stade de développement extrêmement légaliste. Mes propres enfants sont maintenant des adolescents et nos conflits portent aujourd'hui sur d'autres questions. Mais, ce qui me fascinait quand ils étaient plus jeunes, c'était la richesse des arguments qu'ils invoquaient pour qu'on les autorise à rester dehors plus tard pour passer l'Halloween. L'explosion de colère suivie de pleurs était bien loin de leur esprit quand ils essayaient de nous persuader, ma femme et moi, de changer d'avis. En fait, leurs arguments et leur raisonnement n'étaient pas moins valables que ceux que l'on a l'habitude d'entendre devant la Cour suprême du Canada.

Quels genres d'arguments invoquaient ces «petits avocats» ?

Permettez-moi d'en faire état au meilleur de mes souvenirs. Le premier argument à franchir leurs lèvres était : «tout le monde le fait!». Venait tout de suite après : «L'an dernier, tu lui as permis (une sœur aînée) de rentrer plus tard». Bientôt la revendication devenait : «Tu as dit que si j'étais sage et que si j'avais de bons résultats à l'école, je pourrais avoir plus de permissions».

Puis, le marchandage prenait de l'ampleur : «Je me coucherai plus tôt demain soir». Souvent, le marché proposé n'était pas très subtil : «Je partagerai mes bonbons avec toi et je ne te demanderai pas d'argent pour en acheter d'autres».

Leurs plaidoyers ne s'arrêtaient pas là. Ils passaient ensuite à : «Je gage que toi, tu pouvais rentrer tard quand tu étais petit». Ou encore : «Je ne courrai aucun danger parce que je resterai avec mes amis». Plus d'une fois mon fils m'a dit «Il n'existe pas de règlement imposant un couvre-feu le soir d'Halloween». Je revois ma fille alors âgée de dix ans me dire fièrement : «Tous les livres sur l'art d'être un bon parent disent qu'il faut faire preuve de souplesse quand il s'agit de déterminer l'heure du coucher ou d'appliquer certaines règles».

Et bien sûr, lorsque tout avait échoué, restait l'argument ultime : «Ce n'est pas juste! Tu n'es pas raisonnable ! Tu es méchant !»

Heureusement, je connaissais déjà la plupart de ces arguments par cœur pour les avoir moi-même utilisés contre mes propres parents trente ans plus tôt. Je pouvais donc rapidement leur opposer des arguments contraires. Il n'est pas étonnant alors que, face à ces contre-arguments massue, mes enfants aient déclaré que la vie n'était pas juste.

Le fait qu'ils aient à se défendre contre un père-avocat, alors que la plupart des autres enfants ne faisaient pas face à cet inconvénient, les agaçait particulièrement. Après leur avoir cédé partiellement ma femme et moi, je commençais à réfléchir à leurs revendications. Et, plus j'y réfléchissais, plus cela devenait clair. Chacun des arguments invoqués par mes enfants, tout comme chaque refus, avait un équivalent devant le tribunal.

ARGUMENTS ET CONTRE-ARGUMENTS JURIDIQUES

En général, les gens considèrent la règle de droit comme une indication de ce que l'on doit faire. Ils ne la voient pas comme un argument à opposer aux décideurs. En fait, c'est ce qu'elle est. Nous faisons, bien sûr, la distinction entre la règle de droit que nous soumettons au décideur et les divers arguments que nous lui présentons pour l'amener à interpréter et à appliquer la règle comme nous le souhaitons. Or, essentiellement, la règle n'est mise à la disposition du décideur que comme un autre motif d'action. Examinons les arguments invoqués par mes enfants à l'occasion d'Halloween.

L'argument voulant que «tout le monde le fasse» fait appel aux us et aux coutumes. Celui selon lequel «l'an dernier, tu le lui as permis» n'est rien de plus qu'un recours aux précédents. Le «tu as dit que si j'étais sage» renforce une promesse ou une entente antérieure. L'argument «je me coucherai tôt» est une invitation à négocier. Et l'offre de «partager les bonbons» est un argument d'ordre économique qui trahit un désir d'en arriver à une entente qui soit bénéfique à toutes les parties.

L'argument «toi, tu pouvais rentrer tard lorsque tu étais petit» est un appel à la tradition. Le «je ne courrai aucun danger» témoigne d'une certaine prise de conscience à long terme des conséquences. Affirmer qu'il «n'y a pas de couvre-feu municipal» revient à invoquer une loi ou l'absence de loi. Le fait de mentionner «tous les livres» nous rappelle à quels points les décideurs s'en remettent au savoir des experts. Et se plaindre de ce que «ce n'est pas juste» est une tentative pour invoquer une norme de justice, quelle qu'elle soit.

En fonction de la précision avec laquelle on souhaite définir le concept, seul un de ces types d'arguments (la référence à la loi) ou quatre au maximum (la référence à la coutume, au précédent, à la tradition ou à la loi) constituera ou constitueront normalement un argument fondé sur une règle de droit. Et pourtant, lorsqu'il s'agit de convaincre la personne qui prendra la décision, tous ces arguments doivent être tissés ensemble et avec d'autres quand il s'agit de défendre une cause.

Chaque jour devant chaque tribunal, des avocats utilisent de tels arguments fondés sur la coutume, le précédent, des ententes antérieures, des projets de règlements, la situation économique, la tradition, les conséquences éventuelles, les lois, l'opinion des experts et la justice. Reconnaître que les revendications de cet ordre sont aussi fréquentes en milieu familial que devant le tribunal est le premier pas à franchir pour comprendre comment cet inévitable mélange de règles et d'arguments doit être interprété et appliqué.

FORMULER DES RÈGLES, CONTESTER DES RÈGLES

Ce n'est pas parce qu'il existe des règles qu'il existe nécessairement des solutions toutes simples aux conflits interpersonnels. Les enfants savent que les règles adoptées dans une famille prennent toujours racine dans un contexte social. Ils savent aussi que leur application à une situation donnée n'est pas toujours des plus évidentes. C'est pourquoi ils excellent à formuler des arguments qui s'apparentent aux arguments d'ordre juridique. Et ils savent aussi que ce qui distingue un parent responsable d'un parent arbitraire, c'est sa volonté d'écouter les arguments invoqués sur le sens donné aux règles.

Les parents, quant à eux, savent qu'ils ne peuvent que rarement se contenter de dire à un enfant «Eh bien! C'est comme ça, c'est la règle». Les parents constatent rapidement que les règles qu'ils formulent ne sont valables que dans la mesure où les raisons qui les sous-tendent le sont également ; chaque fois qu'une règle est appliquée, il faut justifier pourquoi elle l'est. Les parents avisés savent également que les règles qu'ils imposent se sont pas, en elles-mêmes, des solutions aux problèmes. Ces règles servent en fait de guide permettant aux parents d'établir le genre de considérations qu'ils estiment importantes. Plutôt que d'offrir des réponses toutes faites à certaines questions, elles appellent en fait d'autres questions. Les enfants vont et doivent mettre en doute le sens et le bien-fondé de ces règles. Ce faisant, ils peuvent même aider leurs parents à en formuler de meilleures.

Il en va de même des règles de droit officielles. Une partie du travail du législateur ou du décideur s'apparente en quelque sorte à ce que font les enfants lorsqu'ils mettent à l'épreuve les règles établies par leurs parents ; leur travail consiste à s'interroger sur le sens et le bien-fondé des règles de droit existantes. Ce faisant, ils essaient de voir comment ces règles pourraient être modifiées ou reformulées de manière à ce que leur sens soulève de meilleures questions. En posant de meilleures questions et en amenant chacun à formuler de façon plus convaincante de véritables arguments concernant la justice rendue dans des cas particuliers, nous pourrions transformer de nombreux arguments spécieux du genre «mais tout le monde le fait» en des discussions beaucoup plus solides sur la question de savoir si un résultat est «juste» et si une règle est «juste».

CE N'EST QU'UNE SUBTILITÉ JURIDIQUE

La décision d'énoncer une règle pour régir nos comportements n'est que le point de départ du processus juridique. Toute une série d'autres questions surgissent immédiatement. Plus précisément, les décideurs doivent déterminer le genre de comportement qui fait l'objet de la règle énoncée. La solution au problème se trouve fréquemment dans des questions d'interprétation quotidiennes : que signifie le libellé de la règle ? Mais ce n'est pas toujours le cas. On rencontre également deux autres sortes de problèmes, surtout lorsque le droit pénal entre en jeu. Parfois, le comportement est clairement visé par la portée de la règle mais, pour des raisons de procédure, une personne reçoit une excuse pour ne pas suivre la règle. C'est alors qu'on se plaint souvent que quelqu'un a «invoqué une subtilité juridique».

Mais l'expression se présente aussi dans un autre cas. Lorsque les gens font quelque chose de très semblable à ce qu'interdit la règle, sans que cela soit directement couvert par elle ; et lorsque, en plus, ils font cette chose de manière à obtenir le même résultat que s'ils avaient fait l'activité prohibée. Dans ce cas, «a invoqué une subtilité juridique», signifie habituellement que la personne qui prend la décision a interprété la règle selon sa lettre et non selon son objet ou son esprit. Les décideurs doivent savoir quand et pourquoi un point de droit n'est pas un simple point de droit mais un point important de la procédure pénale. Il est tout aussi important de savoir quand et pourquoi, lorsqu'on interprète une règle de droit, il faut suivre une méthode qui tienne compte de la lettre plutôt que de l'objet.

Mes deux enfants sont des amateurs sporadiques de base-ball. Comme beaucoup d'autres, ils se sont passionnés en 1998 pour la course au record des coups de circuit en une saison. Mark McGwire était sur le point de battre le record, quand les journaux ont annoncé qu'il consommait régulièrement une drogue appartenant à la famille des stéroïdes pour améliorer ses performances. En fait, il s'agissait du même genre de drogue que celle qui avait coûté la médaille d'or à Ben Johnson, il y a dix ans, et d'une drogue beaucoup plus puissante que le médicament contre le rhume, vendu sans ordonnance, qui avait entraîné la disqualification de Silken Laumann lors de sa participation à une épreuve d'aviron aux Jeux Olympiques.

Mark McGwire devrait-il être autorisé à jouer au base-ball ou devrait-on homologuer son record des coups de circuit en une saison ? Voilà, je suppose, une question intéressante. Mais, pour moi, l'incident soulève un point beaucoup plus fondamental. Les supporters du joueur de base-ball ont maintes fois fait valoir qu'au base-ball professionnel, contrairement à ce qui se passe dans d'autres sports (y compris le base-ball olympique), aucune règle n'interdit l'utilisation de stéroïdes pour améliorer les performances. À leurs yeux, la controverse est facile à dissiper. Comme il n'est pas illégal de prendre des stéroïdes au terme des règlements du base-ball professionnel, il n'est pas besoin d'enquêter davantage sur la question de la validité de tout nouveau record qu'il pourrait battre.

Ce genre de réaction pose un véritable défi sur le plan juridique. Après tout, nous ne décidons pas toujours du caractère acceptable ou non d'un comportement uniquement en fonction de ce que dit la loi. Pensez au cas où une personne est déclarée non coupable d'une infraction criminelle lorsqu'il appert clairement que les preuves du crime n'ont pas été obtenues correctement par la police. Combien de fois entend-on que l'accusé a été «acquitté en invoquant une subtilité juridique ou un point de procédure», ce qui laisse entendre qu'en fait, l'accusé aurait dû être condamné.

QU'EST-CE QU'UNE «SUBTILITÉ JURIDIQUE» ?

Lorsque les gens utilisent l'expression «subtilité juridique», qu'ont-ils véritablement à l'esprit ? Pourquoi ne disent-ils pas que Mark McGwire est exonéré «sur la base d'une subtilité juridique» ?

Ce ne sont pas là questions faciles. En général, pour la plupart des Canadiens et Canadiennes, le contexte dans lequel s'inscrit la faute en question permet de dire si un argument juridique n'est qu'«une subtilité (ou argutie) juridique». Tout dépend donc de la façon dont est formulée la question de fond : le comportement en cause est-il contraire à l'éthique ?

On peut penser, par exemple, qu'il est inadmissible sur le plan de l'éthique qu'un athlète prenne des drogues pour améliorer sa performance. Vu sous cet angle là, se porter à la défense des utilisateurs de stéroïdes au motif qu'il n'est pas illégal de consommer des drogues en vertu des règlements du base-ball professionnel, c'est tout simplement invoquer «une argutie juridique». On pourrait ensuite affirmer que ce comportement est répréhensible et que les règlements du base-ball devraient être modifiés ou interprétés de manière à l'interdire. Ce genre d'attitude reflète une interprétation juridique qui tient compte de «l'esprit de la loi» : les juges devraient interpréter la loi de manière à réprimer tous les comportements visés par son objet, quelle que soit la manière dont cet objet est formulé.

À l'inverse, on peut penser qu'il n'est pas répréhensible que les athlètes prennent des stéroïdes ou d'autres drogues pour améliorer leur performance.

Vu sous cet angle là, à moins que l'on puisse invoquer un règlement précis interdisant aux joueurs de prendre des stéroïdes, il y a absence de crime et la question de l'acquittement — sur une simple argutie juridique — ne se pose même pas. On se trouve alors adopter la position voulant que les crimes n'existent que si les règles interdisent clairement un comportement précis. Lesdits points de détail ou de procédure font en fait partie de la définition de ce qu'est un comportement répréhensible. Nous avons ici une attitude qui s'appuie sur la «lettre de la loi» : la loi ne devrait réprimer que les comportements visés par la définition que donne le dictionnaire des mots qu'elle emploie.

LA LETTRE ET L'ESPRIT DES RÈGLES

Lorsque mes enfants m'ont demandé pourquoi Ben Johnson avait été disqualifié pour avoir triché, alors que Mark McGwire avait été porté aux nues, la réponse ne fut pas facile. J'ai eu du mal à justifier la différence uniquement à partir de l'existence de règlements différents adoptés par le Comité olympique et par le base-ball professionnel américain. Le base-ball est l'un des jeux les plus réglementés qui soient. Or, malgré tous les règlements concernant les balles mouillées, la résine de pin sur les bâtons, la taille des gants, il n'en existe aucun sur les stéroïdes. Pourquoi ?

Comme je réfléchissais à la question, je me suis demandé si ce n'était pas les règlements olympiques qu'il fallait modifier. Pourquoi sommes-nous tant préoccupés par la consommation de drogues par les sportifs ? Nous encourageons les athlètes à s'entraîner durement, à bien dormir, à mieux se nourrir et à prendre des suppléments vitaminiques. Nous ne nous demandons même pas s'ils prennent des médicaments sans ordonnance propres à combattre les maux de tête pour améliorer leur performance quand ils ne se sentent pas bien en forme. Peut-être croyons-nous que la consommation de drogues par les joueurs de base-ball est répréhensible tout simplement parce qu'elle est généralement interdite par les règlements olympiques. La prise de stéroïdes ne diffère peut-être pas de la prise de suppléments vitaminiques.

En discutant de tout cela avec mes enfants, mes doutes face à la position du Comité olympique se sont estompés. En fait, ce qui m'embêtait vraiment, c'était la structure du base-ball professionnel et la façon dont sont gérées la plupart des ligues que l'on retrouve dans les sports professionnels. Si l'affaire Mark McGwire avait attiré l'attention, c'est que les règles du base-ball ne répondaient pas à nos attentes quant à la façon dont les jeux doivent se pratiquer. On aurait pu considérer qu'il exploitait une subtilité juridique car, à notre avis, il aurait dû y avoir un règlement interdisant la consommation de drogues.

ALIGNER LES RÈGLES SUR LES POLITIQUES QUI LES SOUS-TENDENT

Il arrive parfois que tout un ensemble de règles détaillées ne reflète pas les politiques et les valeurs qui sous-tendent réellement leur adoption. L'absence de politiques et de valeurs se retrouve plus souvent dans le base-ball que dans les sports qui ne bénéficient pas d'une longue tradition. C'est généralement le cas des secteurs où les règlements ont été adoptés au cas par cas pour régler des points précis. Ce n'est qu'après beaucoup d'expérience que la raison d'être de ces différents règlements émerge clairement.

Aujourd'hui nous voyons que les règlements du base-ball sur les balles mouillées, la résine de pin ou la taille des gants ont été adoptés par souci d'«équité». Ils ont pour but de conserver l'équité sur le terrain de jeu, d'empêcher qu'une personne ne gagne un avantage injuste sur une autre — en un mot d'empêcher la tricherie. À l'époque où ont été adoptés ces règlements, la seule façon de tricher consistait à trafiquer l'équipement des athlètes ou la manière dont le jeu se pratiquait. De nos jours, nous savons naturellement qu'il est possible de trafiquer l'athlète lui-même. En introduisant des corps étrangers, comme le liège, à l'intérieur d'un bâton de base-ball, on «dénature» le bâton. En administrant à l'athlète des drogues qui améliorent sa performance, on «dénature» l'athlète.

En droit, les règles ressemblent davantage aux règlements du base-ball qu'aux règlements des autres sports. Un jour ou l'autre, ces règles finissent par ne plus correspondre à nos attentes. Quand cela se produit, nous avons le reflexe simplement d'ajouter des règles pour résoudre des cas particuliers. Le défi consiste alors à ne pas accumuler des paragraphes et des alinéas de plus en plus détaillés. Il faut, parfois, reformuler la règle afin que les mots employés traduisent convenablement les politiques que nous voulons mettre en œuvre.

Si nous y parvenons, nous ne pourrons oublier de nous demander si certains comportements sont acceptables sur le plan de l'éthique. C'est un premier pas vers un droit plus juste. Si nous échouons, toutefois, nous en viendrons bientôt à penser que les règles n'ont pas d'autre objet que de réglementer des comportement précis et identifiés. À l'instar des défenseurs de Mark McGwire, nous en viendrons simplement à la conclusion que la seule question qui se pose est de savoir si un comportement est légal au regard de l'interprétation la plus étroite des règles qui prévaut à l'heure actuelle.

Le ton qu'ont pris les discussions publiques sur la consommation de drogues par Mark McGwire et les performances de l'athlète est réconfortant. Il montre que la plupart des Canadiens ne font pas preuve de cynisme vis-à-vis des véritables «points de droit» (par contraste avec les «arguties juridiques») et qu'ils s'intéressent vraiment à ces difficiles questions que pose la réglementation juridique — que ce soit dans le cadre de leur sport favori ou dans celui du droit pénal.

TENONS-NOUS-EN AUX RÈGLES

Notre capacité d'organiser nos activités quotidiennes dépend en large mesure de notre capacité à prévoir les actions des autres. Cela est vrai non seulement des activités routinières de la vie quotidienne mais aussi des règles générales qui régissent notre vie en société. Dans le contexte familial, cela facilite la vie de tout le monde que de savoir que le souper sera servi à la même heure chaque jour. De même, il est important de savoir que la police fera preuve d'une certaine cohérence quand il s'agira d'interpréter les règlements de la circulation et du stationnement. Il arrivera, toutefois, que nous ayons à écarter ou à modifier une règle établie pour des situations habituelles. Nous sommes constamment confrontés à des événements spéciaux. Comment allons-nous savoir quand, en fonction de la raison d'être d'une règle, nous devrons adapter son application à des cas particuliers ?

Quiconque prend des décisions d'ordre juridique – hauts fonctionnaires, juges, préposés des postes, parents – fait constamment face à ce défi. Il est parfois possible de voir comment appliquer les objectifs et la logique de base de la règle générale aux circonstances nouvelles ou spéciales. Dans ces cas, la plupart des gens sont capables de faire les ajustements appropriés face à la nouvelle situation, sans avoir à réinventer la règle. Les juges font cela tous les jours. Il arrive parfois que cela ne soit pas si facile. Rédiger des règles qui reflètent suffisamment leur logique sous-jacente de manière à pouvoir les appliquer assez facilement aux cas inhabituels, est une des clés qui permet aux décideurs de déceler quand et comment ils devraient tout simplement s'en tenir à la règle.

Il n'y a rien comme les fêtes de fin d'année pour nous rappeler combien nos habitudes de vie peuvent être fragiles, tout particulièrement à l'intérieur d'une famille. La routine confortable à laquelle nous sommes habitués peut être perturbée par les visiteurs, les invités qui passent la nuit à la maison, l'achat des cadeaux, se sentir obligé de distraire la parenté, aller chez des amis pour dîner et ainsi de suite. Compliquant encore l'incertitude est l'absence de structure due au fait que les enfants ne vont pas à l'école le matin. Rien ne semble fonctionner comme à l'habitude.

Peut-on alors s'étonner que les enfants tirent rapidement parti de cette incertitude pour négliger les tâches et les corvées qu'ils accomplissent habituellement ? Les chambres sont en désordre, la vaisselle n'est pas faite, les trottoirs ne sont pas déneigés, les plantes ne sont pas arrosées, les poubelles ne sont pas sorties – pour ne citer que quelques exemples.

Lorsqu'on leur demande de rendre des comptes, leur réponse est toujours la même : «Eh bien, les choses sont différentes pendant les vacances. Si tu veux que je continue à faire ce que je fais d'habitude, il faut me le dire». Les enfants pensent que les règles, qui habituellement s'appliquent, ne s'appliquent pas (ou ne devraient pas s'appliquer) aux situations qui ne sont pas «habituelles». Et pourtant quand, par exemple, les parents ne préparent pas le repas à l'heure habituelle, les enfants sont souvent mécontents que l'on ait dérogé à la routine habituelle. Sans voir ce que cela a d'ironique, ils sont tout aussi susceptibles de dire «Pourquoi ne pouvons-nous pas nous en tenir à la routine habituelle ?»

Il ne fait aucun doute que les deux réactions s'expliquent par des raisons d'intérêt personnel. À l'instar de nombreux adultes, les enfants préféreraient se soustraire à leurs responsabilités personnelles, tout en exigeant que les autres continuent à s'acquitter des leurs. Mais on peut également tirer une autre leçon de ces réactions. Les habitudes et les règles ne peuvent se comparer aux lois de la chimie ou de la physique. Elles ne décrivent pas des schémas de mouvement ou de réactions chimiques ; elles décrivent plutôt des schémas du comportement humain. Tout en reflétant les leçons de l'expérience, elles constituent en même temps de solides motifs d'action.

Que ce soit à l'intérieur d'une famille ou au sein de la société, la plupart des règles sont conçues pour répondre aux situations normales dans lesquelles se trouvent les gens. Il est impossible qu'elles conviennent immédiatement à toutes les situations inhabituelles sans devenir longues, détaillées et complexes. Donc, la question pratique qui se pose est celle de savoir quelle attitude adopter face aux règles générales et aux habitudes quand nous nous trouvons dans une situation inhabituelle. À quel moment la personne qui prend la décision doit-elle s'en tenir aux règles coûte que coûte et à quel moment doit-elle adopter une attitude plus souple?

PRINCIPES DE DROIT ET PRINCIPES DE VIE

La plupart d'entre nous avons déjà fait la queue à un arrêt d'autobus. La règle du «premier arrivé, premier servi» suffit habituellement à éviter les conflits et à établir un système ordonné pour monter dans l'autobus. Mais, lorsque la circulation est bloquée à un croisement et que l'autobus doit s'arrêter au milieu de la file des personnes qui attendent, la règle ne tient plus. Normalement les personnes qui attendent ne reculent pas et ne se réorganisent pas de manière à ce que les personnes qui sont à l'avant puissent monter les premières. Certes, il peut arriver que les derniers arrivés laissent poliment monter avant eux les personnes qui sont devant ; mais, si les gens en tête de queue insistent pour monter les premiers, il en résulte alors souvent anarchie et colère.

Dans ces situations inhabituelles, deux choses peuvent se produire. Parfois, la partie avant de la file fait marche arrière jusqu'à ce que la personne qui était jusque-là la première monte dans l'autobus, suivie des autres. Parfois encore, les personnes se trouvant respectivement à l'avant et à l'arrière de la file montent en alternance dans l'autobus. Dans les deux cas, nous avons la même réaction que des enfants en présence d'une situation de vacances inhabituelle qui se comportent comme si la routine habituelle ne s'appliquait pas. Et pourtant, tout se passe sans désordre.

Par contre, il se peut que les gens ne soient pas capables soit d'adapter la règle selon laquelle ils font la queue pour faire face à une situation inhabituelle soit de trouver une façon de se déplacer de manière à ce que le principe du «premier arrivé, premier servi» soit respecté. Pourtant, ils adoptent des pratiques spontanées qui reconnaissent au moins une certaine priorité aux prétentions des personnes se trouvant à l'avant de la queue.

L'esprit de créativité et d'adaptabilité est parfois poussé plus loin. Il arrive que les gens soient capables d'adapter leurs habitudes de manière à conserver la règle, même dans des situations inhabituelles. Ainsi, ils peuvent percevoir comment, avec un peu de collaboration, ils vont étendre à une situation imprévisible l'idée qui sous-tend la règle.

Pensez à ce qui se produit aux intersections quand les feux de circulation ne fonctionnent pas. Le plus souvent s'instaure alors un système selon lequel une voiture se dirigeant vers le nord et une voiture se dirigeant vers le sud franchissent l'intersection, suivies d'une voiture allant vers l'est et d'une voiture allant vers l'ouest, et ainsi de suite. Dans ce cas, les automobilistes sont capables de modifier légèrement la règle du «arrêtez-passez» qu'imposent les feux de circulation en situation normale. Ils transforment le principe des feux de circulation défectueux en un principe d'arrêt sur quatre voies, sans savoir que c'est ce que recommande en fait le code de la route.

Naturellement, si les feux de circulation devaient aussi comporter des feux verts permettant des virages à gauche anticipés ou prolongés, ces raffinements à la règle ne se reflèteraient sans doute pas dans le système qui s'établit pour faire face à une situation inhabituelle. Il semble qu'il y ait des limites à la complexité des règles qui peuvent se reproduire spontanément. Mais, dans la plupart des cas, le principe sous-jacent continue d'être respecté même lorsque la règle de droit elle-même ne s'applique pas directement. Le résultat ici s'apparente à l'attitude des enfants qui ne comprennent pas pourquoi les parents n'ajustent tout simplement pas la routine habituelle pour que l'heure des repas demeure prévisible pendant la période des fêtes.

LA RÈGLE ET LA RAISON QUI JUSTIFIE LA RÈGLE

Ces deux exemples montrent que dans des situations extraordinaires, où les usages et les règles ne peuvent s'appliquer exactement comme prévu, les gens réagissent de façon fort différente. Parfois, ils comprennent le principe sous-jacent à l'usage ou à la règle et l'appliquent à la situation anormale ou nouvelle ; la règle continue alors à les aider à structurer leur comportement de manière efficace, ce qui permet d'éviter les conflits. Parfois, cependant, l'effort requis est trop grand ou trop de personnes à la fois doivent décider de quoi faire, ou encore l'enjeu est trop insignifiant pour investir l'énergie nécessaire à l'ajustement de la règle. Dans ce cas, que l'on réussisse ou non à éviter les conflits en réagissant à la situation inhabituelle, la règle ne semble pas être d'un grand secours.

Établir des règles qui orientent efficacement l'activité humaine n'est pas chose facile. Les règles ne s'appliquent pas d'elles-mêmes. Il ne suffit pas qu'elles puissent être facilement interprétées et appliquées par les experts. Pour être efficaces, il faut qu'elles puissent être appliquées par ceux et celles à qui elles sont d'abord destinées. Cela signifie qu'elles doivent être relativement faciles à interpréter et à appliquer non seulement dans des situations normales mais aussi dans des situations inhabituelles.

Lorsque les enfants disent «les choses sont différentes», ils reconnaissent que les règles n'ont de sens que lorsqu'elles s'appliquent à des situations qui se présentent régulièrement dans la vraie vie. Mais, en même temps, ils prétendent que, le fondement factuel habituel de la règle étant absent, celle-ci ne devrait pas s'appliquer. Lorsqu'ils disent «tenons-nous-en aux règles», ils reconnaissent à quel point les règles peuvent être utiles au maintien d'une certaine prévisibilité, même dans les situations nouvelles. En voulant s'en tenir aux règles et à la routine, les enfants comprennent que les règles leur permettent de faire des choix quant à ce qu'il faut faire, car elles créent des attentes systématiques relativement à ce que vont faire les autres.

Il y a d'importantes leçons à tirer de ces récits pour le système juridique. Tous les changements sociaux n'exigent pas de modifications explicites à la loi. Les gens peuvent souvent adapter eux-mêmes leurs habitudes et leur routine. En outre, certaines règles réussissent mieux que d'autres à faire comprendre aux gens la logique et la raison d'être qui les sous-tendent. Ce sont ces règles-là qui s'étendent le plus facilement aux situations inhabituelles.

Le bon législateur sait comment les gens sont susceptibles de répondre à différents genres de règles. Il sait aussi comment rédiger une loi de manière à ce qu'il soit relativement facile d'appliquer les principes qui la sous-tendent à des situations nouvelles. Cela permet en retour aux personnes qui prennent des décisions d'ordre juridique — les juges, la police ou le citoyen — de faire des choix judicieux quant à l'opportunité de s'en tenir aux règles.

«C'EST PAS JUSTE, IL M'A FRAPPÉE LE PREMIER !»

Les conflits et les querelles caractérisent la vie en famille au quotidien et la vie en société en général. La plupart des conflits sont généralement réglés de façon rapide et non structurée en s'excusant et en regrettant son acte. Parfois, en l'absence d'excuses, la victime tout simplement s'en va. À l'occasion, les conflits peuvent s'amplifier. Quand cela se produit, il est souvent nécessaire de recourir à une troisième personne pour calmer la situation. Les parents jouent normalement ce rôle quand les enfants deviennent agressifs entre eux. À partir du moment où un tiers s'ingère dans le conflit, les choses changent. Qu'il agisse à titre de juge ou de médiateur, le tiers trouvera difficile d'empêcher une simple mésentente de dégénérer en un problème complexe.

Plus les faits sont expliqués, plus il devient au contraire difficile de comprendre ce qui se passe. Et ce, non parce qu'il il y a deux facettes à chaque histoire. La vérité, dans une histoire, dépend souvent de combien un interlocuteur est prêt à investir dans l'écoute. En particulier, lorsque le but d'un processus de prise de décision est de bâtir pour l'avenir plutôt que de simplement réparer le passé, l'étendue des faits et des questions à régler augmente considérablement. Les règles de procédure habituelles ne conviennent généralement pas pour régler ces entreprises de reconstruction historique. D'autres processus y parviennent. Le défi, pour les décideurs, est de savoir quand il leur faut tenter de connaître toute l'histoire et quand se contenter de régler le conflit sur la base de données limitées.

––––––––––

Arriver au beau milieu d'une dispute entre enfants est pour les parents une expérience difficile. Souvent, vous ne prenez conscience du conflit que lorsque vous entendez des cris ou lorsqu'un enfant se précipite vers vous en larmes. Même si vous n'avez pas été témoin de toute l'affaire, vous êtes contraint de décider immédiatement ce qu'il faut faire.

Il suffit d'une seule erreur pour vous rendre compte que, avant d'agir, mieux vaut demander aux deux enfants ce qui se passe. Il y a presque toujours deux versions à chaque histoire. Combien de fois à la question «As-tu frappé ta sœur ?», vous obtenez en réponse «C'est elle qui m'a frappé en premier».

Les chamailleries quotidiennes des enfants donnent une bonne idée de la difficulté d'être parent. Souvent, cela demande beaucoup d'astuce de simplement découvrir ce qui s'est passé. Et, lorsque vous croyez avoir saisi le fond de l'affaire, vous découvrez que ce fond est plus profond et plus complexe que vous ne l'aviez cru au départ. Cela est également vrai de toutes les décisions qui se prennent dans le domaine juridique.

DÉCOUVRIR CE QUI S'EST PASSÉ

Il est évident que les parents appelés à régler les disputes entre leurs enfants ne se trouvent pas exactement dans la même situation que les juges et les tribunaux. Ainsi, les parents entretiennent avec leurs enfants une relation spéciale qui existe bien avant que ne surgisse un conflit particulier et qui se poursuivra bien après le règlement du conflit. Cela signifie que leur intérêt à maintenir l'harmonie au sein de la famille s'étend bien au-delà du simple règlement du différend. Cela signifie aussi que, dans le processus de règlement des problèmes familiaux, les parents peuvent s'appuyer sur un contexte beaucoup plus large.

Les juges, par contre, ne bénéficient pas normalement de ce genre de renseignements contextuels sur les cas qu'ils doivent trancher. Vous ne vous attendez pas à ce qu'un juge au beau milieu d'une procédure de divorce se mette à dire : «Attendez un instant. Ce n'est pas vrai, je sais quelle sorte de relation vous avez avec votre conjoint.» Pour être équitable, la décision du juge ne doit avoir pour objectif que celui de juger la cause en fonction des règles de droit applicables. Le juge ne devrait avoir aucune connaissance personnelle du conflit à trancher car cela pourrait influencer ou fausser son opinion.

Il existe d'autres différences entre le rôle de parent et celui de juge. Habituellement, les parents éprouvent le besoin de personnellement tirer les faits au clair et d'interroger étroitement chaque enfant. Cette activité ressemble un peu à celle d'un détective. Ils veulent découvrir ce qui se passe «vraiment». Ils posent donc une question à un enfant, puis à l'autre, alternant ainsi jusqu'à ce qu'ils aient l'impression d'avoir éclairci la situation.

Ce n'est pas aujourd'hui le rôle de nos juges au Canada. Nous tenons pour acquis que les parties présenteront leur cause de la façon qu'elles estiment la meilleure. À l'audience, il n'existe pas de version objective des faits — seulement deux versions différentes des faits présentées par chaque partie au conflit. Dans le contexte judiciaire, la procédure est contradictoire et le juge est tenu d'écouter attentivement les histoires présentées plutôt que de mener son enquête.

Ces deux caractéristiques différencient les procédures en salle d'audience des méthodes de résolution des conflits familiaux. Les juges n'ont aucune connaissance personnelle des litiges qu'ils jugent et ils ne jouent pas le rôle d'enquêteurs.

En tant que méthode de règlement des différends, le processus judiciaire présente à la fois des inconvénients et des avantages. Il garantit que le juge sera impartial et qu'il ne parviendra pas à une conclusion tant que toutes les parties concernées ne se seront pas fait entendre. Il garantit également que les personnes concernées pourront raconter leur histoire selon leurs propres termes et sans être obligées de la révéler toute, sauf pour répondre aux questions du juge. Mais le processus judiciaire signifie aussi que, souvent, les juges doivent se prononcer sans avoir une connaissance complète des faits. Tout contexte plus approfondi est exclu et toute question que le juge pourrait estimer utile de poser ne peut habituellement pas être entièrement examinée.

QUAND AVEZ-VOUS VRAIMENT ÉCLAIRCI LA SITUATION ?

Les tribunaux, comme les parents, font bon usage des méthodes à leur disposition pour découvrir ce qui s'est passé. Mais, dans les conflits familiaux, l'éventail des éléments qui semblent influencer les résultats est toujours beaucoup plus large et supposera toujours un nombre de considérants beaucoup plus important que ne semblent le permettre les procédures en salle d'audience.

Je me souviens qu'un jour, en arrivant du travail, j'ai trouvé ma fille en larmes parce que son jeune frère l'avait frappée. Lorsque je lui ai demandé ce qui s'était passé, elle m'a expliqué que son frère ne voulait pas la laisser regarder son émission de télévision préférée. J'ai immédiatement appelé son frère pour qu'il s'explique. Voici le déroulement de l'histoire.

«Il m'a frappée»

«Oui, mais elle m'a mordu»

«Mais c'est parce qu'il m'a frappée d'abord»

«Parce qu'elle avait éteint la télévision»

«J'ai fait cela parce que mercredi, c'est mon jour de regarder mon émission à 17 heures»

«Mais je l'ai laissée regarder la télévision à 17 heures hier alors que c'était mon tour»

«Oui, mais c'est parce qu'il jouait à l'extérieur avec ses amis.»

«Mais la semaine dernière, lorsque j'ai pris son jour parce qu'elle était chez une amie, maman lui a permis de regarder son émission alors que c'était mon jour.»

«Mais papa, j'ai eu une journée très difficile à l'école aujourd'hui. Le professeur m'a mise à la porte. Personne ne voulait prendre son déjeuner avec moi. De plus, j'ai perdu mon stylo préféré. C'est pourquoi, je devrais pouvoir regarder mon émission de télé.»

Mais..., mais..., mais..., mais. Comment un parent doit-il réagir à tout ceci! La première étape consiste à déterminer quels sont, parmi les faits énoncés, ceux qui sont véritablement pertinents au règlement du conflit. Doit-on nécessairement tenir compte des faits qui remontent à plusieurs semaines ? Une partie du problème vient du fait que, lorsque les parents posent des questions, ils découvrent qu'une partie importante de l'histoire se rapporte toujours à un événement tout à fait hors de contrôle de chacun des enfants. Plus souvent qu'autrement, découvrir toute l'histoire ne fait que compliquer davantage le règlement du différend.

La deuxième étape porte sur la compréhension du conflit lui-même. La dispute porte-t-elle sur qui a frappé le premier ? Porte-t-elle sur des émissions de télévision ? S'agit-il d'essayer d'être compatissant envers un enfant qui éprouve d'autres problèmes ? Plus souvent qu'autrement, découvrir toute l'histoire ne fait que rendre plus difficile la compréhension de la nature précise de la querelle et qui elle concerne.

ALLER AU FOND DES CHOSES OU LIMITER L'ENQUÊTE ?

En général, dans toute querelle mettant en cause leurs enfants, les parents essaient de découvrir toute l'histoire. Pourtant, il arrive que des parents ayant beaucoup d'expérience décident, après avoir entendu les arguments des enfants, de ne pas essayer de savoir le fin fond de l'histoire. Pour toutes sortes de raisons — temps, énergie, futilité, moment inopportun — ils décident tout simplement de régler la question en surface, du moins pour le moment. Ce sont également ces mêmes contraintes qui influent à l'audience sur la structure du processus décisionnel. Ceux qui s'attendent à ce que les tribunaux agissent de façon routinière comme les parents oublient de tenir compte des contraintes qu'impose le processus judiciaire. Ce ne sont pas toutes les situations qui peuvent, ou devraient, être traitées par un juge de la façon dont un parent aborde un conflit familial.

Cela ne veut pas dire que la loi n'a pas prévu les cas où il est nécessaire de découvrir toute l'histoire. Il existe de nombreux autres processus judiciaires en dehors de ceux que suivent les tribunaux : les procédures suivies devant les bureaux du protecteur du citoyen, les commissions d'enquête et les enquêtes des coroners, pour prendre trois exemples, sont tout particulièrement conçues pour aller au fond des choses en élargissant la portée des enquêtes menées en vue de découvrir les faits, et en élargissant aussi les questions envisagées.

Certains de ces processus sont comme des enquêtes judiciaires élargies et sont conçus pour découvrir comment s'est produit tel événement particulier. En ce sens, ils ressemblent aux recherches que font les parents pour découvrir les faits dans une dispute familiale. D'autres vont plus loin. Ce sont de véritables groupes de travail conçus pour examiner une question générale d'intérêt public et pour faire des recommandations quant à l'élaboration de politiques. Ces enquêtes ressemblent aux questions que posent les parents sur le contexte ayant abouti au conflit entre les enfants.

Plus large est la portée de l'exercice sur la recherche des faits, plus large est la perspective qu'on a des points faisant l'objet de l'enquête et plus il devient probable que la personne qui devra prendre la décision devra faire preuve d'imagination pour résoudre le problème. Savoir saisir quand concevoir et déployer des procédures qui limiteront le problème et savoir quand utiliser des procédures qui permettront à toute l'histoire d'éclater au grand jour, voilà l'un des défis les plus difficiles auxquels font face les personnes qui prennent des décisions d'ordre juridique.

«JE ME ROULAIS PAR TERRE ET C'EST TOMBÉ DEDANS !»

Pourquoi n'avons-nous pas de meilleures procédures juridiques pour parvenir à la vérité? C'est la question que posent les gens chaque fois qu'un procès pour crime notoire se termine par un acquittement faute de preuves. Cette insatisfaction vis à vis du droit pénal est souvent attribuable à une fausse conception de la raison d'être du procès. L'objet d'un procès pénal n'est pas de découvrir les faits entourant une situation comme le ferait un scientifique. Son objet est de déterminer si la poursuite a prouvé au-delà de tout doute raisonnable que l'accusé a commis les crimes qui lui sont reprochés. De nombreuses règles de la preuve en matière pénale ne visent qu'à empêcher que des gens soient condamnés à tort.

Parfois, ces règles peuvent être très dures pour les victimes qui doivent témoigner. C'est tout particulièrement vrai des règles qui régissent les contre-interrogatoires. Dans un procès pénal, les juges ne contrôlent pas la procédure d'enquête. L'accusé a beaucoup de latitude pour décider de la preuve à présenter et des questions à poser lors du contre-interrogatoire. Le contre-interrogatoire n'a pas pour but d'apprendre des faits de façon à éviter qu'une situation ne se reproduise. La portée de l'expression «toute la vérité» ne vaut que dans le cadre d'une question posée. Comme des procédures différentes aboutissent à des vérités différentes, la première question que doit se poser le décideur est de savoir quel genre de vérité il veut rechercher.

Il y a près de cinquante ans de cela, j'allais jouer tous les mardis après-midi dans le sous-sol d'une église locale. Évidemment, après deux heures à courir partout, à peindre avec les doigts, à fabriquer des monstres avec de la pâte à modeler, à se mettre de la colle dans les cheveux les uns les autres et autres activités du genre, il y avait de quoi être fatigué ! Donc, chaque semaine, nous faisions la sieste à 15 h 30. Chacun étendait alors son «doudou» sur le plancher en bois franc et s'allongeait dessus pendant 15 minutes.

Un certain après-midi, j'avais la bougeotte et je n'arrivais pas à m'endormir. Tout près de ma couverture j'aperçus une petite cheville en bois, d'environ 1/8 de pouce de diamètre par un pouce de long. J'ai eu tôt fait de m'en emparer, pour ensuite l'insérer tout d'abord dans ma bouche, puis dans mon nez et, enfin, dans mon oreille. Quelle erreur ! Je n'arrivais plus à le retirer de là. Pris de panique, je me suis mis à pleurer. La surveillante ne parvenait pas non plus à le retirer, alors elle appela mes parents. Il a fallu me rendre chez le médecin, qui a dû utiliser des pincettes pour extraire le corps étranger.

Alors que nous nous préparions à quitter son bureau, le médecin me demanda : «Jeune homme, comment ce bout de bois s'est-il retrouvé dans votre oreille ?» Craignant probablement de dire la vérité, j'ai balbutié la réponse suivante : «Je me roulais par terre et c'est tombé dedans !» À ma grande surprise, ma mère a semblé me croire, bien que le médecin et mon père parussent plutôt sceptiques.

Mon explication et la réaction de mon entourage soulèvent deux questions de droit fondamentales. Comment savons-nous si quelqu'un nous dit la vérité ? Et qu'est-ce que la vérité au juste aux yeux de la loi ? Je n'ai pas mis longtemps, après avoir entrepris mes études de droit, pour réaliser combien j'avais eu de la chance. J'ai heureusement été interrogé dans le bureau d'un médecin et non à la barre des témoins, comme cela aurait pu être le cas dans une affaire qui aurait pu s'intituler *Little Roddy Macdonald* c. *Greenborough Community Day Care*.

À LA RECHERCHE DE QUI DIT VRAI

Les émissions de télévision et les films nous bombardent constamment de mélodrames ayant la salle d'audience en toile de fond et il se trouve toujours un avocat suffisamment tenace pour confondre un témoin qui ment et pour le ou la contraindre à faire de «vrais aveux». Le bien-fondé des contre-interrogatoires saute facilement aux yeux. Même lorsqu'ils ne mentent pas consciemment, les gens ont toujours tendance à donner une version des faits faisant ressortir leur comportement sous un éclairage des plus favorables. L'un des moyens à notre disposition pour être sûr d'obtenir une certaine part de vérité dans un témoignage, c'est de confronter directement le témoin afin de tenter de relever les incohérences de son récit.

Mais cela n'est pas le seul moyen de vérifier la véracité d'un témoignage. Il y a parfois d'autres témoins de l'événement et ces témoins auront leur propre récit à livrer. Parfois, il y aura des objets, des empreintes digitales et autres éléments de preuve qui tantôt viendront corroborer, tantôt contredire, le témoignage d'un témoin.

Toutefois, dans de nombreux procès tant au civil qu'au criminel, il arrive que les actes reprochés se soient produits plusieurs années auparavant. Il arrive aussi souvent qu'il n'y ait qu'un témoin — soit la personne qui dépose la plainte. En pareil cas, ce n'est probablement que grâce à un contre-interrogatoire en règle de la victime que la personne accusée pourra espérer établir son innocence.

Néanmoins, malgré son efficacité pour vérifier la fiabilité d'un témoignage, le contre-interrogatoire demeure une méthode agressive qui peut être particulièrement éprouvante pour le témoin. Cela est surtout vrai quand il y a eu agression sur la personne, par opposition à une introduction par effraction, à un vol ou à des dommages causés à des biens. Les victimes de voies de fait sont particulièrement vulnérables car elles doivent revivre les expériences qui ont porté atteinte à leur dignité.

Les agressions sexuelles comptent parmi les crimes les plus susceptibles d'engendrer des perturbations durables et les plus difficiles à relater à la barre des témoins. Quand l'agression s'est produite il y a plusieurs années, le fait d'avoir à relater les faits peut rappeler des souvenirs extrêmement douloureux longtemps réprimés. Si la victime est un enfant, le traumatisme est démultiplié. Un procès en bonne et due forme devant le tribunal où la victime doit soumettre des preuves et subir ensuite un contre-interrogatoire n'est jamais une expérience facile.

PROTÉGER LES VICTIMES APPELÉES À TÉMOIGNER

Les victimes témoins d'un événement particulier peuvent être appelées à témoigner même quand elles ne le souhaitent pas. Malgré cela, elles reçoivent rarement le soutien nécessaire. Lors d'un procès pénal, elles n'ont pas droit aux services d'un avocat payé par l'État. Il leur arrive parfois de ne disposer d'aucun programme d'aide. Elles sont souvent tenues de révéler les humiliations qui leur ont été infligées. Aujourd'hui, nous avons compris l'importance de protéger les enfants appelés à témoigner, mais nous avons tendance à oublier que les adultes qui ont subi des sévices durant leur enfance peuvent être tout aussi vulnérables.

Est-il possible d'améliorer le processus utilisé de nos jours pour obtenir des renseignements relatifs à un crime présumé ? On ne peut contester l'intérêt de la défense à procéder à un contre-interrogatoire complet. Après tout, la personne accusée d'un tel crime subira une grave atteinte à sa réputation si elle est déclarée coupable, en plus d'écoper probablement d'une lourde peine d'emprisonnement. Ces deux caractéristiques de la procédure contradictoire, particulièrement quand elle concerne des victimes d'agressions sexuelles, ont récemment été remises en question.

Prenons d'abord la publicité. Est-il nécessaire que d'autres personnes — à part le juge, le jury, l'accusé et la victime qui témoigne — soient présentes dans la salle d'audience lorsque la victime témoigne et est contre-interrogée ? L'ouverture et la transparence du processus ne seraient-elles pas aussi bien servies si l'on excluait temporairement les journalistes et les badauds de la salle d'audience, tout en conservant le témoignage sur vidéocassette ?

Deuxièmement, éviter de remuer de la boue. Est-il toujours nécessaire pour un avocat de la défense de demander à la victime-témoin des détails sur sa vie sexuelle ? Est-ce qu'on demande au propriétaire d'une résidence de relater dans un procès au criminel combien de fois sa résidence a été dévalisée avant qu'il ne subisse la présumée introduction par effraction ? En cas d'infractions de nature sexuelle, nous échafaudons des tas d'hypothèses sur le comportement des gens, sans raison véritable, qui sont tout à fait discordantes avec les hypothèses que nous élaborons sur le comportement humain dans d'autres circonstances.

QU'EST-CE QUE LA VÉRITÉ EN DROIT PÉNAL ?

Une grande partie de l'insatisfaction du public vis-à-vis du droit pénal provient d'hypothèses erronées quant à l'objectif visé par ce droit. Le but d'un procès au criminel n'est pas de découvrir toute la vérité sur un événement donné, comme le ferait un scientifique ou un historien. Le but, c'est de déterminer si la poursuite est en mesure de prouver, hors de tout doute raisonnable, que la personne accusée a effectivement commis le crime. Et pas n'importe quel crime. Seulement l'acte criminel pour lequel il ou elle est inculpé (e).

Il existe, naturellement, des types de procédures pénales dont l'objet est de faire ressortir toute la vérité. Dans de nombreux pays européens, le procès est une enquête où le juge-président prend l'initiative de l'enquête en posant des questions et en orientant la procédure. Le procès doit permettre de connaître toute la vérité au sens large du terme. Au Canada, cependant, un procès au criminel n'est pas une inquisition. C'est plutôt une procédure contradictoire durant laquelle la poursuite et la défense sont chargées de soumettre des preuves. Celles-ci ont même le loisir de ne présenter que les preuves qu'elles estiment pertinentes.

Voici un exemple qui permet de mieux comprendre les objectifs plus limités du procès au criminel au Canada. Imaginez qu'une famille ait établi comme règlement que les enfants ne doivent pas boire de lait dans leur chambre. Un parent qui trouve du lait répandu sur le plancher demande à l'un des enfants «As-tu bu du lait dans ta chambre ?». Nous penserions normalement que la question signifie en fait «Est-ce toi qui a répandu le lait ?». Or, la procédure pénale est conçue pour susciter un «non» en réponse, si d'aventure le lait répandu provenait non d'un verre mais d'un bol de céréales que l'enfant mangeait dans sa chambre à coucher.

Cela ne signifie pas toutefois que le droit ne doit pas s'intéresser à «toute la vérité» au sens le plus large du terme. Il est évident que le genre d'enquête que le médecin a menée pour découvrir la cheville en bois dans mon oreille ne devrait pas être limitée par les contraintes du droit pénal. Pour lui, la culpabilité ou l'innocence du petit Roddy Macdonald n'est pas en cause. Par contre, découvrir comment le petit morceau de bois est entré dans l'oreille et où il est allé — par exemple, a-t-il été poussé dans l'oreille doucement ou violemment, s'est-il glissé dans un endroit susceptible de s'infecter ? — sont les questions clés du pronostic.

Ainsi, en droit, l'expression «toute la vérité» sera toujours relative et fonction du contexte dans lequel la question est posée. Elle sera également toujours relative à l'objet pour lequel l'institution qui pose la question a été établie. Les citoyens trouvent frustrant de voir des individus acquittés parce qu'on ne peut prouver qu'ils ont véritablement commis le crime qui leur est reproché. Notre Constitution considère toutefois que condamner et emprisonner des gens tout simplement parce qu'ils auraient été moralement coupables d'une chose ou d'une autre constituerait une situation bien plus grave.

Mais ce n'est pas la fin de l'histoire. Compte tenu des répercussions de la procédure pénale sur les témoins, particulièrement dans les cas où les victimes d'agressions sexuelles humiliantes sont soumises, en tant que témoins, à d'intenses contre-interrogatoires, nombreux sont ceux qui remettent en question d'autres caractéristiques du droit pénal . Serait-il préférable, dans des cas semblables, de s'éloigner de cette approche contradictoire pour découvrir la vérité ? L'idée est qu'un procès dirigé par un juge protègerait mieux les victimes tout en assurant un procès juste. Certains souhaitent même que les poursuites pour agressions sexuelles se déroulent selon un processus semblable aux enquêtes publiques.

Dans la reformulation des procédures pénales de nombreuses questions devront être étudiées. Une chose est certaine toutefois. Puisque différentes procédures permettent de rechercher différentes sortes de vérités, il est important de décider en premier le genre de vérité que nous recherchons. Ce n'est qu'après que nous serons en mesure de juger s'il est approprié, comme l'a fait ma mère, d'accepter une réponse du genre «Je me roulais par terre et c'est tombé dedans !».

POUR ALLER PLUS LOIN

INTRODUCTION

Les décisions juridiques, surtout celles des tribunaux, préoccupent ceux qui plaident pour une justice plus accessible. Plusieurs considérations se chevauchent. Pour un survol de la manière dont les conflits civils sont résolus, voir L. Nader et H. Todd, THE DISPUTING PROCESS; LAW IN TEN SOCIETIES (New York : Columbia University Press, 1978). Souvent, les conflits sont réglés avant qu'ils ne deviennent formalisés, et ce même lorsqu'ils découlent d'actes criminels. Les avantages des processus informels de règlement des conflits sont examinés dans J. Skolnick, JUSTICE WITHOUT TRIAL: LAW EN-FORCEMENT IN A DEMOCRATIC SOCIETY (New York : Wiley, 1975)

Le mouvement en faveur des modes alternatifs de règlement des conflits trouve ses origines dans la perception que dans plusieurs contextes les processus contradictoires ne sont pas optimaux. Voir, en général, S. Goldberg, F. Sander et N. Rodgers, DISPUTE RESOLUTION: NEGOTIATION, MEDIATION AND OTHER PROCESSES (Boston : Little Brown, 1992); P. Emond, ALTERNATIVE DISPUTE RESOLUTION: A CONCEPTUAL OVERVIEW (Toronto : Cana-dian Bar Association, 1992); P. Noreau, DROIT PRÉVENTIF: LE DROIT AU-DELÀ DE LA LOI (Montréal : Thémis, 1993).

L'idée que le droit devra se distancer de l'adjudication des conflits par un processus contradictoire est souvent avancée par les membres des groupes qui se sentent socialement exclus. En ce qui concerne les peuples autochtones, voir LES PEUPLES AUTOCHTONES ET LE SYSTÈME DE JUSTICE (Ottawa : Commission royale sur les peuples autochtones, 1993). En ce qui concerne les minorités visibles voir P. Ewick et S. Silbey, DIFFERENTIAL USE OF COURTS BY MINORITY AND NON-MINORITY POPULATIONS IN NEW JERSEY (Trenton : State Justice Institute, 1993). La collection des travaux dirigée par A. Hutchinson, ACCESS TO CIVIL JUSTICE (Toronto : Carswell, 1990) offre une excellente per-spective multi-culturelle sur les conflits civils.

La plupart des décisions d'ordre juridique sont prises dans un contexte institutionnel. Les influences des institutions sur la prise de décisions sont examinées entre autres par: M. Douglas, COMMENT PENSENT LES INSTITUTIONS (Paris: Éditions de la découverte, 1999) ; M. Dan-Cohen, RIGHTS, PERSONS AND ORGANIZATIONS: A LEGAL THEORY FOR BUREAU-CRATIC SOCIETY (Berkeley : University of California Press, 1986) ; et F. Kratochwil, RULES, NORMS AND DECISIONS: ON THE CONDITIONS OF PRACTICAL AND LEGAL REASONING IN INTERNA-TIONAL RELATIONS AND DOMESTIC AFFAIRS (New York : Cambridge University Press, 1989).

La conception classique de l'adjudication veut qu'il n'y ait que deux facteurs qui doivent influencer le décideur — les règles législatives, et les décisions antérieures des tribunaux.

Pour bien se servir de la première de ces deux sources normatives, les tribunaux doivent se livrer à l'interprétation des lois. Pour une discussion percutante de cet aspect des processus adjudicatifs, voir W. Eskridge, Dynamic Statutory Interpretation (Cambridge : Harvard University Press, 1994). La théorisation de ce qui est qualifié de «précédents judiciaires» en Common Law ou de «jurisprudence constante» en droit civil fait également l'objet de plusieurs monographies. Voir, en particulier M. A. Eisenberg, The Nature of the Common Law (Cambridge : Harvard University Press, 1988) et L. Meyer (éd.), Rules and Reasoning: Essays in Honour of Fred Schauer (Portland : Hart Publishing, 1999).

«... MAIS TOUT LE MONDE LE FAIT !»

L'argumentation présentée par les enfants qui désirent rester dehors plus tard à l'occasion de l'Halloween ressemble beaucoup à celle soutenue par les avocats devant les cours de justice. La nature de ce type d'argumentation est discutée dans un contexte assez humoristique, par J. Paul, «A Bedtime Story» (1988) 74 Virginia Law Review 915. Bien sur, ces types d'arguments ne sont pas seulement présentés aux parents et aux juges. Ils sont le reflet de modes de raisonnement qui sont aussi présents dans plusieurs autres domaines.

Prenons la publicité commerciale comme exemple. L'appel à l'idée que «tout le monde le fait» est souvent présent dans la publicité sur la bière et la haute couture. L'argument fondé sur le passé est fréquemment employé par les vendeurs qui font référence aux expériences des consommateurs antérieurs et se voit typiquement lorsqu'une marque établie rencontre la concurrence d'un nouveau produit. Le marchandage que sous-entend l'argument «je me coucherai plus tôt demain soir» est une invitation aux parents à négocier; en ceci, cette situation ressemble à celle du vendeur qui propose à l'acheteur de «faire une offre». D'autre part, les vendeurs font appel à la tradition, ou à l'argument selon lequel «nous vous avons déjà été utiles par le passé», lorsqu'ils tentent d'établir leur crédibilité en exposant des photos noir et blanc des fondateurs de l'entreprise. Et finalement, l'argument «ce n'est pas juste» est celui qui est le plus souvent invoqué par les oeuvres charitables.

Bien que ces types d'argument soient communs dans tous les domaines, ils adoptent une forme particulière devant les tribunaux, c'est-à-dire en matière d'adjudication. Voir, notamment, L. Fuller, «The Forms and Limits of Adjudication» dans K. Winston (éd.) The Principles of Social Order (Durham : Duke University Press, 1983). Les contraintes imposées par les règles sur les processus décisionnels sont examinées dans le livre de Fred Schauer, Playing By the Rules: A Philosophical Examination of Rule-Based Decision Making in Law and Life (Oxford : Clarendon Press, 1991).

Ce ne sont pas toutes les décisions officielles qui sont fondées sur les règles. La justice solomonique ou la justice du *kadi* dépendent plus de l'équité individuelle que de règles pré-existantes. L'arbitrage conventionnel moderne est un autre exemple de processus adjudicatif où le décideur peut trancher *ex aequo et bono* (sans référence aux règles, en se fondant sur l'équité). Max Weber propose une utile typologie des modes de décision dans Économie et société (Paris : Pocket, 1995).

Les films comme Le choix de Sophie (un choix entre deux personnes) et La liste de Schindler (un choix parmi plusieurs personnes) nous donnent des exemples des facteurs qui influencent des décisions dans divers contextes. Les mêmes difficultés se posent en matière de divorce quand les parents veulent tous deux obtenir la garde des enfants. Voir, par exemple, le film Kramer c. Kramer.

Ce n'est qu'une subtilité juridique

Quelques-unes des meilleures discussions sur l'interprétation se trouvent dans des études portant sur les règlements sportifs. Au hockey, les arbitres doivent toujours transiger avec la règle concernant «les patins dans la zone du gardien de but» qui semble se modifier légèrement d'année en année. Au baseball, c'est la zone des prises qui apparaît toujours être en évolution. La réglementation du baseball est d'ailleurs l'une des normativités favorites des juristes-commentateurs. Voir en particulier : «The Common Law Origins of the Infield-Fly Rule (1975) 123 University of Pennsylvania Law Review 1474 et C. Yablon, «On the Contribution of Base-ball to American Legal Theory» (1994) 104 Yale Law Journal 227.

Le problématique des «subtilités juridiques» en matière d'interprétation se manifeste dans plusieurs sphères d'activité humaine. Assez souvent, elle se confond par ailleurs avec celle des arguments de pure forme. Par exemple, doit-on aujourd'hui annuler le mariage d'un couple dans la cinquantaine si on découvre qu'au moment de leur union, l'un des deux n'avait que 15 ans? Cette question et bien d'autres sont discutées par C. Blakesley, «The Putative Marriage Doctrine» (1985) 60 Tulane Law Review 1.

Les questions d'interprétation ne se restreignent pas aux seuls textes. Dans son livre Alchemy of Race and Rights (Cambridge : Harvard University Press, 1991), Patricia Williams se sert d'anecdotes comme celles relatives à la recherche d'un appartement pour illustrer la gamme des circonstances qui ont une influence sur l'interprétation. Toutefois, la notion de «subtilité juridique» évoque l'idée d'une règle ou une norme édictée en des termes relativement précis.

Les formes du droit les plus communes sont la législation (les constitutions, les lois, les règlements) et les actes juridiques (par exemple, les contrats et les testaments). Un conte fascinant portant sur les difficultés d'interprétation et les subtilités juridiques soulevées par une clause d'un testament prévoyant le legs d'une somme considérable d'argent «à la mère qui aura donné naissance au plus grand nombre d'enfants à Toronto dans les dix ans de mon décès» est racontée par M. Orkin, THE GREAT STORK DERBY (Toronto : General Publishing, 1981).

Les conséquences du choix entre une interprétation stricte des règles écrites et une interprétation selon leur finalité sont évidentes dans les contrastes entre les épisodes de l'émission WHO WANTS TO BE A MILLIONAIRE où les participants sont des gens ordinaires et où les règles sont strictement appliquées, et les épisodes où les participants sont des personnages connus qui jouent pour des oeuvres charitables et où les règles sont régulièrement mises de côté.

Le choix entre ces deux approches de l'interprétation des textes est aussi évident dans les dialogues bibliques entre Jésus et les Pharisiens. Ces divergences quant à la nature et la portée des règles captent également une distinction entre des approches conservatrices et libérales de la pratique religieuse. Pour une illustration fictive de ce problème dans un milieu juif, voir Chaim Potok, L'ÉLU: ROMAN (Paris : Calmann-Lévy, 1969).

TENONS-NOUS-EN AUX RÈGLES

Il n'est pas toujours facile de déterminer quand, dans le flou de la vie quotidienne, il est préférable de s'en tenir strictement aux règles ou, lorsqu'on est en présence d'une situation extraordinaire, de faire exception à des règles en apparence bien établies. Cette question est abordée par Michael Reisman, LAW IN BRIEF ENCOUNTERS (New Haven : Yale University Press, 1999) ainsi que par Gerald Postema dans «Coordination and Convention at the Foundations of Law» (1982) 11 JOURNAL OF LEGAL STUDIES 165 et «Implicit Law» (1994) 13 LAW AND PHILOSOPHY 361.

La réaction des citoyens aux institutions juridiques et l'usage qu'ils en font dépendent également de leur conception de la portée de la règle dont il est question. Pour une étude dans le contexte de la Cour des petites créances, voir S.C. McGuire et R.A. Macdonald, «Tales of Wows and Woes From the Masters and the Muddled: Navigating Small Claims Court Narratives» (1998) 16 RECUEIL ANNUEL DE WINDSOR D'ACCÈS À LA JUSTICE 48. Tom Tyler a mené plusieurs enquêtes sur les attitudes du public envers le droit officiel. Voir, notamment, T. Tyler, WHY PEOPLE OBEY THE LAW (New Haven : Yale University Press, 1990) et T. Tyler (dir.), COOPERATION IN GROUPS: PROCEDURAL JUSTICE, SOCIAL IDENTITY AND BEHAVIOURAL ENGAGEMENT (Philadelphia : Psychology Press, 2000).

En anthropologie il existe plusieurs études sur ce qu'on qualifie d'«états liminaux» — c'est-à-dire l'application de règles coutumières aux situations d'exception. Voir Victor Turner, LE PHÉNOMÈNE RITUEL: STRUCTURE ET CONTRE-STRUCTURE (Paris : Presses universitaires de France, 1990) et surtout, Mary Douglas, DE LA SOUILLURE: ESSAIS SUR LES NOTIONS DE POLLUTION ET DE TABOU (Paris : Éditions de la découverte, 2001).

Les situations liminales sont également considérées dans les textes populaires et la littérature contemporaine. Voir, par exemple, Joseph Campbell, LE HÉROS AUX MILLE ET UN VISAGES (Paris : Laffont, 1978). Cette question fonde évidemment le récit de William Golding, SA MAJESTÉ DES MOUCHES (Paris : Gallimard, 1996).

Aux extrêmes de l'expérience humaine, l'appel aux règles ordinaires de la vie en société paraît inutile. La tempête de verglas de Montréal en 1998 a plongé toute une ville dans une situation où la plupart des règles de tous les jours ne jouaient plus aucun rôle dans l'organisation des interactions quotidiennes. Il en est de même dans des contextes de prise d'otages, de désastres aériens et d'autres situations extraordinaires. Illustrent ce type d'événement P. Hearst, MON VOYAGE EN ENFER (Montréal : Libre expression, 1983); A.W.B. Simpson, CANNIBALISM AND THE COMMON LAW (Chicago : University of Chicago Press, 1984); et M. Abley, LE GRAND VERGLAS: RÉCITS EN IMAGES DE LA TEMPÊTE DE JANVIER 1998 (Boisbriand : Toundra, 1998).

«C'EST PAS JUSTE, IL M'A FRAPPÉE LE PREMIER !»

La nécessité de déterminer «l'étendue» d'un conflit préoccupe les décideurs dans tous les contextes décisionnels. Plusieurs études sur la gestion des conflits arrivent à la conclusion que l'incapacité des parties à délimiter leur conflit ou à le subdiviser en parties susceptibles de résolution par négociation contribue à l'échec des tentatives de règlement. Voir, notamment, R. Fisher, COMMENT RÉUSSIR UNE NÉGOCIATION (Paris : Seuil, 1994) et D'UNE BONNE RELATION À UNE NÉGOCIATION RÉUSSIE (Paris : Seuil, 1991).

Devant les tribunaux, les questions concernant l'étendue des conflits se traduisent en problèmes de preuve, et aussi en problèmes de compétence institutionnelle. On peut se demander si les institutions adjudicatives sont bien placées pour décider des grandes questions de politique sociale et pour mener les enquêtes publiques. Souvent cette question se pose quand les parties demandent aux tribunaux d'indiquer aux fonctionnaires comment gérer des institutions publiques – le système scolaire, les hôpitaux, les prisons, etc. Une évaluation plutôt positive de la capacité des juges à résoudre ces questions est offerte par O. Fiss, THE CIVIL RIGHTS INJUNCTION (Bloomington : University of Indiana Press, 1978). Comparer cependant les conclusions de la Commission du droit du Canada dans son rapport LA DIGNITÉ RETROUVÉE: LA RÉPARATION DES SÉVICES INFLIGÉS AUX ENFANTS DANS LES ÉTABLISSEMENTS CANADIENS (Ottawa : Approvisionnements et Services Canada, 2000) qui fait le tour des recours limités qu'offre le système judiciaire.

La configuration des institutions de règlement des conflits en fonction d'une plus grande accessibilité à la justice pour ceux qui n'ont pas les moyens de se payer un avocat est une préoccupation particulière des réformes juridiques récentes. Les diverses solutions proposées — les tribunaux communautaires, les tribunaux administratifs, les procédures juridiques informelles, etc. — sont examinées dans Prospects for Civil Justice (Toronto : Commission de réforme du droit de l'Ontario, 1995) et dans Rethinking Civil Justice (2 vol.) (Toronto : Commission de réforme du droit de l'Ontario, 1996). Plusieurs études empiriques se penchent également sur l'évaluation de l'influence des facteurs socio-démographiques sur l'accessibilité de la justice civile. Voir, par exemple, S.C. McGuire and R.A. Macdonald, «Small Claims Courts Can't» (1986) 34 Osgoode Hall Law Journal 509. Comparer J. Paquin, «Avengers, Avoiders and Lumpers: The Incidence of Disputing Style on Litigiousness» (2001) 19 Recueil annuel de Windsor d'accès à la justice 3, où l'auteure explore les facteurs plutôt «psychologiques» que «sociologiques» qui influencent la décision de poursuivre.

Ces études suggèrent que la perception qu'ont les parties du processus et du jugement susceptible d'être rendu est déterminante dans leur décision d'intenter ou non des poursuites. Des entretiens avec les juges indiquent par ailleurs que ces derniers ne veulent pas entendre des causes où le demandeur cherche à établir une question de principe plutôt que de se voir accorder des dommages-intérêts. Voir S.C. McGuire et R.A. Macdonald, «Judicial Scripts in the Dramaturgy of Montreal's Small Claims Court» (1996) 11 Revue canadienne droit et société 63.

Les deux fonctions possibles d'un processus formel d'enquête sur la vérité — décider d'une question particulière ou explorer toutes les circonstances entourant une situation généralisée — sont apparentes dans les divers procédés administratifs. Notons, par exemple, que dans le domaine des droits et libertés de la personne on demande souvent aux Commissions d'examiner et d'évaluer des systèmes institutionnels dans leur ensemble — par exemple, ceux qui fondent la discrimination systémique. Pour des perspectives opposées concernant la capacité des institutions juridiques à gérer les plaintes de discrimination systémique, comparer Towards Managing Diversity: a study of systemic discrimination at DIAND (Ottawa : Affaires autochtones, 1991) et R. Knopff, Human Rights and Judicial Policy Making: The case of systemic discrimination (Calgary : Socio-legal Studies Unit, Faculty of Law, 1985).

Ces deux approches de la découverte de la vérité se manifestent également dans la culture populaire et sont reflétées, respectivement, dans les romans à clef, et les films sur les conspirations. Comparer Arthur Conan Doyle, Les aventures de Sherlock Holmes (Paris : Simon, 1939) et le film d'Oliver Stone, JFK.

La façon dont la culture populaire aborde les réponses possibles à l'épidémie du SIDA reflète, elle aussi, ces deux approches. Dans le film Philadelphie, la structure narrative avait pour objet de démontrer que le protagoniste souffrait de discrimination aux mains de ses associés d'un cabinet juridique. Par contre, le livre de Randy Shilts, AND THE BAND PLAYED ON (New York : St. Martins Press, 2000) avait pour objet d'exposer l'existence de discrimination systémique envers la communauté gaie. Parfois, ces deux aspects de la recherche de la vérité sont réunis dans un même texte. Le protagoniste dans le roman de Joseph Conrad, AU CŒUR DES TÉNÈBRES (Paris : Gallimard, 1996) cherche à résoudre un problème particulier — trouver Kurtz — et en même temps faire comprendre au lecteur le vrai visage de l'entreprise coloniale.

«JE ME ROULAIS PAR TERRE ET C'EST TOMBÉ DEDANS !»

Les procès civils et pénaux sont aujourd'hui au Canada des processus destinés à décider des faits dans des conflits dont les questions en litige sont assez restreintes. Le procès présuppose que le juge peut obtenir une bonne compréhension d'événements complexes dans la mesure où il se fie aux présentations concurrentes de parties qui visent, quant à elles, à faire valoir leurs prétentions dans la meilleure lumière possible. Pour une bonne explication des vertus et défauts de ce système d'adjudication, voir L. Fuller, «The Adversary System» dans H. Berman, dir., TALKS ON AMERICAN LAW (New York : Vintage Press, 1961).

Inévitablement, le système contradictoire expose des témoins à un contre-interrogatoire sévère. Dans un procès pénal, l'exigence que la culpabilité soit démontrée au-delà de tout doute raisonnable porte souvent les avocats de la défense à monter un contre-interrogatoire abusif, surtout à l'égard des victimes-témoins. Pour atténuer les conséquences du procès pour les victimes-témoins, le gouvernement du Canada a publié un protocole devant servir de guide pour les avocats et les juges. Voir PROTOCOLE POUR LA PROTECTION DE VICTIMES-TÉMOINS (Ottawa : Ministère de la justice du Canada, 1991).

En général, lorsque les gouvernements décident qu'il faut découvrir «toute la vérité» sur un désastre quelconque — une explosion dans une mine, la mort de bébés dans un hôpital, la pollution de sources d'eau potable, un naufrage, une émeute en prison — ils se servent des enquêtes publiques. Pour une évaluation de l'utilité des enquêtes publiques comme institutions ayant pour mission d'établir la vérité, consulter E. Pross, I. Christie and J. Yogis, COMMISSIONS OF INQUIRY (Toronto : Carswell, 1990). La Commission pour la vérité et la réconciliation en Afrique du sud fut l'une des plus importantes enquêtes de cette nature. Voir l'évaluation qui en est faite par D. Dyzenhaus, JUDGING THE JUDGES, JUDGING OURSELVES, TRUTH, RECONCILIATION AND THE APARTHEID LEGAL ORDER (Oxford : Hart Publishing, 1998).

Toutes les enquêtes publiques ne sont pas de nature accusatoire. Souvent, le but visé est de mieux comprendre une situation économique ou sociale à l'égard de laquelle le gouvernement sera appelé à faire des choix politiques. Au Canada on trouve deux importants exemples récents de ces types d'enquêtes publiques: la Commission royale sur l'union économique et les perspectives de développement du Canada (Commission Macdonald) et la Commission royale sur les peuples autochtones (Commission Dussault-Erasmus). Dans ces derniers types d'enquête, la nature de la vérité recherchée n'est pas du tout la même que dans le cas des enquêtes accusatoires. Pour une étude du rapport entre la nature de la vérité et l'impulsion de mentir, voir Sissela Bok, Lying: Moral Choice in Public and Private Life (New York : Pantheon, 1978).

Il est souvent affirmé que les belles-lettres et les sciences empiriques sont fondées sur des conceptions opposées de la vérité. Voir C.P. Snow, Les deux cultures (Paris : Pauvert, 1968). Isaiah Berlin a également suggéré qu'il existe diverses façons d'atteindre la vérité. Voir par exemple, son usage de l'analogie du renard et du hérisson dans Le bois tordu de l'humanité: romantisme, nationalisme et totalitarisme (Paris : Albin Michel, 1992).

Des conceptions divergentes de ce que constitue la vérité sont véhiculées par les auteurs du siècle des lumières et les auteurs de la tradition romantique. Comparer par exemple R. Descartes, Meditationes de Prima Philosophia : Méditations Métaphysiques (Paris : Librairie philosophique J. Vrin, 1963) et l'oeuvre de J. Keats, notamment son poème «Ode to a Grecian Urn». Le roman de Robert M. Pirsig, Traité du zen et de l'entretien des motoclettes: récit (Paris : Seuil, 1998) peut être compris comme la version des années 1960 de la quête de vérité transcendante.

PARTIE 4

DES CONCEPTS ET DES INSTITUTIONS

INTRODUCTION

Les sociétés modernes ont développé et raffiné un nombre de concepts et d'institutions spécialisées pour faciliter l'émergence, l'instauration et la promotion des valeurs auxquelles elles aspirent. L'efficacité de ces concepts et institutions à cet égard n'est pas évidente. Il en est de même de l'efficacité des différents processus d'élaboration des règles et des prises de décisions telles que les élections, les contrats, les jugements, les lois et la médiation à partir desquels les institutions juridiques élaborent des concepts juridiques.

La capacité du droit à organiser, structurer et réduire les caprices de la vie quotidienne repose sur un petit nombre de postulats fondamentaux. Ses concepts doivent regrouper les situations humaines en des catégories reconnaissables saisissant les valeurs qu'une société cherche à promouvoir. Ses concepts doivent aussi offrir aux gens différentes options pour caractériser les situations de la vie. Comprendre comment nous en venons à catégoriser des situations de la vie d'une certaine façon, avec les conséquences que cela entraîne, est une habileté diagnostique essentielle en droit moderne. Garder ouvert le débat sur ces classifications est la marque de toute société démocratique.

Le droit sert aussi à caractériser les gens, et ce grâce au concept de l'identité. À un certain niveau, les gens n'ont qu'une seule identité, ce sont des citoyens. Mais dès que se multiplient les caractéristiques que le droit donne à la vie quotidienne, se multiplient aussi les caractéristiques — de sexe, de race, de classe, de statut, qu'il donne aux sujets de droit. Il en est de même si l'on cherche à comprendre laquelle de nos identités compte sur le plan juridique et pourquoi le droit devrait tenir compte des multiples identités partielles des gens. Permettre aux sujets de droit de choisir d'accepter ou de nier ces identités juridiques constitue aussi l'une des caractéristiques de la démocratie libérale.

Le droit ne s'interpose pas facilement entre les citoyens et les institutions — qu'elles soient des institutions privées ou publiques. Il fournit les véhicules et les organismes par lesquels l'État peut reconnaître et exprimer les valeurs fondamentales de la société. Parmi les institutions juridiques spécialisées, on trouve les assemblées législatives, les tribunaux et les organismes publics. Les organismes d'État sont aujourd'hui des lieux particulièrement importants de réglementation juridique. Mais celle-ci reconnaît aussi le droit local, le droit des associations grâce auxquelles les gens expriment leur engagement. Nombre des institutions juridiques les plus importantes de notre société naissent encore de l'interaction humaine quotidienne. Les associations de bénévoles et les groupes communautaires servent de lien entre les institutions officielles et les habitudes officieuses par lesquelles chaque jour s'élabore, se débat et se modifie le droit.

Dans ces deux types d'organisation, le droit répartit l'exercice du pouvoir et de l'autorité. Il structure les liens entre les titulaires officiels d'une charge et ceux dont l'influence est plus subtile. Le défi pour le droit d'aujourd'hui est de trouver, à l'intérieur de tous ces types d'institutions juridiques, un juste équilibre entre l'officiel et le non officiel, entre l'explicite et le tacite et entre les processus formels et non formels d'ordonnancement social et les processus formels et non formels de prise de décision.

TOUT DÉPEND DU POINT DE VUE

L'une des premières réactions de survie de l'être humain est d'apprendre à reconnaître différentes situations de vie et leurs conséquences vraisemblables ou habituelles. Ainsi, il est important de savoir si une chose est bonne à manger ou si elle est dangereuse. Tout comme il est bon de savoir si la personne qui s'approche de vous va vous dire un beau bonjour ou si elle va vous arracher votre argent. De même, quand vous conduisez une voiture, il est important de savoir si vous êtes dans une rue résidentielle ou dans une impasse. L'aptitude à reconnaître des traits et des situations habituelles – soit la capacité humaine de catégoriser, de classifier et de caractériser – peut réduire l'incertitude dans notre vie quotidienne et par conséquent accroître l'action coopérative. La plupart des caractérisations n'existent évidemment pas de façon naturelle. Elles ne sont pas non plus évidentes. Différentes personnes caractériseront des situations et des événements de façon différente.

Le droit est l'un des systèmes de classification hautement raffinés de la société. Il nous donne des catégories et des concepts, mais aussi des institutions et des processus pour rassembler ces catégories et ces concepts en un tout cohérent. Comme tous les systèmes de classification toutefois, la caractérisation juridique n'est ni donnée, ni évidente. Qui plus est, en droit, il existe rarement une seule catégorisation pour une situation, une relation ou un événement donné. Le choix entre plusieurs options juridiques dépend habituellement du résultat particulier que l'on cherche à atteindre et des valeurs que l'on espère promouvoir par suite de la caractérisation choisie. Comprendre les retombées vraisemblables du choix d'une caractérisation donnée est, par conséquent, un élément clé de l'analyse juridique.

———————

Peu de temps après la naissance de notre fille, mon épouse et moi-même avons reçu la visite des trois parents qui nous restaient : mon père, ma belle-mère et mon beau-père. Par un bel après-midi nous sommes allés nous promener tous ensemble. En cours de route, nous avons été témoins d'un accident impliquant une voiture et un cycliste. La police et les ambulanciers étaient sur les lieux et s'occupaient du cycliste blessé.

La conversation qui suivit fut très intéressante. Ma belle-mère, qui avait reçu une formation d'infirmière, se préoccupait surtout des blessures du cycliste, faisant remarquer qu'il avait eu de la chance parce qu'il portait un casque. Mon père, ingénieur civil à la retraite fit un commentaire sur ce qui, à son avis représentait un défaut dans l'aménagement de l'intersection où l'accident avait eu lieu et dans l'emplacement des feux de circulation.

Mon beau-père, également à la retraite, avait été navigateur d'avion. Quand il travaillait, il faisait la navette entre la petite ville où il vivait et l'aéroport de Dorval. Il a fait remarquer que la circulation dans les villes était intense et qu'il était plus amusant et moins dangereux de faire de la bicyclette dans les petites villes. Ma femme, travailleuse sociale, a observé que les services ambulanciers et autres services sociaux para-médicaux s'étaient améliorés au cours des cinq dernières années.

Personne ne fut surpris quand je me suis surtout intéressé à la façon dont s'était produit l'accident : dans quelle mesure la façon de conduire de l'automobiliste et celle du cycliste avaient-elles contribué à l'accident ? L'automobiliste allait-il trop vite ou était-il distrait ? Le cycliste a-t-il fait une fausse manoeuvre ou a-t-il brûlé un feu rouge ? En résumé, je voulais savoir si quelqu'un avait commis une faute.

Je suis sûr que notre fille ne s'imaginait certainement pas que ses parents et grands-parents avaient des points de vue si différents. Si elle avait été un peu plus âgée, elle aurait exprimé sa propre opinion et se serait certainement demandé, comme je l'ai fait, ce qui se serait dit d'autre si les tantes et les oncles avaient également assisté à l'accident. Il y avait parmi eux un enseignant du niveau primaire, un urbaniste, un biologiste du milieu marin, un menuisier, un paysagiste et un artiste. Une fois passée la réaction première à la situation — avez-vous besoin d'aide ? — nos pensées sont ensuite façonnées par nos expériences antérieures et nos autres préoccupations.

La diversité de nos réactions face à l'accident fait ressortir l'une des caractéristiques du droit souvent négligée. Or, l'un de ses principaux objectifs est d'étiqueter les événements de la vie quotidienne. Ces étiquettes fournissent alors un cadre à l'intérieur duquel il est possible de discuter des événements en question, de planifier comment les gérer à l'avenir et, lorsque c'est nécessaire, de résoudre les conflits qu'ils peuvent susciter. Nous devons toutefois demeurer prudents et nous abstenir de penser que la façon dont le droit présente ces événements de tous les jours est la seule façon dont ils doivent être compris. La description qu'en fait le droit n'est qu'une possibilité parmi d'autres.

POURQUOI LE DROIT CARACTÉRISE-T-IL LES ÉVÉNEMENTS COMME IL LE FAIT ?

L'histoire de la bicyclette montre combien notre expérience façonne notre perception du monde. Évidemment, il ne faut pas penser que notre formation ou notre métier sont les seuls à filtrer ce que nous voyons. De même, il ne faut pas non plus penser que nous verrons toujours les choses de la même façon. Notre point de vue change continuellement au fil de nos expériences.

Ainsi, par exemple, là où quelqu'un verra un échange commercial équitable, un autre y verra de l'exploitation. Là où quelqu'un verra une bêtise enfantine, un autre y verra du vandalisme. Là où certains peuvent voir une «exigence professionnelle justifiée», d'autres peuvent y voir de la discrimination raciale. Le droit a en partie pour rôle d'aider chacun de nous à trier, pour nous-mêmes, les caractérisations que nous souhaitons mettre en évidence selon le contexte.

En adoptant des lois pour étiqueter les événements de la vie quotidienne, le Parlement donne souvent une orientation particulière à notre réflexion. Les différentes attitudes, que nous adoptons vis-à-vis des quatre genres de conduite que de nombreuses personnes considèrent comme des péchés — consommation d'alcool, jeux de hasard, drogues et prostitution — illustrent bien les répercussions des différentes caractérisations juridiques officielles. Il y a un siècle, ces quatre activités étaient généralement mal vues sur le plan de la morale et considérées comme entraînant d'énormes coûts sociaux. On utilisait la loi pour les réprimer ou les contrôler sévèrement.

Aujourd'hui, la situation est différente. Deux de ces activités font l'objet d'un minimum de réglementation — la consommation d'alcool et les jeux de hasard. En fait, dans certaines provinces, le gouvernement essaie de s'imposer presque comme un monopole dans les domaines de la vente d'alcool et des jeux de hasard. Par ailleurs, le Parlement continue de réglementer la prostitution sévèrement, et la possession de la plupart des drogues demeure une infraction criminelle.

Au cours des cent dernières années, le Parlement a progressivement changé sa caractérisation de la consommation d'alcool et des jeux de hasard. Ces activités ne sont plus considérées comme des exemples de défaillance morale, mais sont passées dans la catégorie des luxes sociaux qui peuvent générer des recettes considérables pour l'État. En même temps qu'il changeait leur caractérisation, le Parlement évoluait aussi dans la façon dont il considérait leurs coûts sociaux. Les coûts humains de la dépendance au jeu et à l'alcool sont reconnus, mais ils pourront désormais être traités comme des problèmes de santé publique ou de bien-être social.

Certains prétendent aujourd'hui que c'est le genre de modification qu'il faudrait apporter à la caractérisation de la prostitution et de la consommation de drogues. Légaliser en quelque sorte le comportement, peut-être même instituer un monopole d'État. En fait, l'assujettir généreusement à l'impôt et régler les coûts sociaux qui en découlent comme des problèmes de santé publique ou de bien-être social.

D'autres adoptent la position contraire. Le Parlement ne devrait pas légaliser complètement la prostitution et autres aspects de l'industrie du sexe, tout comme il ne devrait pas relâcher son contrôle sur les drogues, même sur les drogues dites «douces» comme la marijuana. En fait, le Parlement devrait annuler les décisions prises antérieurement au sujet de l'alcool et des jeux de hasard. Ces deux activités devraient être totalement interdites ou au moins être beaucoup plus soigneusement réglementées.

Quelle que soit l'issue de ces débats politiques, une conclusion s'impose. La façon dont ces activités sont initialement caractérisées a beaucoup d'influence sur la façon dont nous, en tant qu'individus, les percevons et y réagissons.

MULTIPLES CARACTÉRISATIONS DU DROIT

Il est évident qu'il existe d'importantes différences dans la façon dont le droit et d'autres disciplines — comme la médecine ou le génie — caractérisent les évènements de la vie quotidienne. Cependant, il ne faut pas penser qu'il ne peut et ne doit exister qu'une seule caractérisation juridique d'un événement donné. Le droit offre souvent de multiples façons d'envisager la même situation.

Il y a quelques années, la Cour suprême du Canada a dû rendre une décision dans une affaire mettant en cause le gérant d'un centre commercial qui avait porté plainte, en vertu de la *Loi sur les violations mineures du droit de propriété,* contre l'employée d'un magasin qui avait loué un local dans le centre commercial. L'employée faisait du piquetage pour manifester son mécontentement à l'égard de son employeur. Le gérant a affirmé que le centre commercial était une propriété privée et que la gréviste était une intruse. L'employée a soutenu qu'en faisant du piquetage légalement, elle exerçait son droit à la liberté d'expression et que le gérant n'avait pas le droit de l'en empêcher.

Le tribunal de première instance et la Cour d'appel du Manitoba en sont venus à des conclusions opposées. Six juges de la Cour suprême tranchèrent en faveur du gérant du centre commercial et contre l'employée — essentiellement au motif que le centre commercial était, en fait, une propriété privée. Mais trois juges ont tranché en faveur de la piqueteuse — essentiellement au motif que la liberté d'expression reflétée dans le droit de faire du piquetage représentait une valeur fondamentale au Canada.

Les commentateurs et les avocats n'ont pas tardé à souligner que derrière les faits de cette affaire, il y avait beaucoup d'autres questions que le tribunal n'avait pas vraiment abordées. L'affaire portait-elle vraiment sur un conflit entre propriété privée et liberté d'expression ? Ou s'agissait-il du pouvoir relatif des employeurs et des employés dans les conflits de travail ? Ou encore s'agissait-il d'une discrimination fondée sur le salaire versé aux femmes employées — la raison première de la grève ? Ou s'agissait-il de savoir si les règles anglaises du 18ᵉ siècle sur l'intrusion et destinées à protéger les domaines féodaux privés devaient continuer à s'appliquer au 20ᵉ siècle aux espaces publics comme les centres commerciaux ?

Encore une fois, il est évident que la façon dont les tribunaux décident de caractériser la question en litige aura des répercussions importantes sur leur décision éventuelle. Qui plus est, à la différence du cas de l'alcool, des jeux de hasard, de la prostitution et de la drogue, ni les assemblées législatives des provinces, ni le Parlement n'ont donné d'orientation ferme sur la caractérisation à employer de préférence. La façon dont nous, et les tribunaux, tranchons la question première de la caractérisation nous en dit long sur les valeurs sociales et juridiques qui, à notre avis, sont les plus essentielles.

DÉCIDER COMMENT CARACTÉRISER LES SITUATIONS SOCIALES

Le droit peut facilement être dépassé, par rapport aux valeurs et aux attentes de la société, s'il ne modernise pas sa façon de caractériser les événements. Si la seule façon pour le droit de considérer un accident de la circulation, c'est d'y voir une occasion de trouver des responsables, alors il est peu probable que nous nous demandions si les procès civils représentent la meilleure façon d'assurer, aux gens qui ont été blessés, une indemnisation raisonnable. Si la contribution du droit à la compréhension des accidents s'épuise en jetant le blâme sur les conducteurs, il est peu probable que nous envisagions l'amélioration de la conception des voitures et de l'aménagement des carrefours, de l'efficacité des services ambulanciers et de l'organisation de la circulation dans nos villes comme étant avant tout des occasions de réduire le nombre et la gravité des accidents.

On peut poser les mêmes types de question sur la caractérisation dans chacun des domaines du droit. Quels facteurs nous pousseront à caractériser des événements de la vie quotidienne de questions morales devant être régies par le droit pénal, de questions de santé publique, de questions économiques ou autres ? Le défi, pour le législateur comme pour le citoyen, est qu'il n'existe pas de formule toute faite pour trancher la question.

QUI PENSEZ-VOUS ÊTRE AU JUSTE ?

La notion d'identité personnelle joue un puissant rôle dans le façonnement de ce que nous pensons être. Le droit moderne fait même des nombreuses caractéristiques visibles de l'être humain telles que, par exemple, l'âge, le sexe et la couleur de peau d'importants attributs de l'identité. Pourtant, d'autres facteurs d'identité, moins visibles, ne font pas l'objet d'une reconnaissance juridique officielle ou sont carrément niés. Ainsi, par exemple, on n'estime pas que les gens sont constitués de traits de personnalité (timidité ou audace, ou encore pessimisme ou optimisme), d'intelligence, de passions ou d'aversions. Il n'existe pas de formule magique qui permette de décider lesquelles de nos différentes identités devraient compter au regard de la loi et lesquelles devraient rester éloignées de toute reconnaissance juridique officielle.

Que les gens puissent être juridiquement constitués de plusieurs de leurs identités tout en ne constituant qu'une seule personne soulève un paradoxe. Le droit contemporain tient compte de nombre de ces facettes d'identité, quand il attribue aux groupes des droits et des avantages. En même temps, le droit tente de vaincre discrimination et inégalités en reconnaissant et en protégeant diverses identités. Il insiste pour dire que ces identités devraient s'effacer lorsque les gens travaillent ensemble, se retrouvent au marché, se découvrent voisins. Pourtant, il traite aussi la plupart de ces identités comme si elles étaient volontaires. Il permet aux gens eux-mêmes d'accepter ou de refuser les droits et avantages juridiques qui en découlent, comme bon leur semble.

Les équipes de sport professionnel semblent exercer un puissant attrait sur l'imaginaire des hommes d'Amérique du Nord. Mon fils et moi ne faisons pas exception à la règle. À Montréal, la perte imminente par la métropole de son équipe de base-ball majeur, les Expos, revient souvent dans les conversations. L'année dernière, la perspective de cette perte m'amena à réfléchir sur la signification du nom des équipes. Le nom «Les Expos» (conféré pour son caractère bilingue et pour célébrer l'Expo 67) signifierait-il encore quelque chose si l'équipe déménageait à Nashville ou à Washington ? L'appellation d'une équipe est-elle une simple étiquette ? Ou reflète-t-elle en quelque sorte l'identité d'une équipe ? Prenez un autre exemple, en quoi le club de hockey Le Canadien de Montréal, dans l'éventualité où le Québec deviendrait un pays indépendant distinct du Canada, serait-il encore canadien ?

Chaque fois qu'une équipe déménage, la question du lien entre nom et identité resurgit. L'Avalanche du Colorado est-elle vraiment une nouvelle équipe ou seulement l'équipe des Nordiques de Québec déguisée ? Les Coyotes de Phoenix sont-ils vraiment les Jets de Winnipeg ? Il existe d'autres exemples encore plus frappants. L'équipe de hockey les Flammes («Flames») de Calgary s'appelait à l'origine les Flammes («Flames») d'Atlanta ; ce sobriquet faisant référence au fait que le général Sherman avait fait incendier la ville pendant la guerre civile en 1864. Alors, quel rapport ce sobriquet a-t-il avec la ville de Calgary ? Ou encore, l'équipe de basket-ball le Jazz du Utah qui s'appelait autrefois le Jazz de la Nouvelle-Orléans. Jazz et Nouvelle-Orléans se marient bien mais en est-il de même de Jazz et de Salt Lake City, ville majoritairement mormone ?

Le nom des équipes représente beaucoup plus que la simple curiosité que suscite les transferts de franchise. Il n'est pas difficile de penser à des exemples d'équipes sportives qui ont changé de nom tout en restant dans la même ville. L'équipe de football des Jets de New York a vu le jour sous le nom d'équipe des Titans de New York. L'équipe de base-ball des Astros de Houston a commencé sous le nom de Houston Colt 45s. Même les Maple Leafs de Toronto ont subi un changement de nom ; ils s'appelaient à l'origine les St. Patrick. Est-ce que changer de nom conduit toujours à un changement d'identité ?

Ce n'est pas par pur plaisir que j'attire l'attention sur ces changements de noms survenus dans certaines équipes sportives. Les gens aussi changent de nom. Là encore, la notion d'identité va au-delà du nom. Nous nous demandons tous parfois «Qui suis-je ?» et les autres nous demandent parfois «Qui pensez-vous être au juste ?». Certains des problèmes les plus difficiles du droit moderne sont liés à la façon dont il aborde ces deux questions relatives à l'identité.

L'IDENTITÉ, UN CONCEPT JURIDIQUE

Le droit moderne repose généralement sur la prémisse voulant que l'être humain n'ait qu'une seule identité juridique. Cette notion remonte, naturellement, au Siècle des lumières. C'était alors une façon de défier et de contrer toute velléité de féodalisme. Règle générale, le droit nous confère une identité juridique que nous partageons avec tous nos congénères. Ainsi, par exemple, chacun jouit des mêmes droits aux termes de l'article 7 de la *Charte canadienne des droits et libertés.* Les gens sont seulement des gens.

De nos jours, cependant, de plus en plus de gens ne se voient pas uniquement comme des individus, mais aussi comme des personnes appartenant à des groupes. Leur identité devient en quelque sorte fonction de leur appartenance à un groupe. Le droit reconnaît maintenant cet état de fait. Souvent, il nous invite ou nous contraint à assumer une identité que nous ne partageons pas avec d'autres. Par exemple, les adultes ont certains droits, tel que le droit de vote, que n'ont pas les enfants. Et certaines catégories de personnes bénéficient de droits aux termes de l'article 15 de la *Charte canadienne des droits et libertés* dont ne bénéficient pas d'autres catégories de personnes.

Mais comment savoir laquelle ou lesquelles de ces identités diverses mérite(nt) une reconnaissance juridique ? Et quand peut-on savoir s'il faut tenir compte de ces identités ?

Quelques-unes de nos identités sont particulièrement importantes dans le façonnement de notre individualité. C'est souvent le cas lorsqu'elles ont trait à nos caractéristiques visibles. Le droit accepte que l'identité d'un individu puisse être constituée de caractéristiques telles que l'âge, le sexe, la couleur de la peau. Et pourtant, sur le plan juridique, toutes les caractéristiques physiques ne sont pas forcément importantes. Certaines, comme la taille, le poids, la couleur des yeux ou des cheveux, ne semblent pas avoir beaucoup d'importance. Pourquoi alors ces distinctions ?

Le droit canadien considère aussi certaines caractéristiques moins visibles comme des éléments importants pour définir l'identité : la religion, la sexualité, la langue maternelle, par exemple. Pourtant d'autres éléments d'identités, moins visibles, échappent à toute reconnaissance officielle. Ainsi, on ne tient pas compte des traits de personnalité de chacun (timidité ou audace, pessimisme ou optimisme, passion ou aversion pour le sport). Là encore, pourquoi ces différences ?

LES PARADOXES DE L'IDENTITÉ

Essayer de savoir lesquelles de nos différentes identités devraient bénéficier de la reconnaissance juridique et lesquelles devraient en être exclues soulève plusieurs problématiques. Comment le droit peut-il envisager les gens comme des individualités constituées d'identités multiples tout en traitant chacun comme une seule et même personne ? À qui revient le pouvoir de décider quelles sont les identités qui, pour une personne donnée, sont importantes ?

À titre d'illustration, prenons mes diverses identités. Lesquelles importent vraiment lorsque j'agis, j'écris ou je parle ? Puis-je réellement affirmer que je parle «en tant que» ou «parce que je suis» un individu mâle, de 50 ans et de race blanche ? Ou encore en tant que personne de grande taille, chauve et aux yeux bleus ? Ou encore en tant que personne mariée, hétérosexuelle, anglophone et parent protestant de deux adolescents ? Ou en tant que personne timide, mordue du sport, professeur de droit et résidant à Montréal ?

Supposons que j'aie à prononcer un discours en faveur du régime public de soins de santé. Vais-je parler en tant que personne constituée de certains de ces éléments ? De tous ces éléments ? Ou d'aucun de ces éléments ? Ceci n'est pas un exercice futile. Il arrive souvent que le droit ait à décider exactement de ce que je suis lorsque je pose certains gestes. Voter aux élections des conseils scolaires locaux est un exemple où seule l'une de mes nombreuses identités — la langue — détermine entièrement mes droits.

Plus souvent, toutefois, le droit doit décider de qui je suis lorsque les agissements d'autres personnes viennent m'affecter. De quel droit les autres peuvent-ils juger laquelle de mes identités est la plus importante à mes yeux ? «Personne ne le peut» répond généralement le droit de nos jours. Cette réponse négative est le fondement de la législation contre toute forme de discrimination. Il est sûrement aussi choquant de se faire dire qu'on vous écoute «à cause de l'une de vos identités» que de ne pas être écouté du tout. Tout comme il est tout aussi choquant de se faire refuser un service parce qu'on ne considère que l'une de vos identités parmi d'autres — par exemple parce que vous êtes une femme, une personne de couleur ou un francophone.

Voilà le paradoxe. À un seul et même moment, le droit moderne doit tenir compte de ces diverses identités de manière à reconnaître la diversité sociale, tout en préconisant qu'il ne faudrait pas en tenir compte lorsque les gens doivent composer entre eux, par exemple lorsqu'il s'agit d'offrir à d'autres un emploi ou des services.

ET MOI, QUI SUIS-JE À MON AVIS ?

La composition du Conseil consultatif de la Commission du droit du Canada illustre bien comment les identités des individus peuvent à la fois être pertinentes et non pertinentes. Pour composer son Conseil consultatif, la Commission est tenue de choisir des membres qui reflètent la diversité de la société canadienne. Qu'est-ce que cela signifie ?

À l'heure actuelle, le Conseil comprend 11 femmes et 11 hommes. Le membre le plus âgé a 71 ans et le plus jeune en a 22. Les membres proviennent de chacune des provinces du Canada ainsi que d'un territoire. Il y a six francophones, huit anglophones, et huit allophones. Le Conseil comprend des hétérosexuels, des gays et des lesbiennes. Deux des membres sont issus des peuples autochtones. Les principales confessions religieuses au Canada y sont représentées, tout comme les agnostiques et les athées. Certains détiennent des doctorats, d'autres n'ont pas terminé leurs études secondaires. Sept membres ont une formation juridique. Huit membres résident dans des municipalités de moins de 40 000 habitants, alors que sept vivent dans des agglomérations de plus de 500 000 habitants. Et ainsi de suite.

Dans cette description de la composition du Conseil, il convient de souligner que c'est moi qui ai pris l'initiative de relever les diverses identités qui s'y trouvent. Pourquoi ai-je choisi celles-là plutôt que d'autres comme l'ethnie, la taille, le poids ou l'affiliation à un parti politique ? Et pourquoi est-ce moi qui fais ces choix ? Après tout, chaque membre du Conseil a plusieurs identités concurrentes. Il devrait certainement revenir à chacun ou à chacune de décider pour lui-même ou elle-même ce qu'il ou ce qu'elle est, et laquelle de ses identités, est la plus importante dans une situation donnée.

Pour la Commission du droit, le défi est de concilier la nécessité de créer un Conseil consultatif au sein duquel sont représentées des identités multiples avec le besoin pour celui-ci de comprendre des membres qui ne se considèrent pas uniquement comme des représentants de l'une de ces identités. Pour les membres du Conseil, le défi réside dans la manière dont ils doivent agir et s'exprimer de manière à traduire ces diverses identités, sans en refléter une en particulier.

LE DÉFI DES IDENTITÉS MULTIPLES

Dans une démocratie libérale, chacune des identités doit avoir une valeur juridique égale. Or, certaines personnes sont désavantagées par suite de l'une ou de plusieurs de leurs identités. Le premier défi est donc de saisir quand, le fait de reconnaître et de protéger diverses identités, constitue la meilleure façon de contrer la discrimination et le préjudice, et d'organiser une protection juridique en conséquence. Le deuxième défi est de comprendre cette reconnaissance et cette protection de manière à permettre aussi aux gens qui peuvent avoir l'une des identités reconnues de renoncer à une telle identité.

Pour revenir un moment au sobriquet des équipes sportives, ces défis pourraient s'exprimer dans la question suivante. Quelle différence y a-t-il entre les Expos déménageant à Nashville tout en conservant leur sobriquet d'«Expos», et les Expos restant à Montréal mais adoptant un nouveau sobriquet, tel que les «Olympiques» ?

La réponse donnée dépendra de ce que l'on pense de l'énoncé suivant : le droit devrait-il tenir compte des identités multiples des gens et, si la réponse est affirmative, le droit devrait-il permettre aux gens d'accepter, de modifier ou de refuser les conséquences juridiques découlant de ces identités multiples ?

ON PEUT ALLER À UNE VENTE DE GARAGE CETTE FIN DE SEMAINE ?

Au premier coup d'oeil, la société moderne semble être dominée par l'État. Il suffit de regarder autour de soi : les activités et les relations sont définies et réglementées par les instances de l'État. Cela n'a pas toujours été le cas. Il n'y a pas si longtemps, dans les communautés rurales et dans les banlieues et les quartiers des villes, les gens partageaient un puissant sentiment d'appartenance et de solidarité. Souvent, ces liens prenaient naissance dans des institutions religieuses. La vie quotidienne se déroulait autour de l'église, tout comme les divers rituels de la vie : la naissance, le mariage et la mort. Les églises parrainaient un grand nombre d'écoles, orphelinats, maisons de retraite et hôpitaux. De même, diverses associations non religieuses et groupes communautaires s'occupaient d'autres services sociaux : musées, bibliothèques, orchestres, équipes sportives.

Aujourd'hui, les gens se tournent d'abord vers l'État pour obtenir des services autrefois offerts par les églises, les associations de bénévoles et les organismes d'entraide locaux. Et pourtant, alors que le rôle de ces groupes diminue, les pouvoirs publics ont de plus en plus de difficultés à offrir une gamme complète de services sociaux pour chacun. En réponse aux demandes de privatisation et de déréglementation, le législateur fait face au défi de garantir que les valeurs démocratiques de responsabilité et de participation du public ne soient pas totalement supplantées par un modèle d'entreprise qui souhaiterait faire des profits dans la prestation des services privatisés et déréglementés. Ici, il y aurait beaucoup à dire quand on sait que les services sociaux étaient jadis organisés par des groupes locaux, qui ne recherchaient pas le profit et qui se dévouaient aux intérêts de la communauté.

Les ventes de garage ont quelque chose de magique. Quand mes enfants étaient plus jeunes, ces ventes dans le voisinage étaient pour eux l'occasion de ramasser des bandes dessinées, des cassettes vidéo et audio, de vieux habits et autres babioles du genre. La possibilité de dépenser de l'argent pour acheter des choses était loin d'être la moindre des attractions de ces ventes de garage — ils faisaient semblant de magasiner. Naturellement, ma femme et moi étions aussi intéressés par ces ventes de garage, mais pour d'autres raisons. Nous y allions pour acheter des appareils ménagers, comme des grille-pain, des postes de radio ou des téléviseurs usagés, ou encore de vieux meubles bancals que nous rafistolions. Pour nous, les ventes de garage avaient un bien-fondé économique qu'elles n'avaient pas pour nos enfants.

Un samedi, alors que ma fille arborait fièrement un ensemble d'outils de plastique payé 1,25 $ et destiné au carré de sable, elle me demanda si, quand j'étais enfant, j'allais moi aussi aux ventes de garage. J'ai dû lui répondre que je ne me souvenais pas y être jamais allé. Mais je me souvenais avoir participé à deux autres types d'événement qui me paraissaient très semblables : le dîner-partage et la vente de charité qui avaient eu lieu dans le sous-sol de l'église. Ces deux événements, comme les ventes de garage, réunissaient la communauté. Les deux avaient l'atmosphère et l'ambiance d'un bazar, sans en avoir l'aspect outrageusement commercial. Dans les deux cas, les choses s'échangeaient entre les relativement bien pourvus et les moins fortunés.

Quand j'ai commencé à approfondir la question des ventes de garage et que j'ai commencé à expliquer à ma fille ce qu'étaient les dîners-partage et les ventes de charité, j'en suis venu à penser que ces événements sociaux étaient en fait très différents. Dans une vente de garage, toutes les recettes allaient à la famille ou aux familles qui avaient organisé la vente. L'argent n'était pas censé venir aider une activité religieuse, une jeune équipe sportive, de nouveaux équipements pour le parc, ou le nettoyage d'un chemin local. Les objets à vendre appartenaient aux gens qui organisaient la vente. Ils n'étaient pas donnés par les gens de la communauté. La plupart des gens ne venaient pas chercher quelque chose dont ils avaient besoin. Ils achetaient simplement ce qui avait attiré leur attention.

Ce n'est pas ce dont je me souvenais des dîners-partage et des ventes de charité. Quand j'ai demandé à mon père ce qu'il en pensait, il m'a dit que lui aussi pensait qu'il y avait des différences entre les ventes de charité et les ventes de garage. Il a également mentionné deux autres événements communautaires à côté des dîners-partage et des vente de charité qui servaient les mêmes fins : les corvées de construction de granges et les brigades de pompiers volontaires.

Pour lui, tous ces événements étaient des projets communautaires coopératifs. Mieux que cela, peut-être parce qu'il était depuis longtemps membre du conseil presbytéral de son église, il a qualifié les dîners-partage et les ventes de charité d'exemples vivants de «l'évangile social». Il s'agissait d'occasions, pour la communauté, de mettre en pratique les principes de base d'une répartition juste : de chacun selon ses possibilités ; à chacun selon ses besoins.

LA JUSTICE DISTRIBUTIVE DANS LA COMMUNAUTÉ ET LE VOISINAGE

Je n'avais auparavant envisagé ces activités religieuses que comme un repas, un bazar, un événement social communautaire ou un impôt volontaire pour financer certains biens publics. Mon père, lui, en avait une compréhension plus profonde. Tout d'abord, il m'a rapidement fait un exposé sur les causes et les conséquences des différences sociales dans une communauté donnée. Certains fermiers et certains hommes d'affaires réussissent mieux que d'autres. Pour certains, la terre est de meilleure qualité. D'autres sont plus forts ou plus travailleurs. D'autres sont plus intelligents ou ont un meilleur sens des affaires. Certains ont un problème avec les jeux de hasard, d'autres ont un problème avec l'alcool. D'autres ont simplement plus de chance. Et parfois, habituellement dans les familles qui ne vivent pas sur la ferme, le mari est parti sans laisser d'adresse, laissant femme et enfants se débrouiller seuls.

Dans les communautés rurales, ce genre de choses n'échappaient pas aux gens du village. D'après mon père, les dîners-partage étaient un moyen efficace de gérer la redistribution sociale sans l'humiliation d'un bien-être social organisé. Chacun apportait autant de nourriture qu'il le pouvait et chacun mangeait autant qu'il le souhaitait ; les restes étaient emportés par les familles qui en avaient le plus besoin. Sous la tutelle du ministre du culte, le dîner-partage était annoncé et organisé comme un événement social de l'église. Le but caché, de veiller à ce que les membres de la congrégation et de la communauté aient toujours quelque chose à manger, n'était jamais avoué.

Il en était aussi ainsi, expliqua-t-il, des ventes de charité. C'est la raison pour laquelle j'ai réalisé que, contrairement aux ventes de garage, il n'y avait jamais vraiment de camelote. Les gens donnaient à l'église les vêtements, meubles et articles ménagers qu'ils avaient en trop mais qui étaient encore en bon état. Ces articles allaient presque tous à certaines familles qui étaient plus dans le besoin que d'autres. Mais le transfert était toujours structuré comme une transaction commerciale dans laquelle l'objet ou les vêtements étaient vendus et non donnés. Une fois de plus, l'objectif de redistribution sociale était camouflé par un événement communautaire qui se présentait lui-même comme quelque chose d'autre.

ENTRAIDE COMMUNAUTAIRE ET DE VOISINAGE

Comme le soulignait mon père, les dîners-partage et les ventes de charité n'étaient pas la seule forme d'entraide que l'on retrouvait dans les petites communautés et dans les banlieues des grandes villes. Les corvées de grange et leurs équivalents urbains, tels que le nettoyage des lieux après un incendie, en sont d'autres. Elles permettent à une communauté de réaliser des tâches individuelles au-delà des capacités ou des ressources d'une seule personne. Dans les corvées entrait la notion de réciprocité : la prochaine fois ce sera ma grange ou ma clôture qui aura besoin de réparation, ou ce seront mes récoltes qu'il faudra ramasser en cas d'urgence.

La brigade des pompiers volontaires est une autre forme d'entreprise d'entraide. En l'espèce, la communauté génère un bien social qu'aucun individu ne peut s'offrir ou même que la communauté tout entière ne peut envisager se payer. La brigade des pompiers volontaires repose sur l'idée que des individus peuvent se regrouper pour poursuivre un objectif commun avant même qu'une occasion ne se présente de réaliser cet objectif.

Ces deux sortes d'entraide − l'une fondée sur la réciprocité et l'autre fondée sur la poursuite d'un objectif commun − semblaient pour moi ne convenir qu'à la mise en commun de la force physique dans les régions rurales. Quand j'ai mentionné cela à mon père, il m'a donné deux autres exemples, extraits du temps où il habitait dans un faubourg de Toronto.

Je me souviens que, parfois, tard dans la nuit le téléphone sonnait et mon père se levait et sortait pour un moment. À l'époque, je ne savais pas pourquoi. Mon père m'expliqua que nous avions un voisin alcoolique et qu'il devenait violent quand il avait trop bu. Les hommes du quartier s'étaient organisés en un groupe de volontaires pour aller sauver sa femme et ses enfants quand il perdait la raison. Elle appelait et, tout dépendant du soir, soit mon père et deux amis, soit trois autres volontaires se rendaient rapidement à cette maison pour en faire sortir le mari. Il passait alors la nuit dans l'un de nos garages à l'abri des regards des enfants. Naturellement, après être redevenu sobre, il jurait toujours de ne plus jamais recommencer, de s'inscrire aux Alcooliques anonymes et de s'amender à sa façon. Parfois, les incidents mettaient du temps à se répéter. Parfois, surtout quand il a perdu son emploi, ils se répétaient souvent.

Mon père m'a aussi rappelé qui ni lui, ni mon frère, ni moi n'avions réalisé seuls tout le travail qu'il y avait à faire autour de la maison. Bien sûr, j'ai pelleté la neige, j'ai tondu la pelouse, j'ai pris soin du jardin. J'ai travaillé sur la galerie, sur le toit. Mais, habituellement, Grenville était là pour nous aider. Il habitait dans un appartement qui occupait le sous-sol d'une maison d'amis. Il manquait un peu de coordination et même nous, enfants, savions qu'il n'était pas très vif. Mais c'était l'homme à tout faire de la communauté, celui qui s'occupait des propriétés pendant les vacances, et celui qui aidait tout le monde. Ce que je ne savais pas à l'époque, c'est que toutes les familles de la communauté veillaient à ce que Grenville ait toujours quelques travaux rémunérés à faire.

AVANT ET APRÈS L'ÉTAT-PROVIDENCE

Tous ces exemples illustrent l'entraide qui existait au niveau des communautés et du voisinage avant l'instauration de l'État-providence. Les intiatives au niveau de la communauté comprenaient différentes formes d'aide mutuelle, une redistribution économique, une réglementation sociale, *etc.* Bien que certaines communautés religieuses aient joué un important rôle dans certains secteurs, souvent pour couvrir leurs véritables fins, jamais les prestations ne furent limitées à une confession particulière. En fait, nombre des réponses n'avaient aucun lien religieux — la brigade des pompiers volontaires ; la corvée des récoltes ; la police en cas de querelles familiales ; l'emploi des inemployables.

Depuis un demi-siècle, nous nous tournons de plus en plus vers l'État pour obtenir des services qui autrefois étaient obtenus par l'intermédiaire de l'entraide locale. Les pompiers, la construction de projets communautaires, la police, le bien-être social, les centres de travail adaptés relèvent tous aujourd'hui du domaine de l'État. Et pourtant, aujourd'hui, une pression s'exerce sur les gouvernements pour fournir ces services à un niveau qu'exige le public. Des voix s'élèvent pour qu'ils soient déréglementés et privatisés.

En poursuivant ces buts et en concevant de nouveaux modèles de prestation de services, les décideurs font face à deux défis. Éviter de revenir au système mythique d'auto-assistance de l'Arcadie rurale. Quiconque en a fait l'expérience pourrait témoigner de la violence, des préjudices qu'il causait et de son mauvais fonctionnement. Éviter de simplement restructurer les fonctions de l'État en créant une bureaucratie privée. Une partie de cette impression de perte, que nous avons aujourd'hui, découle précisément du fait que nous avons professionnalisé et bureaucratisé la vie de la communauté.

Le défi politique est de trouver une façon d'allier, dans des services nouvellement privatisés, les valeurs démocratiques de responsabilité et de participation à un objectif d'efficacité. Il faut veiller à ce que le modèle de l'entreprise qui doit faire des profits ne soit pas l'unique façon de remplacer l'État dans la prestation de services sociaux déréglementés et privatisés. En planifiant les nouveaux processus de prestation, il faudra se souvenir combien les valeurs d'entraide et de collaboration étaient présentes dans les groupes communautaires et les associations de volontaires locales et sans but lucratif. Surmonter et la propagande politique et une nostalgie irréfléchie, voilà comment parvenir à un bon dosage de stratégies.

LES VIEILLES GARDES

Organiser et structurer les relations humaines comptent parmi les plus importants rôles du droit. Parfois, les contrats entre particuliers sont le moyen d'obtenir un certain ordre social. Quand plus de deux personnes sont concernées, les relations sont plus souvent nourries à l'intérieur et par l'intermédiaire d'institutions qui répartissent les pouvoirs de décision et les responsabilités : sociétés, syndicats, écoles, églises, clubs sociaux, universités par exemple. Ces institutions sont généralement complexes et subtiles. Ce qui a l'air de règles officielles peut souvent être doublé de pratiques, d'ententes tacites et de façons reconnues de faire les choses. Et ce que l'on considère être les autorités officielles des prises de décision peuvent aussi se trouver obligées de composer avec des associations et des groupes sans caractère officiel.

Sans l'existence de pratiques non officielles et d'ententes tacites et sans l'existence d'organisations et de groupes sans caractère officiel, la plupart des institutions complexes ne pourraient fonctionner. Naturellement, ces associations sans caractère officiel et ces ententes tacites au travers desquelles elles fonctionnent ne sont pas monolithiques. Plusieurs peuvent coexister à l'intérieur de la même institution. Certaines existent pour atteindre des objectifs particuliers. D'autres ne sont que virtuelles et ne semblent poursuivre aucun objectif apparent. Certaines sont plus ou moins reconnues à l'intérieur de structures officielles tout en étant des représentantes implicites de l'autorité. D'autres encore peuvent être tout à fait extérieures à la hiérarchie officielle. Comprendre l'action réciproque de ces associations officielles et non officielles dans la vie des organisations est une condition préalable à la conception d'institutions juridiques efficaces.

––––––––––––––

À la fin des années soixante et au début des années soixante-dix, j'ai passé mes étés à travailler dans un camp de garçons à la campagne, juste au Nord de Toronto. Après avoir été conseiller pendant plusieurs années, en 1969 je suis devenu directeur de section. Pendant les cinq années qui ont suivi, j'ai occupé dans ce camp différents postes de haute direction. D'après l'organigramme officiel affiché au bureau du camp, la haute direction comprenait une douzaine environ de directeurs de section et de directeurs de programme. Ses membres étaient, en théorie, responsables des questions de politique et de la surveillance générale du camp.

Et pourtant, parallèlement à ce conseil officiel de décideurs, il y avait d'autres personnes qui semblaient exercer beaucoup d'influence à l'intérieur du camp. On a fini par les qualifier collectivement de «Vieille garde». En dépit de son nom, cette vieille garde n'était ni un corps réactionnaire de vieux guerriers se voulant les «gardiens de la foi véritable», ni un groupe retranché exerçant indirectement son pouvoir à titre de réseau d'anciens. Certains membres de la haute direction faisaient partie de la Vieille garde, d'autres non. Ce qu'il est intéressant de noter, c'est qu'il y avait quelques membres de la Vieille garde qui ne faisaient pas aussi partie de la haute direction. Nombre de ceux qui composaient la Vieille garde avaient plusieurs années d'expérience au camp. D'autres n'avaient été à la direction que depuis deux étés.

Pour l'étudiant en droit que j'étais pendant presque tout ce temps-là, certaines des caractéristiques de la Vieille garde semblaient bizarres, sinon incongrues. La Vieille garde ne tenait pas de réunions organisées. Elle n'avait pas de pouvoir de décision sur quoi que ce soit. Elle n'a, en fait, jamais établi de véritables règles ni observé elle-même de procédures officielles. La tolérance de la direction envers cette association diffuse, au pouvoir et à l'autorité qui chevauchaient et parfois renversaient le pouvoir de décision de la bureaucratie officielle, m'intriguait. Je me souviens d'avoir pensé qu'il ne s'agissait pas là d'une façon honnête et efficace de gérer une organisation.

L'une des caractéristiques de la Vieille garde frappait vraiment. Il n'y avait pas de directives sur la façon d'en devenir membre. Certes, les membres de l'effectif auraient pu faire du lobbying et négocier un poste à la haute direction, mais il était difficile de les imaginer demander une nomination à une entité qui officiellement n'existait pas. En fait, c'est un incident relatif à la question de l'adhésion qui le premier m'a fait réfléchir à ce qu'était la Vieille garde et à la façon dont elle fonctionnait à l'intérieur du camp.

En 1972, un jeune et talentueux étudiant en philosophie est devenu directeur du programme des excursions en canot. Ce nouveau membre de la direction s'est avéré être le beau-frère d'un ancien membre de longue date et de la haute direction et de la Vieille garde. Par conséquent, il savait énormément de choses sur le camp, son fonctionnement, ses activités, ses méthodes, ses personnes influentes et son histoire. Très intelligent et armé de son bagage de connaissances, il a commencé à s'immiscer dans ces discussions impromptues, non structurées et spéculatives sur la planification et la politique, sujets que les membres de la Vieille garde considéraient comme leur domaine exclusif.

Après deux ou trois semaines, j'ai été contacté par deux autres membres de la Vieille garde qui m'ont demandé (à titre non de membre de longue date de la Vieille garde, mais comme membre de la haute direction) d'avoir une explication avec ce jeune blanc-bec. À l'époque, je ne voyais pas l'ironie dans le fait qu'un groupe officiellement non-existant fasse appel à un représentant officiel du camp pour légitimer sa non-existence.

Qu'entend-on par Vieille garde ?

Peu après, j'ai eu la chance de lui parler en privé de la Vieille garde. La discussion fut si embarrassante que je me souviens encore de la plupart des points discutés et des conclusions auxquelles nous sommes parvenus. L'une des conclusions les plus importantes était la suivante. Il n'y avait pas en fait une Vieille garde homogène, mais plusieurs sous-groupes à l'intérieur de la Vieille garde. Ceux-ci se chevauchaient partiellement en fonction du type de question débattue et du type de conseil ou d'avis que pouvait rechercher le directeur du camp. En ce sens, la Vieille garde était, par rapport à la haute direction, qui avait une structure définie de comités et de sous-comités, un regroupement étonnamment divers et désorganisé.

En outre, les membres ne parlaient jamais de leur appartenance. En fait, une première indication de cette appartenance à la Vieille garde se manifestait presque par hasard lorsque certains membres cherchaient à rejoindre de nouveaux venus pour les inclure dans leurs discussions épisodiques. On adhérait ainsi au groupe de façon officieuse, et cette adhésion était par la suite confirmée par l'usage de l'expression «membre de la Vieille garde» utilisée par le directeur du camp dans différentes activités. En dépit de son caractère co-opté et non structuré, le groupe était reconnu par le personnel du camp. Il semblait être tout à fait considéré et accepté comme un complément institutionnel de la haute direction.

Bien que le rôle de la Vieille garde ait été reconnu, ses membres ne se réunissaient jamais officiellement pour discuter ou décider de questions de politique à l'intérieur du camp. Quand des membres de la Vieille garde se prononçaient sur une question, cela n'était jamais que l'opinion d'un ou de plusieurs individus. Par contre, à l'occasion d'activités plus officielles telles que les réunions régulières de la haute direction, les membres de la Vieille garde s'entendaient presque toujours sur les choses à faire.

LES NOMBREUSES VIEILLES GARDES

Les divers sous-groupes de la Vieille garde semblaient exercer une très grande influence. Mais ces sous-groupes n'étaient qu'un seul type de groupe, parmi plusieurs groupes officieux, qui se trouvaient à l'intérieur du camp ou qui y était associé. Le plus visible de ces autres groupes était la Nor'Wester Society, organe en perpétuelle expansion, composé d'environ dix membres en activité et de près de soixante anciens membres du personnel du camp.

Les Nor'Westers étaient les véritables «gardiens de la foi» et le faisaient savoir haut et clair à l'occasion de leur Journée annuelle. Contrairement à la Vieille garde, les Nor'Westers étaient un corps organisé d'anciens membres, avec une constitution et des règles précises d'adhésion ainsi que des procédures bien établies de délibération et de prise de décision, y compris une structure de comités. Comme la haute direction, les Nor'Westers étaient un groupe organisé. Mais leur rôle dans le camp était tout à fait officieux.

À côté des Nor'Westers, il y avait aussi divers autres regroupements de membres du personnel qui participaient énormément à la vie quotidienne du camp. La plupart de ces regroupement étaient officieux et co-optés. Mais, contrairement à la Vieille garde, ils ne se ralliaient pas autour d'un vague leadership général ; ils étaient plutôt spécialisés dans des programmes et se regroupaient par intérêts communs, talents ou autre affinités. Chaque groupe jouait dans le camp un rôle bien précis et bien défini.

Tous les musiciens du camp exerçaient un leadership dans l'organisation des soirées musicales, des programmes de jours pluvieux et des feux de camp. Les conseillers attirés par les sports semblaient gérer les régates hebdomadaires du camp, les concours de natation, les activités de voile et de canotage. Ceux qui étaient les plus pratiquants s'occupaient du service à la chapelle le dimanche. Et ainsi de suite.

À l'analyse, le leadership au niveau du personnel du camp s'avérait fort diffus. En théorie, une organisation bureaucratique et officielle avec une direction bien identifiée — la haute direction — gérait le camp. En pratique, au moins trois autres types d'association jouaient également un rôle. Une organisation bureaucratique officielle qui n'avait aucun pouvoir particulier — les Nor'Westers. Une série de groupes non-bureaucratiques officieux qui s'occupaient d'événements particuliers et d'occasions particulières — les spécialistes de programmes. Et, enfin, une vague association de sous-groupes officieux et non-bureaucratiques sans pouvoir particulier, mais qui exerçaient une énorme influence — la Vieille garde.

LES VIEILLES GARDES DANS LA VIE QUOTIDIENNE

Exactement dix ans après avoir quitté le camp d'été, je suis devenu doyen de la faculté de droit. Presque dès mon entrée en fonction, j'ai remarqué les différences de contribution, de forme et de fond, que les professeurs apportaient à la vie du collège. Peu après être devenu professeur, cinq ans plus tôt, j'avais réalisé que certaines voix de professeurs avaient plus de poids que d'autres. Jusqu'à ce que j'assume les fonctions de doyen, je n'avais pas attribué beaucoup d'importance à ce fait. Tout comme je n'avais pas essayé de trouver les caractéristiques que partageaient ces professeurs influents, ni cherché d'autres explications à la prépondérance de leur opinion.

Ce n'est que plus tard, que j'ai pleinement compris la portée des différences entre deux groupes de mes collègues. D'abord, ceux qui détenaient le titre de professeur titulaire ou celui de professeur agrégé, et qui par leur rang ou leur fonction auraient sans doute dû exercer un leadership au sein du corps enseignant. Ensuite, les collègues, dont certains étaient très jeunes ou récemment recrutés par McGill, sur lesquels j'avais tendance à m'appuyer quand j'avais besoin d'un avis ou d'un conseil.

Ce dernier groupe de professeurs était très disparate. Ils avaient très peu en commun, que ce soit quant à l'âge, le sexe, l'origine ethnique, ou quant à la spécialisation ou la vision théorique du droit. Néanmoins, j'ai découvert plus tard qu'ils mangeaient souvent ensemble et qu'ils se rencontraient souvent tant à l'intérieur qu'à l'extérieur de l'université. Même s'ils ne se réunissaient jamais officiellement en tant que groupe avec un ordre du jour, ni ne recherchaient explicitement à comprendre la façon de régler quelques-unes des énigmes de la faculté, la ligne générale de leur pensée était toujours cohérente.

Tout comme ce fut le cas au camp d'été, la Vieille garde de la faculté de droit contrôlait inconsciemment l'adhésion de ses membres. Tout comme au camp, les sentiments de ceux qui étaient officiellement «élus», mais exclus de la Vieille garde, pouvaient être facilement heurtés. Et tout comme au camp d'été, non seulement il y avait là une Vieille garde qui était de toute évidence un groupe diversifié, mais il y avait d'autres regroupements de professeurs qui jouaient des rôles importants.

Les civilistes, les common-lawyers et les publicistes, chacun se réclamait d'un «programme spécialisé» tout comme le faisaient les musiciens ou les sportifs du camp. Il en était de même des anglophones et des francophones, des doctrinaires et des théoriciens du droit. Même les Nor'Westers avaient leur équivalent dans le groupe des diplômés qui constituaient le Conseil consultatif de la faculté de droit. Je revivais à la faculté de droit des aspects de mon expérience vécue au camp d'été, même si, comme doyen, mon rôle ressemblait davantage à celui de directeur du camp.

Naturellement, les Vieilles gardes ne se rencontrent pas uniquement dans les camps d'été et les facultés de droit. Ainsi, par exemple, chaque corps législatif a ses partis politiques et ses groupes parlementaires officiels. Sans association ni groupe officieux, la plupart des institutions complexes ne pourraient fonctionner. Les institutions organisées de manière à nier ou à diminuer le rôle de ces associations officieuses et l'entente tacite qui leur permet de fonctionner deviennent extrêmement bureaucratiques et rigides. Par contre, les institutions officielles, qui reconnaissent la pluralité des associations officieuses, implicites et virtuelles et le rôle qu'elles jouent, sont plus aptes à s'adapter au changement et à poursuivre avec efficacité l'objet pour lequel elles ont été créées.

La meilleure réponse à l'existence inévitable du pouvoir non officiel est de ne pas le supprimer. Il ne ferait que réapparaître ailleurs sous une forme différente. La réponse la plus appropriée est plutôt de lui trouver un exutoire productif à l'intérieur des institutions : reconnaître et profiter de la contribution que peut faire chacun de ses groupes informels.

POUR ALLER PLUS LOIN

INTRODUCTION

Le thème de l'influence de la structure conceptuelle du droit sur ses formes institutionnelles se retrouve constamment chez Fuller et Carbonnier. Voir, en particulier, le texte de conclusion de L. Fuller dans THE PROBLEMS OF JURISPRUDENCE (Mineola : Foundation Press, 1949). Pour un exposé plus approfondi de l'approche de Fuller, voir «The Role of Contract in the Ordering Process of Society Generally» dans L. Fuller et M. A. Eisenberg, BASIC CONTRACT LAW (3e éd.) (St. Paul : West Publishing, 1973) à la page 89. L'expression la plus achevée de Carbonnier sur cette question se trouve dans FLEXIBLE DROIT (8e. éd.) (Paris : L.G.D.J., 1996).

L'essai «Means and Ends» dans K. Winston (dir.), THE PRINCIPLES OF SOCIAL ORDER : SELECTED ESSAYS OF LON L. FULLER (Durham : Duke University Press, 1983) est également instructif quant à cette question, tout comme les essais de J. Vining «Fuller and Language» et de P. Teachout «Uncreated Conscience: the Civilizing Force of Fuller's Jurisprudence» dans W. Witteveen et V. van der Burg (dir.), REDISCOVERING FULLER: ESSAYS ON IMPLICIT LAW AND INSTITUTIONAL DESIGN (Amsterdam : Amsterdam University Press, 1999).

Récemment, les études féministes ont fait état de la structure «masculine» qui fonde plusieurs institutions juridiques. Voir, par exemple, D. Rhode, JUSTICE AND GENDER (Cambridge : Harvard University Press, 1989). On retrouve des observations semblables concernant l'influence de la race, de la religion et de la classe sociale sur ces institutions. Comparer les points de vue divergents sur les concepts et institutions juridiques offerts par P. Kahn, THE CULTURAL STUDY OF LAW (Chicago : University of Chicago Press, 1999) et par J. Shklar, THE FACES OF INJUSTICE (Cambridge : Harvard University Press, 1990).

L'importance des institutions para-publiques et privées dans la société moderne est un thème récurrent dans les études de droit administratif. Voir, par exemple, H.W. Arthurs, WITHOUT THE LAW: ADMINISTRATIVE JUTICE AND LEGAL PLURALISM IN NINETEENTH CENTURY ENGLAND (Toronto : University of Toronto Press, 1985) et Jerold Auerbach, JUSTICE WITHOUT LAW? (New York : Oxford University Press, 1983).

TOUT DÉPEND DU POINT DE VUE

La nature et les effets de la qualification juridique sont discutés dans de nombreux ouvrages. Voir notamment l'essai introductif de Peter Birks dans INTRODUCTION TO ENGLISH PRIVATE LAW vol. 1, (Oxford : Oxford University Press, 2000). Voir aussi G. Timsit,

Les noms de la loi (Paris : Presses universitaires de France, 1991) ; et J. Vanderlinden, «A propos des catégories du droit» (1999) 2 Revue de la common law en français 301-330.

La qualification est certes un phénomène généralisé dans la société moderne. Deux de ses facettes méritent d'être signalées. D'abord, une structure de qualification organisée permet l'identification d'unités plus petites et leur séparation du phénomène général. En droit, ceci autorise la transplantation des idées et des concepts juridiques par l'entremise des systèmes juridiques. Voir la discussion sur la survie du droit romain dans A. Watson, Legal Transplants: an Approach to Comparative Law (2e. éd.) (Athens : University of Georgia Press, 1993) ; The Making of the Civil Law (Cambridge: Harvard University Press, 1981) ; et The Spirit of Roman Law (Athens : University of Georgia Press, 1994).

Deuxièmement, notre façon de qualifier est surtout déterminée par les institutions et les structures de pensée dont nous héritons. Voir M. Foucault, L'archéologie du savoir (Paris : Gallimard, 1969); Mary Douglas, Comment pensent les institutions (Paris : La découverte, 1999); et T. Kuhn, La structure des révolutions scientifiques (2e éd.) (Paris : Flammarion, 1990).

L'influence de la perspective sur la façon dont les gens qualifient les problèmes constitue un trope souvent exploité dans la production culturelle. Au cinéma, un des traitements de cette question ayant eu le plus d'impact est celui du film de Akira Kurowsawa, Rashomon. Les différences de perspective propres à la haute culture et à la culture populaire sont aussi exploitées dans les oeuvres qui se servent des incompréhensions culturelles comme motif dynamique. Voir notamment l'Antigone de Sophocle, et l'Othello de Shakespeare.

La psychologie populaire est également imprégnée de l'idée des différences de perspective. Voir par exemple John Gray, Les hommes viennent de Mars, les femmes viennent de Vénus: connaître nos différences pour mieux nous comprendre (Paris : Laffont, 1997). La différence culturelle est un des éléments fondamentaux de la littérature japonaise. Voir, notamment, Natsume Soseki, The Three Cornered World (A. Turney, trad.) (New York : Putnam, 1982). Enfin, ce thème est souvent le leitmotiv des films populaires. Bonheur aigre-doux, Annie Hall, et Devine qui vient dîner sont parmi les plus connus.

QUI PENSEZ-VOUS ÊTRE AU JUSTE ?

Il est de plus en plus fréquent que les philosophes abordent la question de l'identité individuelle. Les oeuvres de Charles Taylor sont souvent citées à cet égard. Voir, notamment, Les sources du moi: la formation de l'identité moderne (Paris : Seuil, 1998) et Multiculturalisme: différence et démocratie (Paris : Flammarion, 1997).

Bien sur, les différences de sexe, de race et de culture ont un impact sur la décision des citoyens de se servir ou non des institutions juridiques officielles. Voir l'analyse de Donald Black, SOCIOLOGICAL JUSTICE (New York : Oxford University Press, 1989).

Les notions d'identités et d'affiliations multiples sont discutées par plusieurs auteurs. Voir, par exemple, SLEEPING WITH MONSTERS: CONVERSATIONS WITH SCOTTISH AND IRISH WOMEN POETS (Wolfhound : Dublin, 1990), D. Lorde, «Age, Race, Class and Sex: Women Redefining Difference» dans SISTER OUTSIDER (Trumansberg, NY : Crossing Press, 1984) à la page 114, et Bell Hooks, YEARNING: RACE, GENDER AND CULTURAL POLITICS (Toronto : Between the Lines, 1990). L'exposé classique sur la question demeure toutefois celui de Ralph Ellison, AU DELÀ DU REGARD (Paris : Denoël, 1954).

La nature de l'identité personnelle et de l'identité collective figurent aussi dans plusieurs études récentes sur ce qu'on appelle «l'appropriation culturelle». Bien que ce soient de nos jours surtout les peuples autochtones qui réclament l'exclusivité du droit à l'exploitation de leur culture, il ne s'agit pas d'une problématique nouvelle. Il y a 50 ans déjà, Miles Davis accusait les musiciens blancs comme Dave Brubeck d' «appropriation culturelle». Voir Miles Davis et Quincy Trope, MILES: THE AUTOBIOGRAPHY (New York : Simon and Schuster, 1990).

La confusion des sexes qui est présente dans plusieurs pièces de Shakespeare pose une interrogation analogue. Voir, par exemple, LA COMÉDIE DES ERREURS, LA NUIT DES ROIS, et LE SONGE D'UNE NUIT D'ÉTÉ. Des films contemporains comme LA CAGE AUX FOLLES exploitent également les ambiguïtés sexuelles.

ON PEUT ALLER À UNE VENTE DE GARAGE CETTE FIN DE SEMAINE ?

Les deux thèmes abordés par ce récit — les principes concurrents d'ordre collectif et de relations entre bureaucratie étatique et associations de volontaires — ne sont pas toujours liés. Par deux fois Lon Fuller a tenté d'opposer des modèles alternatifs d'organisation, modèles que d'autres, comme Charles Lindblom, ont décrit comme une opposition entre politique et marchés. Voir C. Lindblom, POLITICS AND MARKETS (New York : Basic Books, 1977). Normalement, les théoriciens qui ont établi ce type de dichotomie s'intéressent aux façons de réduire la taille des gouvernements. Voir notamment F. Hayek, DROIT, LÉGISLATION ET LIBERTÉ (3 vol.) (Paris : Presses universitaires de France, 1995).

Fuller s'intéressait moins à la question de savoir si les gouvernements ou le marché devraient organiser toute activité sociale qu'à la distinction entre organisation par réciprocité et organisation dans la poursuite d'objectifs communs. Voir, L. Fuller, «Freedom — A Suggested Analysis» (1955) 68 HARVARD LAW REVIEW 1302. Il a plus tard révisé cette distinction pour parler de «principe juridique» et «poursuite d'objectifs partagés».

Voir «Two Principles of Human Association» dans K. Winston (dir.), THE PRINCIPLES OF SOCIAL ORDER: SELECTED ESSAYS OF LON L. FULLER (Durham : Duke University Press, 1983) à la page 67.

Fuller fut fortement influencé par la collection d'essais de Michael Polanyi publiée sous le titre LA LOGIQUE DE LA LIBERTÉ (Paris : Presses universitaires de France, 1989). Néanmoins, il ne croyait pas que ce qu'il qualifiait de «principe juridique» pourrait satisfaire à toutes les exigences de l'organisation sociale, une conclusion à laquelle sont arrivés plusieurs partisans du mouvement «droit et économie». Comparer son essai «Irrigation and Tyranny» (1965) 17 STANFORD LAW REVIEW 1021 avec R. Posner, THE COLLECTED ECONOMIC ESSAYS OF RICHARD A. POSNER (Northampton, Mass. : Edward Elgar, 2000), et FRONTIERS OF LEGAL THEORY (Cambridge : Harvard University Press, 2001).

Quant aux problèmes de la déréglementation et de la privatisation, ils ont été étudiés en profondeur par les juristes et ceux qui s'intéressent à l'administration publique. Voir la bibliographie citée dans R. A. Macdonald, «L'intervention réglementaire par la réglementation» dans I. Bernier et A. Lajoie (dir.), LES RÈGLEMENTS, LES SOCIÉTÉS D'ÉTAT ET LES TRIBUNAUX ADMINISTRATIFS (Ottawa : Approvisionnements et services Canada, 1986) à la page 89.

Les organismes gouvernementaux et non-gouvernementaux sont généralement stéréotypés dans la culture populaire. Ainsi, les associations volontaires sont parfois présentées comme des institutions bénéfiques et non-hiérarchisées, libres de l'influence néfaste des États. Voir, par exemple, la représentation de ces organismes à la télévision dans des téléromans comme THE ANDY GRIFFITHS SHOW. D'autres fois, ces associations volontaires sont représentées comme l'expression de situations pathologiques qui exigent l'intervention de l'État (notamment par l'entremise de la police) pour les contrôler. Un exemple de ce genre est le film LE TÉMOIN. Les institutions étatiques sont par ailleurs le plus souvent présentées comme impersonnelles et opprimantes. Le film GRIDLOCK est un exemple bien connu de ce genre. Dans tous ces films, qu'ils visent les associations volontaires ou la bureaucratie étatique, c'est l'individu qui est finalement capable de surmonter les obstacles institutionnels. Ceci est vrai même lorsque le héros fait partie lui-même de la bureaucratie − comme dans LE CHACAL.

LES VIEILLES GARDES

La documentation sur la théorie et la sociologie des organisations est énorme. L'une des meilleures études sur les associations officieuses est de Mary Douglas, COMMENT PENSENT LES INSTITUTIONS (Paris : La découverte, 1998). Voir également Herbert Simon, MODELS OF THOUGHT (New Haven : Yale University Press, 1955). Le lien entre le droit et les organisations est approfondi par Meir Dan-Cohen dans RIGHTS, PERSONS AND

Organizations: A Legal Theory for Bureaucratic Society (Berkeley : University of California Press, 1986).

La persistance des organisations officieuses à l'intérieur des structures officielles est un trait commun aux partis politiques, aux équipes sportives et aux forces armées. En ce qui concerne la politique, comparer l'essai no. 10 de James Madison, Le fédéraliste (Paris : Economica, 1988) avec Evan Thomas, Robert Kennedy: His Life (New York : Simon & Shuster, 2000), qui démontre comment les troupes loyales à John Kennedy ont systématiquement miné la présidence de Lyndon Johnson. A l'intérieur des équipes sportives, il existe toujours des hiérarchies officieuses qui exercent une influence profonde sur la performance du groupe. Pour un examen détaillé d'un exemple de ce type de situation, voir S. Smith, The Jordan Rules: The Inside Story of a Turbulent Season with Michael Jordan and the Chicago Bulls (New York : Simon & Schuster, 1992).

Pour une application à un contexte militaire, voir l'essai «The Western Concentration Block» dans T. Connelly et A. Jones, The Politics of Command (Baton Rouge : Louisiana State University Press, 1973) qui traite du rôle des organisations officieuses dans l'élaboration de la stratégie militaire des Confédérés pendant la guerre civile des États-Unis. Pour un exemple dans le contexte d'une faculté de droit, voir l'essai épistolaire de R. A. Macdonald, «Office Politics» (1990) 40 University of Toronto Law Journal 419.

Ces organisations informelles sont presque toujours traitées de subversives dans la littérature et les films populaires. Elles sont composées ou bien de méchants qui cherchent à miner l'organisation, ou bien d'une vieille garde qui cherche à tout prix à maintenir son pouvoir. Le film Jour de l'indépendance constitue un classique du genre qui exploite les stéréotypes connus.

Analyse de politiques, Université Queen's
Publications récentes

La série de publications d'analyses de politiques de l'Université Queen's est consacrée à l'exploration de problèmes majeurs en matière de politiques publiques auxquels les gouvernements du Canada et des autres nations occidentales sont confrontés. Les presses universitaires McGill-Queen's ont l'exclusivité mondiale de la représentation et de la distribution des ouvrages de cette série.

École des études en politiques publiques

Improving Connections Between Governments and Nonprofit and Voluntary Organizations: Public Policy and the Third Sector, Kathy L. Brock (éd.), 2002
Éd. de poche ISBN 0-88911-899-X Relié toile ISBN 0-88911-907-4

Governing Food: Science, Safety and Trade, Peter W.B. Phillips et Robert Wolfe (éd.), 2001
Éd. de poche ISBN 0-88911-897-3 Relié toile ISBN 0-88911-903-1

The Nonprofit Sector and Government in a New Century, Kathy L. Brock et Keith G. Banting (éd.), 2001
Éd. de poche ISBN 0-88911-901-5 Relié toile ISBN 0-88911-905-8

The Dynamics of Decentralization: Canadian Federalism and British Devolution, Trevor C. Salmon et Michael Keating (éd.), 2001   ISBN 0-88911-895-7

Innovation, Institutions and Territory: Regional Innovation Systems in Canada, J. Adam Holbrook et David A. Wolfe (éd.), 2000   Éd. de poche ISBN 0-88911-891-4 Relié toile ISBN 0-88911-893-0

Backbone of the Army: Non-Commissioned Officers in the Future Army, Douglas L. Bland (éd.), 2000
ISBN 0-88911-889-2

Precarious Values: Organizations, Politics and Labour Market Policy in Ontario, Thomas R. Klassen, 2000
Éd. de poche ISBN 0-88911-883-3 Relié toile ISBN 0-88911-885-X

The Nonprofit Sector in Canada: Roles and Relationships, Keith G. Banting (éd.), 2000
Éd. de poche ISBN 0-88911-813-2 Relié toile ISBN 0-88911-815-9

Institut des relations intergouvernementales

Health Policy and Federalism: A Comparative Perspective on Multi-Level Governance, Keith G. Banting et Stan Corbett (éd.), 2001   Éd. de poche ISBN 0-88911-859-0 Relié toile ISBN 1-55339-000-8, ISBN 0-88911-845-0 (collection)

Disability and Federalism: Comparing Different Approaches to Full Participation, David Cameron et Fraser Valentine (éd.), 2001   Éd. de poche ISBN 0-88911-857-4 Relié toile ISBN 0-88911-867-1, ISBN 0-88911-845-0 (collection)

Federalism, Democracy and Health Policy in Canada, Duane Adams (éd.), 2001
Éd. de poche ISBN 0-88911-853-1 Relié toile ISBN 0-88911-865-5, ISBN 0-88911-845-0 (collection)

Federalism, Democracy and Labour Market Policy in Canada, Tom McIntosh (éd.), 2000
ISBN 0-88911-849-3, ISBN 0-88911-845-0 (collection)

Canada: The State of the Federation 1999/2000, vol. 14, *Toward a New Mission Statement for Canadian Fiscal Federalism,* Harvey Lazar (éd.), 2000   Éd. de poche ISBN 0-88911-843-4 Relié toile ISBN 0-88911-839-6

Canada: The State of the Federation 1998/99, vol. 13, *How Canadians Connect,* Harvey Lazar et Tom McIntosh (éd.), 1999   Éd. de poche ISBN 0-88911-781-0 Relié toile ISBN 0-88911-779-9

Managing the Environmental Union: Intergovernmental Relations and Environmental Policy in Canada, Patrick C. Fafard et Kathryn Harrison (éd.), 2000   ISBN 0-88911-837-X

Stretching the Federation: The Art of the State in Canada, Robert Young (éd.), 1999   ISBN 0-88911-777-2

Comparing Federal Systems, 2d ed., Ronald L. Watts, 1999   ISBN 0-88911-835-3
Comparaison des régimes fédéraux, 2ᵉ éd., Ronald L. Watts, 2002   ISBN 1-55339-005-9

John Deutsch Institute for the Study of Economic Policy

The State of Economics in Canada: Festschrift in Honour of David Slater, Patrick Grady et Andrew Sharpe (éd.), 2001   Éd. de poche ISBN 0-88911-942-2 Relié toile ISBN 0-88911-940-6

The 2000 Federal Budget, Paul A.R. Hobson (éd.), Policy Forum Series no. 37, 2001
Éd. de poche ISBN 0-88911-816-7 Relié toile ISBN 0-88911-814-0

Room to Manoeuvre? Globalization and Policy Convergence, Thomas J. Courchene (éd.),
Bell Canada Papers no. 6, 1999   Éd. de poche ISBN 0-88911-812-4 Relié toile ISBN 0-88911-812-4

Women and Work, Richard P. Chaykowski et Lisa M. Powell (éd.), 1999
Éd. de poche ISBN 0-88911-808-6 Relié toile ISBN 0-88911-806-X

Disponibles aux Presses universitaires McGill-Queen's
Tél: 1-800-387-0141 (Ontario et Québec à l'exclusion du nord-ouest de l'Ontario)
1-800-387-0172 (toutes les autres provinces et le nord-ouest de l'Ontario)
Courrier électronique: customer.service@ccmailgw.genpub.com

Lessons of Everyday Law

SCHOOL OF
Policy Studies
QUEEN'S UNIVERSITY

L'École des études en politiques publiques de l'Université Queen's est un centre de tout premier plan pour la recherche et les études de haut niveau dans le domaine des politiques publiques. L'École offre un diplôme d'études supérieures multidisciplinaires; elle parraine plusieurs instituts et programmes de recherche et sert de lien entre le monde de la recherche universitaire et celui des affaires publiques.

The School of Policy Studies at Queen's University is a leading centre for advanced research and education in public policy. The School offers a multidisciplinary graduate degree, sponsors a number of research institutes and programs, and serves as a bridge between the world of academic research and the world of public affairs.

LAW COMMISSION OF CANADA
COMMISSION DU DROIT DU CANADA

La Commission du droit du Canada a officiellement commencé à exercer ses activités en juillet 1997. Le but de la Commission est de fournir au Parlement des conseils indépendants sur les politiques et les réformes du droit en assurant une perspective multidisciplinaire sur les besoins changeants de la société canadienne.

La Commission du droit du Canada est un organisme fédéral indépendant qui a pour mission d'engager les Canadiens et Canadiennes dans la réforme du droit afin de s'assurer qu'il soit pertinent, dynamique, efficace, juste et également accessible à tous et à toutes.

The Law Commission of Canada was officially established in July of 1997. Its purpose is to provide Parliament with multidisciplinary and independent advice on legal policy and law reform issues to address the changing needs of Canadian society.

The Law Commission of Canada is an independent federal agency committed to engage Canadians in the renewal of the Law to ensure that it is relevant, responsive, effective, equally accessible to all, and just.

Lessons of Everyday Law

Roderick Alexander Macdonald

Published for the Law Commission of Canada and the
School of Policy Studies, Queen's University
by McGill-Queen's University Press
Montreal & Kingston • London • Ithaca

National Library of Canada Cataloguing in Publication Data

Macdonald, Roderick A.
    Lessons of everyday law

Includes bibliographical references.
Text in English and French, on inverted pages.
ISBN 0-88911-913-9 (bound). — ISBN 0-88911-915-5 (pbk.)

    1. Law — Canada — Popular works. 2. Law — Philosophy.
3. Law and ethics. 4. Law reform — Canada — Citizen participation.
I. Law Commission of Canada. II. Queen's University (Kingston,
Ont.). School of Policy Studies. III. Title. IV. Title: Droit du
quotidien.

KE447.M34 2002   349.71   C2002-900491-8E

DEDICATION

To my parents Colin Macdonald and Fern Kennedy, my wife Shelley Freeman, and my children Madeleine and Aidan

RODERICK A. MACDONALD

Roderick Macdonald is the F.R. Scott Professor of Constitutional and Public
Law at McGill University. He has long been interested in the intersection of
law and everyday life, having served as Co-Director of the Community Law
Programme at the University of Windsor (1976–79), President of the Groupe
de travail sur l'accessibilité à la justice of the Quebec Department of Justice
(1989–91), adviser to the Ontario Civil Justice Review (1994–95), and founding
President of the Law Commission of Canada (1997–2000).

TABLE OF CONTENTS

FOREWORD

The School of Policy Studies is delighted to be able to publish these stories by Professor Roderick Macdonald, the first President of the Law Commission of Canada. We hope that they will find an audience that includes everyone interested in the norms and principles of living in a pluralist society.

One of the greatest virtues of this short book is the way in which Professor Macdonald is able to use apparently simple tales about everyday life to express sophisticated ideas about law and public policy. The essays were originally written to illustrate the full extent of the ambitious research program of the Law Commission. But they go much further. In these stories we can see fresh ways of thinking about ethical dilemmas we all face in our daily activities as members of families, sports teams or university faculties. The book does not advance any explicit theory, but it is pluralist in its approach and its outlook. The author invites us to consider how we arrange our lives together, and how the rules we live by at home are inseparable from the rules we expect Parliament to enshrine in law.

The view of law that Professor Macdonald expresses exemplifies a broad perspective on public policy. It starts from the belief that not all "policy" is state policy, and government sometimes does best by facilitating the work of others. Policy analysis is the study of the sometimes implicit choices a community makes about what it collectively will do about problems it understands to be public, whether it does so itself through collective actions, or through the state and its agencies, or through forms of voluntary association in the third sector.

In the School of Policy Studies we are interested in how issues come to be framed as public problems; and how we know that some sorts of policy

interventions are feasible or appropriate. We hope that when our students are asked to advise on fixing a dock, a subject directly addressed by one of the stories in this book, they will be able to ask: What is a dock? Why is fixing it a public problem? Can we solve the problem another way? What do we need to know about ice, the environment, or engineering, to provide good advice?

Our students will provide as many different answers to the questions as would the members of our multidisciplinary faculty. And many of them will recognize the question, because I ask them to read that essay in my course on "approaches to policy analysis."

It is our hope in publishing these stories with the Law Commission of Canada that in this form they will be more accessible to students in the many domains where policy, like law, emerges from collective life.

Robert Wolfe
December 2001

PREFACE

For law to be a living, changing thing, it must tell a story. A story found not only in legal texts, which are often dry, or in lengthy judicial decisions, but in stories and anecdotes that show how important legal questions are rooted in our daily lives.

The genius of Professor Roderick Macdonald lies in his ability to bring the most pressing law reform issues down to a series of fascinating articles that amuse, intrigue and are full of wisdom. Who can resist such titles as, "I was rolling on the floor and it fell in!" or "It's not fair, he hit me first!"?

This collection of stories is part of the intellectual legacy that Roderick Macdonald leaves to law reform. His articles in learned journals are widely read (such as "Recommissioning Law Reform" (1997), 35 *Alberta Law Review* 831; and "Access to Justice and Law Reform" (1990), 10 *Windsor Yearbook of Access to Justice* 289.) His outstanding leadership in the creation of the Law Commission of Canada and the development of an innovative research methodology and program is recognized in Canada and abroad. This collection adds a third element to law reform: the right of citizens to understand the law.

This publication is the product of a profound commitment to ensuring that people have access to justice — a type of access that goes beyond the more traditional notions of financial or logistical accessibility. The issue here is intellectual access to the law — a type of law that is no longer hard to understand, boring, and removed from reality. For it is real life that is the catalyst for raising legal issues, and creating and questioning the law.

This appeal to the public and the public's involvement in creating and renewing the law are at the heart of the reform process developed by Profes-

sor Macdonald. He made it the mission of the Law Commission of Canada to "engage Canadians in the renewal of the law to ensure that it is relevant, responsive, effective, just, and equally accessible to all." We should not downplay the revolutionary side of democratizing law reform: citizens participate in the reform process. It concerns them and belongs to them. It is no longer the domain of specialists and experts. The message is clear: we all have an interest in law reform and we must all get involved.

Roderick Macdonald has succeeded in creating and implementing a vision of law reform that is committed, dynamic, and stimulating; and we are all grateful to him.

Nathalie Des Rosiers
December 2001

ACKNOWLEDGEMENTS

The origins of this book lie in a happenstance conversation between Bruno Bonneville, Executive Director of the Law Commission of Canada and Professor Robert D. Wolfe of the School of Policy Studies, Queen's University. They concluded that the series of "President's Messages" appearing between May 1998 and February 2000 on the Web site of the Law Commission should, accompanied by light annotations, be published as a collection.

The idea for the President's Messages in their initial form came from Cathy Hallessey, the Manager of Communications of the Law Commission. Early in 1998 she asked me to write a monthly Feature Story about law and law reform intended for a non-professional audience. Over time, and with the encouragement of Hans Mohr and Jennifer Stoddart, members of the Advisory Council of the Law Commission, I began to make these stories more personal and more rooted in everyday experience.

I am, obviously, grateful to my family, and especially to my children Madeleine and Aidan, who allowed me to share many of their early life experiences with a wider public. I trust that these stories faithfully reflect at least a part of the meaning they would attach to their inchoate legal encounters.

Susan Alter, Bruno Bonneville, Dennis Cooley, Cathy Hallessey, and Susan Zimmerman at the Law Commission of Canada, and Bob Wolfe at Queen's University all read and commented on early drafts of most of these stories. In preparing this collection for publication I have slightly revised a number of the earlier essays. The basic idea of each, nonetheless, remains unchanged. The last two essays in the collection were written as President's Messages in the spring of 2000, but for various reasons were never posted on the Web site of the Law Commission.

Several of my McGill colleagues — Blaine Baker, Jean-Guy Belley, Daniel Boyer, Richard Janda, Daniel Jutras, Nicholas Kasirer, David Lametti, Geneviève Saumier, Stephen Toope and Shauna Van Praagh — reviewed the final manuscript, offering numerous suggestions for improvement and additional material to be included after each story under the rubric "Suggestions for Further Reading." My summer research student, Hoi Kong, was especially insightful in locating sources appropriate to this latter endeavour. To him and to my colleagues at the Faculty of Law, to Professors Pierre Noreau of the University of Montreal and David Howes of Concordia University, to Nathalie Des Rosiers, current President of the Law Commission of Canada, and to all those who helped me sharpen the focus of these stories in their various iterations, I am most indebted.

Finally, a word about intellectual debts. Throughout this collection the reader will discern the powerful influences of Lon Fuller and, to a somewhat lesser degree, Jean Carbonnier. I never met either. Yet much of what I think I know about law I have learned from their writings, and from the writings of others about them. I would be honoured if knowledgable readers were to judge me to have been a good student.

Roderick A. Macdonald
December 2001

INTRODUCTION

EVERYDAY LIFE AND
EVERYDAY LAW

The urge to recognize and make law is felt almost from our first moments as human beings. Some measure of consistency and predictability in everyday human interaction is at the foundation of social life. Being able to acknowledge, interpret and find meaning in the words and actions of others, and being confident that our own words and actions will be acknowledged, interpreted and understood more or less as we intend them allows us to dream, to make plans, and to act in public in relative security.

Throughout our lives, in many different contexts and at many levels of commitment we reach out to others. Often we communicate directly with words, but not always. We also use gestures, or sounds, or pictures, or even silence to engage with those around us. Over time, many of these engagements mature into more stable patterns of interaction that give rise to constraints on our own behaviour; they also permit us to form settled expectations of others. The nexus of these constraints and expectations we call relationships. Relationships are the bedrock of law.

Human relationships emerge and evolve through the interplay of personal, social, cultural, religious, and economic forces. Together these forces generate the informal law that allows us to recognize and negotiate our interactions with others. They also shape how the official law enacted by Parliament and developed by courts comes to acknowledge and regulate relationships. In combination, the law of everyday interactions and this official law provide instruments and symbols through which we can realize the hopes and aspirations that we have for ourselves, for our families and kin, for our communities, and for society more generally.

RELATIONSHIPS

Everyday life is a complex web of relationships. These relationships may be merely occasional and not particularly intimate. They may also be affectionate, ongoing and involve deeply felt attachments. Sometimes we seek out or chance upon relationships within formal institutions like schools, the workplace, social clubs, and religious organizations. More frequently, our closest relationships are forged less formally — in families, neighbourhoods, or our ever-changing circles of friends. Neither the places nor the manner of human interaction through which we build relationships are fixed. Contexts change. So do the relationships themselves.

In a vibrant society relationships are formed and flourish for a variety of reasons. We often find in them comfort, security, mutual support, love, and fulfilment. Normally, the tasks and responsibilities of daily life are more easily managed when shared. But relationships can occasionally be a source of sorrow, pain, exploitation, and even violence. However much a society might try to pattern various types of relationships that nurture mutuality and trust, pathologies and dysfunction are inevitable in some. For better or for worse, relationships structure our sense of belonging to a community, channel our interactions with others, and help to define our identity.

Ponder the following early life examples of relationships under construction within families.

- A baby quickly comes to recognize how a cry or a gurgle can produce predictable responses from parents and caregivers. At the same time, parents and caregivers quickly learn the difference between a cry that says "I'm hungry," a cry that says "I'm wet," and a cry that says "I hurt myself."
- A two-year-old soon discovers his or her own will, and how to test the limits of that will in a family setting by showing off, by throwing temper tantrums, biting and otherwise engaging in disruptive behaviour. Parents and caregivers also soon appreciate that tantrums and biting are seldom simply about a child's frustrated will, but are often about a toddler trying to establish more subtle patterns of communication than a limited vocabulary permits.
- A five-year-old finds out, through the sharing of toys, sand-boxes, and television time with siblings and friends, how to develop informal habits and practices that make play in common possible. Likewise siblings and friends learn to move from separate, parallel play in the same physical space to genuine shared activity.
- A ten-year-old gradually absorbs how fixed ground-rules that are predictable can helpfully structure activity — at school, at home, in the

playground. So too, teachers, parents and playmates figure out ways to interpret and adjust these fixed ground-rules to meet the developing capacities and expectations of late childhood.

- A young teenager challenging parents and others in authority learns about argument, about what can constitute good reasons for action, and about how to evaluate justifications offered by decisionmakers. In turn, parents and others in authority are challenged to respect the emerging self-awareness and desire to make sense of constraining rules that young teenagers exhibit.

- An adolescent confronts the fact that emotions are deeper than actions, and experiments with various ways to solve what first look like intractable disagreements with peers and parents. Similarly, peers and parents themselves are pressed to find their own resources to understand, discuss, and work through alternative ways to conceive and to resolve apparently insoluble adolescent conflicts.

There is, of course, nothing magic in these early moments of close human interaction. Many others could also be given. But whatever the chosen moments, all provide glimpses of the reflexes and expectations through which relationships are nurtured. These same reflexes and expectations are also the ground upon which a society governed by rules and fair decision-making procedures can be conceived. Every moment of interaction can be a moment of relationship building. Every moment of interaction can contribute to the development of our legal consciousness. The lessons we learn about the complexity of human experience as children and adolescents enrich the quality of the law we are able to create throughout our entire lives.

IMAGES OF LAW

In musing as adults upon these events of everyday family life, we come to see that human understanding of and commitment to law arises much earlier than we might first have imagined. It appears that there may be a legal instinct in human beings just as powerful as the language instinct. The legal discoveries of the young teenager and the adolescent are already emergent in the legal life of the two-year-old, the five-year-old, and the ten-year-old.

And yet, these musings are sobering. They confront us with our limitations as human beings. Why are we unable to apply routinely and meaningfully the lessons of law understood in our childhood and adolescence to our day-to-day practices as adults? Continually we are reminded, often by our offspring, of our failings. Not only is law itself an ongoing enterprise, located and developed in the myriad interactions we have with others, so too it would appear, is the acquisition and effective deployment of legal insight.

The urge to discover or invent law in our dealings with others is, in this view, not just a monopoly of children and teenagers. In our everyday adult activities at home, at work, and at play we also encounter and puzzle about basic issues of law and legal ordering. We interpret the conduct of others and we frame our own conduct in ways that generate relatively stabilized expectations. Through the various relationships that emerge from and are built upon our day-to-day interactions, we find the legal vehicles to communicate our feelings, commitments, and dreams.

Most adults are, nonetheless, inclined to discount this legal behaviour. We are wont to see in the actions of legislatures, courts, and governmental agencies the sharpest, if not the only, image of the law we believe regulates our lives. This law is, after all, quite visible, being regularly reported on in newspapers and television programs. It is worth attending to because it is perceived to constrain our freedom. And it is backed by coercive power as personified by police, bailiffs, and prisons. The counter-image of everyday law is less visible. Lived as less constraining and less coercive because consonant with settled patterns of interaction, this unofficial law allows us to confront and resolve opportunely most of society's central legal conundrums.

The law governing ordinary encounters reveals how we make sense of our relationships with others. Only afterwards do we translate our lived insights and understandings into the realm of official law. To the extent we imagine social life as continuous, so too we imagine legal life. The mainly informal and implicit artefacts of everyday law are reflected even in the formal and explicit artefacts of official law. This does not mean, however, that everyday law and official law are just mirror images. Here are three reasons why.

Everyday law is largely implicit law. Implicit law is law that is not consciously made as law — even if consciously made — by anyone. It can be just as rich and subtle as the explicit law that flows from formal legislative processes, where human beings expressly direct their energies to trying to make "good" or "just" law. Of course, some everyday law is also explicit. Just as much official law is implicit. Everyday law brings to light the vast body of tacit legal regulation that makes official law, whether formal and explicit or informal and implicit, possible.

Everyday law also reveals something important about our efforts to do justice. It is not only official law that can occasionally be unjust. We constantly confront problems of justice in implicit law. Sometimes implicit law is unjust because it reinforces or reproduces patterns of domination and hierarchy. Often we substitute the rote solutions of explicit law, thinking we have overcome an injustice by naming it and formalizing a response.

Yet the more we deploy explicit rules as a means to achieve justice, the less we actually engage thereafter in debate about what justice requires in

individual cases. In confronting injustice, everyday law denies us the comfort of pointing to a rule that seems to cover the case. Without an officially "just" rule to fall back on in explaining injustice, we are compelled to offer substantive reasons for our actions. These reasons often expose the injustice we would otherwise not perceive.

Finally, everyday law puts into question our reverence for claims of authority based on expertise or on formal status. Because we have allowed ourselves to become over-awed with the technical achievements of science, we are much inclined to dismiss legal knowledge and insight that does not come from a professional. The official pedigree of power and authority is believed to be a sufficient justification for its exercise.

Everyday law, by contrast, is law grounded neither in technique, nor in expertise, nor in official pedigree. Authority resides in claims of experience, wisdom, and good judgement. In this, everyday law reminds us that no claims of legal authority can be self-justifying.

LIVING EVERYDAY LAW

The stories in this book are meant to reveal something of the richness of everyday law. How might attending to everyday law improve contemporary practices of law, law reform, and public policy? The stories do not aim to prove that the wisdom and understanding of children and adolescents are superior to that of adults. The historical abuses of lessons thought to be drawn from "children and noble savages" counsel caution in making any such assertions.

Neither are these stories intended to show that all human interaction is legal, or rather, is best conceived of as legal. Consider the following. To an economist, all problems of allocation and distribution can be understood as economic problems. This does not mean, however, that they are only economic problems. Similarly, to a jurist, all problems of justice in human interaction can be understood as problems of everyday law. This does not mean that they are only legal problems. To see any particular incidence of human interaction through the lens of law is a choice — a choice we make to put issues of justice and the quest for the good front and centre in thinking about the quality and character of that interaction.

Nor are these stories designed to prove that everyday law is, in some sense, better than official law. "Better" in evaluating law and legal practices is not always easy to discern or judge. First we need to ask about who is included in, and who is excluded from, the legal regime in question. Legal regimes should not draw unjustifiable distinctions between those who can partake of their benefits and those who cannot. Then we need to assess how power

is allocated, legitimated, and exercised. Fair procedures for making rules and deciding cases and a commitment to justice in regulation are key standards against which any kind of law has to be evaluated. On such scales of assessment, neither everyday law nor official law is always, or even presumptively, better.

The overriding theme of this collection can be stated modestly. Everyday law is a separate site, or a separate collection of sites, of human interaction, notwithstanding that various forms of official law are often imported into it. Everyday law is also an allegory for perennial problems of official law. The way we handle the events and circumstances of everyday life contains much insight into how we might think about handling analogous issues in the domain of official law.

The notion of law reflected here is quite broad. Among other things, law is seen to embrace the vast array of rules that govern human conduct, whether they are found in an explicit enactment, or flow from an agreement, or arise in a practice. It embraces as well the panoply of rulings to decide arguments, whether imposed by adjudicators, suggested by mediators, or derived from an electoral process. But formal rules and rulings are only law's markers. We enter on to law's terrain as soon as we orient our behaviour through tacit rules and informal decisions. Of course, law is much more than a set of recognizable concepts, institutions, and instruments. It is also an aspiration present in all human interaction.

In these stories law is found even where there are no actions of government. Many people think that because our constitution requires everything done by officials to be authorized by law, nothing anyone else does can be law. Whenever we find ourselves puzzling through issues of access to justice, fair procedures, problems with authority, and questions of interpretation in their interactions with others we find law.

Most importantly, law arises from, belongs to, and responds to everyone. It is understood here less as a set of constraining prohibitions imposed by those with social power, than as a framework of rules that facilitate human interaction by stabilizing our expectations of others, and theirs of us. In these stories, the key contribution of law is its capacity to reflect and to state the values around which we seek to organize debate about the kinds of societies in which we want to live.

LESSONS OF EVERYDAY LAW

The 18 stories in this collection have been grouped under four themes. Within these thematic groupings, each story is intended to raise a number of specific ideas.

The first part considers several dimensions and aspirations of law: What do we mean by law? What are its ambitions? What are its processes? What are its techniques?

Law Day and Chocolate Bunnies is meant to suggest how frequently we confront the basic issues of allocating benefits and burdens through rules and procedures. What are the relative strengths and most suitable uses of the different processes of social ordering in cases where the decision-maker may also be a beneficiary?

Street-hockey, Skateboarding, and Responsive Law addresses the channelling and regulatory functions of legislation. What approaches to making rules meant to govern apparently delinquent behaviour will ensure the greatest degree of voluntary compliance and the least likelihood of litigation?

Is Law about Issuing Orders or Making Rules? poses what looks just like another question of legal technique. How detailed and directive should laws be? The deeper issue is, however, whether one wants a highly regulated society, or a society where rules provide guidelines for self-directed activity.

If it Goes without Saying, Does it Go Better when You Say it? reminds us that one of the principal characteristics of official law is its formalism. But formalism, even in everyday law, is not an unmitigated good. Under what circumstances should relationships not be formalized in a written agreement or an enacted rule?

Heads I Win ... concerns the different ways in which we come to organize social relationships. Establishing rules in advance and running off to a judge or an arbitrator are only two possibilities. Keeping the others in view can often lead to outcomes that solve existing problems and actually prevent them from recurring.

Part two of the collection groups stories relating to the forms and limits of rules: How do we discover rules? How do we make them? How do they work? How do we keep them current?

Sometimes It's Better just to Fix the Dock examines a key dilemma faced by lawmakers today. What should be done with rules, concepts, and institutions that are outdated or inefficient? There seems to be no easy way of knowing when to just tinker with a rule that needs fixing, and when to recast an entire legal regime because the assumptions on which it is built no longer hold.

50th Anniversaries and Families carries the dilemma of outdated rules onto the terrain of legal method. In what kinds of cases should the law be organized by reference to concepts that are largely defined by social convention and religious practices? And in what kinds of cases should concepts be defined by reference to the purposes the law is trying to achieve?

Measure for Measure addresses the balance between experience and rationality in the design of legal rules. Do we want our legal concepts always to be rationally coherent even at the price of their usefulness? When can we tolerate concepts that draw apparently illogical distinctions based on experience?

Legal Fictions – the Law's "Little White Lies" poses a challenge for those who believe that the hardest, if not the only difficult legal task is to enact the "perfect" rule. When times change, ideas change and beliefs change. Is it always necessary to enact a new rule? What are the different ways that the law can cope with a "perfect" rule that no longer seems to work?

Decision-making is the focus of part three: Is there anything distinctive about legal decision-making? How do decisionmakers reconcile conflicts between the letter and the spirit of a rule? How should they deal with the exceptional case?

… But Everyone Else Is Allowed to comes back to the question of interpretation. Are there limits on the kinds of arguments that can properly be raised in a dispute about the meaning of a rule? How does a decisionmaker know what types of arguments are appropriate and what types are not?

It's just a Legal Technicality explores two of the oldest puzzles of legal regulation when words are used to express rules. How far should the spirit of a rule prevail over its letter? And in the criminal law especially, what legal "technicalities" are actually a reflection of fundamental values and principles that merit protection even if they lead to an acquittal?

Let's just Stick to the Rules asks us to consider the purposes that rules serve. Should rules be drafted so that their underlying logic and purpose is easy to see? How do we know when to apply this logic and purpose in circumstances where the factual assumptions underlying the rule no longer hold? Should the logic of a rule always be applied to new, but similar situations?

It's not Fair, He Hit Me First! is a meditation on why it is that human conflicts are always more complex than they initially appear. Problem-solvers cannot always take everything into account when deciding. How do they know just how much of a story being told they should consider relevant to their decision-making task?

I Was Rolling on the Floor and it Fell in! opens up the issue of what constitutes the truth in law. What kinds of truth do different legal processes seek, and at what cost to witnesses who are victims? How much can any process be redesigned without losing its basic character? When is it better to seek one kind of legal truth rather than another?

The book's last part explores some of the concepts and institutions through which law does its work: How does law categorize? What is identity and how many identities should law recognize? What is the relationship between official and unofficial legal organizations, and between state agencies and other human associations? What is the role of informal groups within legal institutions?

What You See Depends on Where You Stand confronts us with a constant in human affairs. Not everybody sees things the same way. Does law always make the right choice about how to categorize actions and events? How do we know when behaviour should be treated as a crime, as an economic transaction, as a public health issue, or as a psychological problem?

Who Do You Think You Are Anyway? puts squarely one of the fundamental conundrums of constitutional law today. This is the question of identity. Is it possible for law to account for the multiple identities that we all carry? If so, how ought it to distinguish between those identities that matter and those that do not?

Can We Go to a Garage Sale this Weekend? examines the different roles of the state and the churches, voluntary associations and local self-help agencies in providing social services through which people express a sense of commitment to each other. In responding to calls for privatization and deregulation, how can lawmakers ensure that values of democratic accountability and public participation are not displaced?

Old Guards recalls that many relationships are nurtured within complex and subtle formalized institutions. But without practices and tacit understandings, and without informal associations and groups, most complex institutions could not function. Understanding the interplay between formal and informal associations is a prerequisite for the design of effective legal institutions.

These 18 stories draw upon, and attempt to situate, a number of the practices that comprise both everyday and official law in modern society. They provide analogies, allegories, and anecdotes raising perennial issues in legal theory. In this sense, they might be seen as an attempt to "demystify" official law by relocating its concerns on the more familiar terrain of everyday human interaction.

These stories are also meant to invite reflection on the responsibility each one of us assumes as we go about coordinating our activities within a regime of rules and relationships. They remind us of our ethical obligations toward others in all our actions. In so doing, they are intended to hold us to account for our everyday behaviour. Law is a precious resource. A failure to ask what we expect of our law is a failure to ask what we expect of ourselves.

In the end, this collection of stories seeks to validate the urge we all have to find meaning through law — to organize our interactions with others by means of relationships discovered and nurtured under a just framework of rules. We learn about law by living law. We vindicate law by claiming it as our own.

The suggestions for further reading set out below, and those that follow each part, are not meant to be exhaustive. No more than the text of the stories themselves should these suggestions be seen as authoritative or constraining. At best, they are an idiosyncratic assemblage — much like the collection of messages, notes, and magnets on a fridge door — of scholarly writing and popular literature meant to open additional lines of inquiry and reflection. Occasional references to well-known movies and stage plays have also been included.

The form and content of these bibliographies are consistent with the general ambition of this book. Like the stories, the entries are invitations to readers to find resonances in the cultural artefacts that shape everyday law in their own lives. Since the stories remind us that social life is continuous, I have not systematically sorted scholarly and non-scholarly sources into separate categories. Nonetheless, those who wish to pursue the themes addressed in each of the stories will find no shortage of additional readings listed in the footnotes and bibliographies of the scholarly articles and monographs cited here.

SUGGESTIONS FOR FURTHER READING

Everyday life has long been a fertile ground for legal analysis. Numerous monographs seek to test the interaction of official and unofficial law in social practices. See, for evocative examples, S.E. Merry, GETTING JUSTICE AND GETTING EVEN (Chicago: University of Chicago Press, 1991); M.L. Baumgartner, THE MORAL ORDER OF A NEIGHBOURHOOD (New York: Oxford University Press, 1988); R. C. Ellickson, ORDER WITHOUT LAW (Cambridge: Harvard University Press, 1991); E.P. Thompson, CUSTOMS IN COMMON (New York: The New Press, 1993).

The normative significance of everyday life is assessed in P. Ewick and S. Silbey, THE COMMON PLACE OF LAW: STORIES FROM EVERYDAY LIFE (Chicago: University of Chicago Press, 1998). In "Beyond the Great Divide: Forms of Legal Scholarship and Everyday Life" in A. Sarat and T. Kearns, LAW IN EVERYDAY LIFE (Ann Arbor: University of Michigan, 1993) Sarat and Kearns seek to locate the concept of everyday life in the context of traditional legal theory.

Recently, the literature of comparative law has taken a much broader view of what constitutes law and, consequently, is beginning to explore local, customary and everyday law as reflections of distinctive legal systems. The richest study in this genre is H.P. Glenn, LEGAL TRADITIONS OF THE WORLD (Oxford: Oxford University Press, 2000).

Many contemporary studies of everyday law can be located within the larger tradition of narrative legal anthropology. Classical studies include K.N. Llewellyn and E. Hoebel, THE CHEYENNE WAY: CONFLICT AND CASE LAW IN PRIMITIVE JURISPRUDENCE (Norman: University of Oklahoma Press, 1941); S.F. Moore, LAW AS PROCESS: AN ANTHROPOLOGICAL APPROACH (Boston: Routledge & K. Paul, 1978); and C. Geertz, LOCAL KNOWLEDGE: FURTHER ESSAYS IN INTERPRETIVE ANTHROPOLOGY (New York: Basic Books, 1983). Two fascinating particular studies are Lawrence Rosen, THE ANTHROPOLOGY OF JUSTICE: LAW AS CULTURE IN ISLAMIC SOCIETY (Cambridge: Cambridge University Press, 1989); and S. Drummond, INCORPORATING THE FAMILIAR: AN INVESTIGATION INTO LEGAL SENSIBILITIES IN NUNAVUT (Montreal and Kingston: McGill-Queen's University Press, 1997).

The idea of everyday law also evokes classic studies in social psychology such as those of Erving Goffman; THE PRESENTATION OF SELF IN EVERYDAY LIFE (Garden City, NY: Doubleday, 1959); and RELATIONS IN PUBLIC: MICROSTUDIES OF THE PUBLIC ORDER (New York: Harper & Row, 1972). More recently, Michel de Certeau has embarked upon a like terrain: THE PRACTICE OF EVERYDAY LIFE vol. 1 (Berkeley: University of California Press, 1984); and vol. 2 (Minneapolis: University of Minnesota Press, 1998)

A short monograph by Michael Reisman focuses on the momentary encounters of everyday life as evidence of micro-legal systems. See W.M. Reisman, LAW IN BRIEF ENCOUNTERS (New Haven: Yale University Press, 1999). The insights of Reisman's work are developed further in D. Jutras, "The Legal Dimensions of Everyday Life" (2001) 16 CANADIAN JOURNAL OF LAW AND SOCIETY 45.

The intricate inner workings of informal normative orders are most visible when the orders are discrete and insular, and viewed from the outside. In literature and popular culture, sites that are often the objects of observation include: high-schools (see the 1980's movies of John Hughes, especially THE BREAKFAST CLUB), gangs (see e.g., Mario Puzo's THE GODFATHER, and S.E. Hinton's THE OUTSIDERS), the upper classes (see e.g., Edith Wharton's AGE OF INNOCENCE, and P.G. Wodehouse's entire oeuvre), "foreigners" (see travel writing in general, and for an especially keenly observed example, Pico Iyer's, FALLING OFF THE MAP: SOME LONELY PLACES OF THE WORLD (New York: Knopf, 1993)), and minority communities (see e.g., Mordecai Richler's THE APPRENTICESHIP OF DUDDY KRAVITZ (Don Mills: A. Deutsch, 1959)). For a general overview of how cinema tracks everyday law, see J. Denvir, LEGAL REELISM: MOVIES AS LEGAL TEXTS (Urbana: University of Illinois Press, 1996).

Many children's books are also designed to draw lessons from everyday experience. See, notably, AESOP'S FABLES and the "fairy tales" of Hans Christian Andersen and the Grimm Brothers. Other well-known examples include: Hillaire Belloc, CAUTIONARY VERSES (New York: Knopf, 1945); B. Courteau, LES FABLES DE LAFONTAINE (Montreal: Éditions Nelligan, 1986); Roald Dahl, THE COLLECTED SHORT STORIES OF ROALD DAHL (London: M. Joseph, 1991); Sophie Ségur, la Comtesse de Ségur, LES BONS ENFANTS (Paris: Hachette, 1868), LES MALHEURS DE SOPHIE (Paris: Éditions d'art Piazza, 1930), NOUVEAUX CONTES DE FÉES POUR LES PETITS ENFANTS (Paris: Hachette, 1868); and so on. The enormous popularity of J.K. Rowling's Harry Potter series attests to the significance of the genre. Four especially popular offerings are: HARRY POTTER AND THE GOBLET OF FIRE (Vancouver: Raincoast Books, 2000); HARRY POTTER AND THE PRISONER OF AZKABAN (Vancouver: Raincost Books, 1999); HARRY POTTER AND THE CHAMBER OF SECRETS (Vancouver: Raincoast Books, 1999); and HARRY POTTER AND THE PHILOSOPHER'S STONE (London: Bloomsbury, 1997).

Descriptive and prescriptive theories of children's moral development have been articulated throughout history. Some famous (and infamous) examples include: Plato, THE REPUBLIC (Books IV-VI), Rousseau, ÉMILE OU DE L'ÉDUCATION, and Confucius, THE ANALECTS. Obviously, the entire corpus of Jean Piaget's work is instructive on the themes of this collection. See, in particular, J. Piaget, THE CHILD'S CONCEPTION OF THE WORLD (London: Paladin, 1973); THE CONSTRUCTION OF REALITY IN THE CHILD (Neuchatel: Delachaux and Nestlé, 1971); JUDGEMENT AND REASONING IN THE CHILD (Totawa, NJ: Littlefield and Adams, 1972); and THE MORAL JUDGEMENT OF THE CHILD (New York: The Free Press, 1965).

PART ONE

THE ARCHITECTURE OF LAW

INTRODUCTION

Rarely a day passes when we do not use law to solve a problem of social organization. Legal forms and legal processes are everywhere. We encounter them in the actions of Parliament, the courts, public officials, and the police. They are also part of everyday life.

In a meeting we are called upon to vote. A co-worker asks us to have a word with someone who is behaving unreasonably. We announce household rules for our children. We agree to meet someone for lunch at a particular restaurant. At a bus stop we line up to get on. We referee a youth soccer game or call balls and strikes for a softball league. Once a week we get together with friends to play cards or watch football on the television.

Each of these activities — voting, mediating, making rules, promising, resorting to a rule of thumb, judging, following a practice — involves us with a form of law. In every case we are using a well-known legal process to structure a relationship, to coordinate plans and projects with others, to make a decision, or to avoid a potential conflict. Often these legal processes allow us to accomplish several goals — organizing, planning, solving disputes — at the same time.

Nonetheless, these different processes are not interchangeable. Experience teaches that some work better than others depending on circumstances and depending on the objectives we are trying to achieve. Sometimes problems have to be reshaped in order that they may be handled by a particular process, such as adjudication.

Experience also teaches that most ordering processes work best when those who are affected have real input into their design and operation. Even legislation, which seems to be a one-way projection of authority by a lawmaker,

cannot be used indiscriminately to achieve any purpose. The effectiveness of a statute is sharply constrained by the capacity of the people to whom it is addressed to orient their conduct by reference to its directions.

Not all law needs to be formalized. Sometimes it is better not to write down the features of a relationship or a practice. Over-precision in rules can sometimes destroy relationships rather than facilitate them. It can also bureaucratize a relationship that works best when left inchoate and fluid.

Finally, whatever the process of social ordering in issue, the justice of its outcomes depends on the wisdom and judgement of those who are actually using it in any particular case. Good processes are no guarantee of good outcomes. At best good processes make it difficult to err seriously in any endeavour of social decision-making.

The five stories in this section address several dimensions of law in modern society: its forms, its processes, its institutions. They also hint at the complexity of deciding when and how each of these forms and processes can be deployed to greatest advantage, whether by governments or by citizens in their everyday activities.

LAW DAY AND CHOCOLATE BUNNIES

Allocating benefits and burdens through rules and settled procedures is a common-place of social life, whether in families, neighbourhoods, schools or workplaces. Sometimes parents, school principals, company presidents, and governments simply announce how a distribution will be made. More often they invite input from children, students, employees, and citizens before deciding. In both cases, however, the decision and the distribution are being made by people who will not personally receive a benefit or suffer a burden. We expect the fact that they are disinterested to enable them to be neutral and impartial. This is the logic that underlies the standard model of adjudication by courts.

Not all distributions can be made this way. Occasionally decisions have to be taken by people who have an interest in the outcome. They stand to gain or lose personally. Still, even in these cases accepted rules (frequently just rules of thumb) and settled procedures (including informal and customary practices) can help to promote impartial decision-making. In fact, if well-designed or well-considered, rules of thumb and informal practices usually do much more than simply promote impartiality. Because they require everyone to take personal responsibility for the outcome reached, they can often help even self-interested decisionmakers achieve a better understanding of what a fair and just distributive result would be.

About 40 years ago, when my grandparents were moving out of their house and into a retirement home, they gave my brother and me several old toys and games that they had collected. But they left it to us to decide who got what. Part of the job was easy. My brother liked the model train, and I preferred the Meccano set. As for dividing the rest we were less certain. Who would get the checkers and the checkerboard? Should the person who received the checkerboard also get the chess pieces?

It did not take us long to see that if we just picked the objects item by item, one after the other, some things that ought to go together were going to be split up. As we puzzled about what to do, we realized that we were actually facing three separate problems. The first was to figure out how to organize everything into two piles of roughly equal value. The second was to do this in a way that kept things that belonged with each other in the same pile. The third was to decide who got what pile.

While we did not know it at the time, in this little exercise we were dealing with a problem that the law faces all the time. It comes up, for example, whenever heirs have to liquidate an estate, or a divorcing couple has to divide the common property of the marriage. In a nutshell, the problem that puzzled my brother and me was one of distributive justice. What decision-making procedure and what principle of distribution could we adopt so as to ensure a fair division of the toys and games between us?

This is the problem the Law Commission of Canada decided to make the focus of its public activities for Law Day in April 1998.

CELEBRATING LAW DAY WITH A CHOCOLATE BUNNY

The Law Commission's first stop on Law Day was a visit to a before-school program at a suburban Ottawa elementary school. We spent almost an hour with a group of 17 children aged four to nine. Even at such a young age, these students displayed a remarkable understanding of issues of law and justice, and great creativity in solving problems of social distribution.

We started the session by unwrapping a big chocolate bunny. How, we asked, would they go about dividing it up fairly between two siblings? At first, the suggestions were that some neutral person like a parent or teacher would be best placed to make a "fair" cut. But then one child observed that parents don't always cut things exactly in the middle. Since the bunny was an odd shape, she added, it would actually be hard to do so. Another chimed in that running off to an adult wouldn't actually solve the whole problem because you would still have to decide who would get the first pick. Still another noticed that the suggestion also wouldn't work whenever a parent or a teacher wasn't around.

DIVIDING THE BUNNY BETWEEN TWO PEOPLE

For awhile the students were stuck. They couldn't come up with a process for dividing the bunny that didn't require a third person to do the cutting. So we asked: "What do you do on your own when you want to even up two objects or two piles of unequal size?" After a short discussion about slicing pieces off two differently sized apples, a solution started to emerge. In the end, the group decided that the idea that "one person cuts and the other picks first" would be a pretty good rule of thumb for most situations. Having to pick second would normally ensure that the person doing the cutting came close to producing equal shares.

Still, there was the problem of deciding who should make the cut. One boy, who must have been a football fan with experience watching kick-off ceremonies, suggested "flipping a coin" to see who cuts. Another proposed that the older sibling be the one to cut. A third said that it did not really matter who went first. As long as the person doing the cutting switched each time there was some more chocolate to divide, things would work out in the long run. Soon the group was full of ideas about procedures for dividing the bunny themselves.

Of course, they also realized that these different procedures would not necessarily produce a more equal cut than a parent might achieve. Most students weren't bothered by that. One put it this way: "We still might get an uneven cut, but we did it ourselves without an argument." Just as everyone was feeling pretty satisfied with the solution they reached, an older (and larger) boy raised another problem. He wondered if equal shares for everybody was a fair division in a group where some students were tiny four-year-olds and some were big nine-year-olds.

This comment led to a lot of murmuring. No one had thought about whether equality based on a head count was actually fairer than equality based on height or weight. It is one thing to distribute pieces of chocolate fairly once you have decided what is a fair share. It is another to know what is the basis for deciding a fair share. The group had trouble coming up with a good argument why a simple head count should be preferred.

Then, another older boy had an idea. He said that it would be a lot more complicated to substitute height or weight as a way of deciding the size of shares. Who would weigh? or measure? How could you slice the bunny into a whole range of different-sized pieces? Through this exchange the group saw that the practical difficulty of deciding fairly will sometimes limit the kinds of procedures that can be used. For dividing up an odd-shaped chocolate bunny, a principle of strict numerical equality might just turn out to be the best that can be done.

FAIR DISTRIBUTIONS AMONG SEVERAL PEOPLE

Right after this discussion, a couple of students — sizing up the bunny and counting the numbers in the group — asked what they should do when there were more than two people to share the chocolate. How could you divide the bunny evenly among a group as big as theirs? Everyone immediately saw that cutting it up with a knife was not likely to produce anything like equal pieces.

Without prompting, a consensus emerged that a big irregularly shaped bunny was a bad choice of candy if the idea was to share it among several

people. How much easier it would have been if the bunny had been pre-cut; or if the chocolate had been self-dividing like Toblerone, Kit-Kat, Jersey Milk, or Caramilk; or even better, if there had been a box of Smarties, Skittles or Glossettes instead. But one girl was not going to be frustrated by the fact that she could not trade in the bunny for a box of Smarties. She came up with an amazingly creative idea for transforming what looked like an insoluble problem. Melt the bunny down to make hot chocolate for everyone.

Later, we gave the students another puzzle: How to organize a fair procedure for distributing a package of smaller more-or-less equally-sized chocolate eggs? The class knew that there would be pushing and shoving if it didn't set up some system to hand out the eggs in an orderly way. Students offered ideas like lining up on a "first-come, first-served" basis, or having the youngest (or eldest) student pass the bag around, or having the choice proceed from shortest to tallest, or lining up in alphabetical order, or letting the girls pick first. In talking about these various techniques, the group was full of insight about the advantages and disadvantages of each solution. It had no trouble seeing how different students would come out ahead depending on which procedure was chosen.

The session ended with a short exchange about why the Law Commission was raising these kinds of problems on Law Day. One child, whose mother was a lawyer, wondered why we didn't talk about the police, judges, and Parliament. Before we could answer, another girl whose parents ran a natural-foods store had a better response than we could have given. She announced: "Well, health means a lot more than nurses, doctors, and hospitals."

With this unexpected cue, the other students saw the connection. Law is not just about legislatures and courts. It is about developing fair rules and procedures so that people interact with each other harmoniously and resolve conflict peacefully. Carefully puzzling through the everyday problems of living together in society is just as important in before-school settings as it is in Parliament or in the Supreme Court of Canada.

STREET-HOCKEY, SKATEBOARDING AND RESPONSIVE LAW

Television shows give the impression that the main goal of law is to state and enforce social values by declaring certain kinds of behaviour illegal. But most legal rules are not like those in the Criminal Code *at all. Their aim is less to prevent inappropriate behaviour than it is to channel and coordinate everyday human activity so as to minimize conflict and confusion. Increasingly, law's channelling function is promoted through regulatory rules. Laws about the environment, housing, consumer protection, and labour relations are good illustrations. So too are traffic regulations and the rules of the road, but with this difference. Their specific content — for example, drive on the left or drive on the right — is less important than the fact that they are known and generally followed.*

Some regulatory rules, however, do not work very well because they have been conceived and enacted without taking account of a sufficiently broad range of legitimate interests. This is often the case with local regulatory law directed at teenagers. When municipal councils fail to canvass adolescents in advance, they typically enact over-reaching and prohibitive bylaws that describe normal teenage behaviour as delinquent. These poorly-considered and unresponsive bylaws are both hard to enforce and a source of continuing conflict in neighbourhoods. They can also undermine peoples' respect for law's channelling and coordinating capacities generally, and provoke lawsuits meant to call rule-makers to account.

Every spring there are lots of stories in newspapers about the efforts of municipal councils to prevent young children and teenagers from playing street-hockey or skateboarding in residential areas — even in streets that are dead-ends. A couple of years ago, my 13-year-old son told me that the municipality where we live had enacted a bylaw to prohibit skateboarding on any public property in the city: streets, sidewalks, parking lots, paved municipal recreation areas, wherever. I was so surprised to hear this that I began to pay closer attention to newspaper and magazine articles about street-hockey and skateboarding.

One story reported that parents of young ball-hockey players went to a local council meeting to voice their concerns. They wanted to have a bylaw changed to permit ball-hockey playing on specially-designated residential

streets. To no avail. The council decided that even quiet residential streets were to be reserved for cars, vans, trucks, motorcycles, and the occasional bicycle. In passing, one councillor noted that the parental concern was overstated. He said that these kinds of bylaw are not strictly enforced anyway, unless a formal complaint is made.

A few months later, a petition put together by teenaged skateboarders in my own neighbourhood met a similar fate. The mayor of the city even refused to have the parks and recreation department look into whether skateboarding might be permitted in an unused parking lot next to a regular children's playground. The city has 27 tennis courts and two large dog-walks, but no skateboard park. One doesn't have to be a rocket scientist to figure out which groups of citizens do, and do not, have the ear of the city council.

Now, my son tells me, the city has gone further. Following a complaint from one homeowner, there has been a crack-down. The local public security unit is giving out $60 tickets for illegal skateboarding. In response, some parents have consulted a lawyer and are threatening to sue the city.

REGULATORY SHORT-SIGHTEDNESS

Why do municipal councils seem to be so short-sighted when it comes to regulating street-hockey and skateboarding? A fear of liability is no doubt at work here, since the arguments in favour of permitting street-hockey or building a skateboarding park would seem to be persuasive — minimal cost, more effective parental supervision, little noise or disruption. It is easy to suspect that something else is also going on, something that has to do with the fact that the petitioners are teenagers, not tennis-playing or dog-owning taxpayers. A comparison of the fine for illegal skateboarding, $60, with the fine for not keeping a dog on a leash in a park for young children, $25, confirms the suspicion.

For people concerned about democratic law-making in Canada today, this continuing street-hockey and skateboarding saga raises two troubling issues. The first is that the law-making process (perhaps especially at the municipal level) can sometimes be unresponsive to reasonable and reasonably-expressed concerns. When lawmakers fail to take reasonable account of a broad range of legitimate interests, they are actually capable of doing great harm by legislating outcomes that have negative long-term consequences. To ensure that rules do not create undesired and unintended consequences, lawmakers have to undertake wide and meaningful consultations that explore a range of possible options long before policy priorities are actually set.

The second is that there is a direct correlation between the lack of political responsiveness among lawmakers and the likelihood of citizens resorting

to litigation. Where public participation is dismissed in the political process, it invariably rebounds in the judicial process. Where discussion, negotiation and political compromise fail, it is easy to see why frustrated parents would try to obtain a favourable court-ordered solution.

RESPONSIVE LAW-MAKING

Law-making in a democracy is based on the idea that Parliament, legislatures, and municipal councils will make some attempt to invite public participation before enacting a statute or bylaw. The competing points of view being presented will then be weighed in deciding what the good of the whole country, the province or the municipality requires.

How well is this ideal actually reflected in the attitude of municipal councils toward parents and teenagers seeking to change street-hockey and skateboarding bylaws?

No doubt these councils cannot let the residents of individual streets inconvenience an entire neighbourhood. One can well understand why a council would want to prevent homeowners from generally adopting a "not in my back yard" attitude. Democratic governance would be impossible if all homeowners had a veto on any decision that might affect them.

But this is not what is at stake in the case of street-hockey playing and skateboarding. The request is not to prohibit something external — heavy truck traffic, a half-way house, or a group home, for example — that homeowners might think undesirable in a residential neighbourhood. It is, rather, to permit people who live on a quiet residential street to help to shape the uses to which that street is put. Who has the closest relationship with the street anyway?

Just because motor vehicles are necessary users of residential streets does not automatically mean that neighbourhood streets should be given over exclusively, or even primarily, to them. If the safety of children playing street-hockey is a concern, let cars slow down; or let stop signs go up at every corner; or let streets become one way; or let commercial and truck traffic be prohibited for a certain period after school is dismissed each day. After all, one of the main reasons people move from the inner city to the suburbs is to avoid being sacrificed to the convenience of traffic.

It is also worth thinking about the likely impact of banning street-hockey and skateboarding. If teenagers cannot play street-hockey or skateboard in front of their own houses in suburban residential areas, they are likely either to go downtown or to a shopping mall to do so. Or, as experience in many cities shows, there is a good chance that they will take up other activities associated with the video-arcade, the pool room or the street-corner gang. These

are hardly desirable outcomes, even if they do appear to make a suburban municipal councillor's life easier by pushing what is seen as a problem elsewhere. Until parents or others who have the attention of municipal councils actually raise the impact of these bylaws upon teenagers, the interests and needs of adolescents are just not part of local political debate.

ENCOURAGING LAWSUITS

The street-hockey and skateboarding saga also shows how failures in the law-making process can lead people to look for answers from the courts. Quite reasonably, the parents of street-hockey-deprived youths thought that the best way to draw the attention of the council to the issue was to make a direct approach. Present a petition asking the council to amend the bylaw. Elementary common sense suggests that it is better to go to the source of a problem and deal with it directly than it is to ask a judge to decide the matter in a lawsuit.

In approaching the local council, the parents most likely assumed that the blanket bylaw prohibition was probably an inadvertent oversight, or resulted from a failure to take changing circumstances and changing teenage activities into account. Once the concerns were presented, the council would be in a position to come up with a new more nuanced bylaw that would accommodate everyone's interests.

But the response of the council was disappointing, if predictable. The councillors no doubt refused to act, at least in part, because of how they saw their own electoral self-interest. Teenagers and teenage activities are always at the bottom of municipal priorities. Promising parks for babies and very young children, tennis courts and dog-runs gets more votes. Parks and tennis-courts are also nice to look at, and they do not attract users who hang out in groups, wear dirty or baggy clothes, seem unruly and keep late hours. Of course, refusing to act also relieved the council of having to work through and weigh all the different interests that would have to be balanced in drafting a new bylaw.

Unfortunately, by not meeting the legitimate concerns of citizens with a reasoned response, these councils now face a group of residents disaffected with the law and the local political process. Newspapers report that many homeowners are sceptical about the integrity and judgement of council members as representatives of all members of the community. There is a reasonable chance that litigation will ensue. Young children and teenagers have learned the lesson that political institutions are either overly beholden to particular interests, or are simply out-of-touch with their citizens. And, finally, the

decision has given ball-hockey players and skateboarders a good inducement to casual law-breaking and disrespect for authority.

These councils did, of course, have an alternative. Inviting street-hockey players and skateboarders to a council meeting to participate in a meaningful policy debate would help teenagers learn to adjust their expectations to the practicalities of the situation, at least as seen by the council. By educating the council as to the recreational needs of teenagers, it would most likely also lead to the enactment of a more responsive and effective bylaw. After all, a general interest in improving the law-making process wherever it occurs, and about whatever subject it concerns — from parliamentary debates about capital punishment to municipal council debates about street-hockey and skateboarding — is a key feature of democratic citizenship.

IS LAW ABOUT ISSUING ORDERS OR MAKING RULES?

The difference between obeying an order and following a rule is something we learn at a very early age. An order is a direct, on-the-spot, command that one expects from a policeman or an angry parent. Orders are normally given face to face. They require an immediate and specific action, leaving little room for choices about what to do. A rule, by contrast, is usually made and publicized in advance, or simply reflects an existing and accepted practice. Rules are not normally first announced in face-to-face encounters. They are more general than orders, and often are meant to do little besides structure practices or guide behaviour.

Today, there is popular belief that law is just a formalized way of issuing written orders. The idea is that because people cannot be trusted to do what is right, society needs to regulate their conduct in detail. On this view, law is like a command. It works best when it is used to tell people exactly what to do, and forces them to do it. But there is another way to think about law. Because most people act responsibly most of the time, society only needs to establish a general framework of rules. Law is most successful when it gives people guidelines about appropriate conduct toward others, as well as a structure within which they can pursue their own goals while still respecting these guidelines. The choice between these two conceptions of law's ambitions has important consequences for the way legislation is designed and implemented.

In the summer of 1998, after a lengthy illness, my father died. Since my mother had passed away many years earlier, it fell to my brother, my sister, and me to wind up my father's affairs. His will was relatively straightforward. He divided most of his personal belongings among his eight grandchildren, made some donations to charities, and left the remainder of his property in equal shares to his three children.

While it was a sad experience to be executor of my father's will, I had no pangs of guilt or reason to feel upset at how he had chosen to dispose of his property. But I wondered what my reaction would have been if my mother were still alive and if the will had directed all my father's property to some charity or to a stranger. Several questions raced through my mind.

The first was whether there should be a legal obligation for a person drafting a will to leave property to support dependants such as spouses and young children. This question has been debated at least since biblical times,

and answers have varied greatly from society to society and from century to century. Now it appears that most Canadians believe people making a will should provide for their dependants.

My second question had to do with more practical matters. Once we accept that the law should require people making wills to look after their spouses and young children, we still have to decide what would be the best way to announce and enforce that obligation. This got me wondering if there were better, and worse, ways of using law to advance social policies. Specifically, I wondered if there were better, and worse, ways of drafting statutes meant to protect dependants.

LAW AS COMMANDS

Some people think that laws should be used to dictate everyday behaviour. They tend to have a rather pessimistic view of human nature. They may think, for example, that most people are not usually inclined to act fairly and responsibly toward each other. The directing hand of law, preferably official law in the form of statutes enforced by the governmental agencies and the police, is needed to organize people's lives. Law's role is to set out precisely not only what must be done, but how it must be done, and when. On this view of things, the law is not there just as a fall-back, to correct injustice when human beings act inappropriately. Official law is a first-line instrument for maintaining social order by strictly controlling all aspects of day-to-day life.

This idea of law leads to a quite specific model for the way in which legislation should be written. It treats laws as if they were the top-down orders of a business manager or the commands of an army general. The only concern of Parliament or other lawmakers should be to draft a statute that is the most effective mechanism for issuing, transmitting, and enforcing orders intended to regulate behaviour. Statutes are not about trying to replicate the kinds of rules people make for themselves. Their purpose is to specify exactly what people can and cannot do, and to empower officials to ensure compliance.

LAW AS GUIDELINES

Other people think that law should be used only to lay down general guidelines to orient behaviour. They usually have a more optimistic view of human nature. They believe that people really do have the capacity to live responsibly and with due regard for the interests of others. For them, fairness and reciprocity generally characterize social interaction. People only need to be reminded of their obligations and of the variety of ways in which to fulfil

them. Official law comes into play directly only at the margins of everyday activity, in those few cases when people behave irresponsibly.

This idea of law, like the previous one, leads to a quite specific model about the way lawmakers should draft statutes. Since most social practices and values reflect the aspirations of a liberal-democratic society, successful law depends on enacting rules that are largely in harmony with these practices and values. The law highlights key values and provides opportunities for people to advance them in cooperation with each other. The role of legislation is mostly to help people to recognize the duties they have to each other, to encourage them to fulfil those duties, and to give them legal techniques and devices for doing so.

DIFFERENT WAYS TO DRAFT STATUTES TO PROTECT DEPENDANTS

Of course, one has to be on guard against oversimplifying things. These two understandings of the role of law and the objectives of statutes are not so sharply distinguished in practice. Even laws that are drafted as detailed commands can facilitate human interaction, depending on how they are understood and enforced. Nonetheless, these two approaches rest on differences in basic assumptions about human conduct. They also reflect differences in beliefs about how law should reflect and promote social and political values.

How, then, should the law announce the obligation not to make a will that leaves a dependent spouse or children destitute? A range of legislative responses can be imagined. Here are four possibilities.

A statute might provide that some percentage (say 50 percent) of a deceased person's property would automatically be reserved for dependants. Or it might provide that certain categories of property — for example, the family home and its contents — must be passed on to dependants. Or it might provide that favourable tax treatment would be given to certain kinds of property — pension rights, life insurance policies, the family residence — if dependants were named as beneficiaries, or if the property were co-owned with dependants. Or a statute might provide that if a deceased person did not make adequate provision for dependants in a will, then these dependants could make a claim against the estate based on criteria set out in the statute.

These are four very different approaches, with very different effects on people's ability to control the precise way they wish to meet their obligation to look after dependents. The first simply denies them any role at all in shaping the distribution of half their property. Regardless of the relative wealth or age of their dependants, a formula is imposed.

The second approach is less constraining, but may well influence the kinds of property that people acquire during their lifetimes. In addition, by stating what property has to be set aside for dependants, it might even lead people to sell off certain kinds of assets prior to their death in order to avoid having them claimed exclusively by dependants.

The third approach, using the tax system to provide incentives for desirable behaviour, is even more flexible. By setting out the kinds of property that will get favourable tax treatment if left to dependants, it provides inducements to certain behaviour, but allows a choice about the specific property that will be set aside for spouses and young children.

The fourth approach is, at least at the outset, most respectful of people's freedom to distribute their property as they judge appropriate. It lists the considerations that should be addressed by people making wills, but leaves it to them to assess, in the first instance, how these principles should be applied, what assets should be affected, and who they consider their dependants. Only if they fail to make adequate provision for dependants will the law intervene. In such cases, as long as the judge is sensitive to the whole context, the reasonable choices of the deceased person will be largely respected.

DESIGNING GOOD LAWS

There are, obviously, many more than four models for enacting the obligation to look after dependants in a will. Each can, however, be located at a point along a spectrum running from "law as commands" through to "law as guidelines." Each rests on beliefs about the role of government in regulating conduct, and about the capacity of people to act reasonably toward others. Each is grounded in an assessment of how best to set out a policy objective in legislation. And each promotes a different view of how conflict should normally be resolved.

The fundamental presumption of a just society is that people are able, and actually wish, to make responsible choices in pursuing their life projects. In principle, therefore, most legislation should be designed and drafted with this presumption in mind. How well do existing statutes accord with the idea that law ought to offer general facilitative rules for everyday human activity? How often do they simply announce detailed managerial commands and orders?

While some laws, like those establishing criminal offenses or regulating workplace safety, or establishing environmental standards, may have to be drafted as detailed managerial commands, in a liberal democracy most legislation should aim to announce general facilitative rules. Redrafting statutes so as to promote the idea of law as guidelines for human interaction is not just about increasing people's responsibility for their own conduct. It is also about

coordinating the official law made by legislative bodies with the basic social values that this official law highlights. And in so doing, it is about allowing the rules and practices of everyday law to assume a more meaningful role in regulating social life.

IF IT GOES WITHOUT SAYING, DOES IT GO BETTER WHEN YOU SAY IT?

Life in society is rooted in everyday routine. Because we have our own comfortable habits and practices, we can plan our schedules, we can predict the problems we will face, and we can even cope effectively with the unexpected. Routines also allow us to frame expectations of others, even those we barely know. We can distinguish a smile from a frown. We can anticipate that a driver is going to jump a red light, or make a rolling stop. We know that we have to pay in advance at the hamburger stand, but can wait for a bill after the meal at a restaurant. Our settled expectations of others, and theirs of us, are the foundations of customary law, practices, and usages.

The bulk of the legal rules governing our day-to-day relationships and dealings with others are like this — informal, unwritten, and grounded in common experience. But not all. Sometimes circumstances change. Sometimes a person does something totally unexpected. Sometimes we have to describe and explain these settled patterns and expectations to a newcomer. In all these cases we feel the need to formalize relationships, to write things down in a rule-book or in a contract. When we do, much changes. We may gain in clarity, stability, and transparency to others. But once a rule is formally written, we run the risk of then finding ourselves arguing more about the words we have used than about the reason for the practice or informal rule itself. There are some circumstances when it is better not to formalize relationships in a written agreement or an enacted rule.

For her sixteenth birthday last year my daughter got a guitar. Soon she was playing casually with a couple of friends and perhaps even dreaming about forming her own band. This ambition brought back warm memories of my own teenage years, and of the variety of musical groups in which I participated during the 1960s.

One in particular I recall fondly. In Grade 13, I was a member of a quartet that loved folk music. We were especially keen about what were then known as protest or topical songs. Partly in deference to our French teacher, who took an interest in our musical pursuits and taught us the classic protest lament *Un canadien errant*, we called ourselves *Les chansonniers*. Mr. Landon was a remarkable mentor and teacher. He loved aphorisms. Among his favourites, always trotted out just before exam time to remind us to take nothing for granted, was: "if it goes without saying, it goes even better when you say it."

I remember being struck, at age 17, by how self-evident this aphorism appeared to be. In the context of exam-writing its counsel seemed unassailable. But my later experience with *Les chansonniers* put into some doubt the wisdom of this maxim as an all-purpose response to uncertainty and disagreement in human relationships.

LET'S DRAFT A CONTRACT

Our foursome originally came together out of a passion for the folk idiom and for the fun of making music together. We each had slightly different tastes and slightly different abilities. Randy, the most poetically creative, liked Bob Dylan and Phil Ochs. Gabriella, with a classical musical training and a superb harmonic sense, idolized Harry Belafonte and Peter, Paul and Mary. Antoinette, who had a wonderful soprano voice, imagined herself a budding Joan Baez. I was the most adept instrumentalist, and my interests ran more to Bob Wills, Woody Guthrie, and Hank Williams.

Every Saturday afternoon we would meet to sing and play: teaching each other new songs, trying out new harmonies, exploring our musical potential. Soon we had a few dozen numbers in our repertoire. Informally, we would take turns picking a song to sing, assigning the lead vocals, designing the harmonies, and choosing the arrangements. About this time Randy and I also began writing songs, which we were keen to try out on the group. Some of my happiest teenage memories are of these Saturday afternoons.

As we became known in the neighbourhood and in the high school, there followed invitations to play at the local YMCA, in community centres and coffee houses, and at school functions. With these invitations also came money; and with money came decisions. Should we just divvy up the modest income among us? Should we upgrade our instruments? Invest in a sound system? Purchase costumes? Buy records and other materials? Who would handle our finances? Quickly we discovered that there is nothing like success to generate differences of opinion.

Our conflicts were also substantive. They touched everything from the choice of songs for our stage repertoire to whether each of us could veto a particular song. The discussions ranged from whether we should sing exclusively in English, to how much original material we would use in our act. After a while, it seemed that we were spending as much time discussing these side issues, and how to solve them, as we were in practising and having fun.

So in the manner of the times, we decided we needed a contract to sort things out. Randy undertook to draw one up. In a few weeks he produced a document about 20 pages long that dealt with everything under the sun. Need

I say that we soon discovered that we were not nearly as much of a singing group as we thought we were. The exercise of trying to capture in a series of written terms and principles the various elements that defined our musical group actually led us down the path of disharmony.

Putting our relationship into the language of a contract seemed to undermine the sense of common purpose that brought us together in the first place. The effort to describe in words our common purpose revealed, first of all, that we did not have just one purpose. Moreover, instead of getting us to focus our attention on what we were doing and what we were trying to accomplish together, the contract did the opposite. It gave us specific clauses setting out rights and entitlements to assert against each other. After a few months of enslavement to our contract, *Les chansonniers* disbanded.

WE OUGHT TO HAVE A CLAUSE ABOUT THAT

A decade later I was making plans to get married. Everyone counselled me about the need to negotiate a marriage contract with my future wife in order to clearly establish the financial ground rules for our life together. As I began to think through the possible content of a marriage contract, all kinds of other issues besides money and property cropped up. Should there be a clause about whether, when, and how many children we would have? About who would choose where we would live? About who cleaned house, made meals, did laundry, shovelled snow, mowed the lawn, tended flower beds, and so on? Before long, I had a queasy feeling that I was about to relive my experience with *Les chansonniers*.

After many conversations, my future wife and I decided to abandon the idea of drafting an all-purpose marriage contract. No doubt, with the assistance of a lawyer or notary we could have come up with an agreement that covered at least the economic essentials, even if it did not detail our whole matrimonial life as a list of rights and obligations. In the end we did not seek professional assistance, or even draft our own agreement. We did, however, find that it was useful to talk about these issues, if only because it led us to conclude that we did not want to make them the subject of a formal contract.

Now, after a quarter-century of marriage, I have also come to see that sometimes it is important to make certain implicit understandings explicit. There is much to be gained in married couples finding occasions to say to each other "I love you," even though after a couple of dozen years, the sentiment usually goes without saying.

Still, the lessons of our first discussions about a marriage contract persist. We both know there is a big difference between spouses saying to each

other "I love you," and them saying "I love you because you have red hair, brown eyes, a nice smile, are kind and compassionate, are a great cook, and so on." Couples normally say "I love you" precisely because they do not want to have to specify in detail either why or how.

As my wife and I now watch relationship after relationship around us disintegrate, there seems to be a pattern. When faced with a changing circumstance — the birth of children, unemployment, ill-health, significant economic success — it is normal for couples to take various formal steps to meet the new challenge. They purchase life insurance; they make a will; they establish a separate fund (like a children's education savings plan) to deal with the uncertainty. If, however, they decide that the only way to handle the change is to write up a detailed agreement specifying their new relationship, that is a good sign that the relationship is really over. Like *Les chansonniers*, couples with a new written agreement soon discover that instead of negotiating and compromising on differences of opinion, their reflex is to look at the agreement in order to prove which one of them is "right."

MAKING LAWS AND MAKING CONTRACTS

Rules and agreements are two important components in a legal system. Both can be reflected in unwritten and written forms. The art of designing and drafting legislation is much like the art of negotiating and drafting written contracts. The common idea is to render a practice into a text. It is not, of course, necessary for a written instrument to supersede all of the informal rules and practices that previously shaped a relationship. These rules and practices will usually continue, albeit in modified form, even in the face of written rules. For this reason, drafters do not always have to specify everything in a statute or an agreement by using the language of duties and entitlements.

Sometimes it is better to let the really important questions remain unstated: all that is required is a general expression of shared commitment or common purpose. Sometimes the exercise of thinking through a contract is as good as drafting the detailed agreement itself: all that is required, if anything, is a general clause, because the parties have worked out their relationship in the implicit understandings that make the general clause possible. Sometimes the effort to write things down is harmful because people actually do not need to be playing the same tune for exactly the same reasons: all that is required is that their reasons for wanting to play in the band, or even to make a commitment like marriage, are not dissonant.

Deciding when it is important to write things down, and what is important to write down when one does, are two central issues of legislative policy.

How does one decide when the goal should be to draft a formal contract or statute where the letter is meant to prevent recourse to prior informal rules? How does one know when the real utility of the drafting exercise is in its compelling one to think through a set of questions, rather than in the framing of detailed answers to those questions? Trying to understand when it goes better when you say what goes without saying, and when it does not, is a challenge legal drafters face every day.

HEADS I WIN ...

Legislatures and courts are commonly seen as the key legal institutions in Canada today. Cooperative and peaceful life in society is said by many to result because Parliament writes down all the rules needed to regulate and guide conduct, and because courts can be called upon to settle arguments fairly. While formally making rules (legislating), and formally deciding disputes governed by rules (adjudicating) are important for maintaining the rule of law, they are not the only legal processes for organizing social life. Many rules are never explicitly enacted, but develop as customs, usages, and practices. Many arguments are settled by a mediator or through negotiation and never get to court.

Among other common processes for structuring and coordinating human relationships are voting and deliberately resorting to chance. Like legislating and adjudicating, elections and drawing lots can be effective ordering processes only when problems have already been cast into a form that lends itself to solution by the process being used. Knowing when it is optimal to frame issues so that they can be addressed and solved by enacted rules, by court decisions, or by some other process, requires understanding the forms and limitations of each: What prior structuring choices are inherent in each process? What conceptions of human behaviour does each promote, and reflect? And how can each be deployed fairly in individual cases?

When my son was younger, I served as a Scout leader. Part of every meeting was given over to playing team games. No adult who has ever been involved in children's activities — whether as a coach, referee or a side-line spectator — will doubt for a moment just how seriously children take their games, and just how careful they are in organizing them.

Over the years, I have had many occasions to reflect on my experiences as a Scout leader in supervising games. What now strikes me as obvious, although I did not see it at the time, is the subtlety of the rules and procedures used by members of the Cub pack to organize and regulate the way their games would be played. A few games, dodge-ball, for example, were old standards. Others were practically complete inventions of the local pack.

In both cases the specific rules and procedures followed by the pack were not simply taken from any book of games. Nor were they written down in the pack log. They developed from watching others, from trial and error, from past practices and from experience. The Cubs also had sophisticated rules

for deciding arguments. Only rarely did they have to call in a leader because they could not settle a disagreement.

MAKING RULES AND MAKING DECISIONS

One of the first challenges youngsters face in team sports is figuring out how to choose sides. In a Cub pack, this was often easy because the boys were grouped by sixes. Still, they had to decide how to match sixes when absentees meant that individual groups could vary from four to six members. Many games were also played in teams picked without reference to sixes. Here the choice was not so easy.

Sometimes the process was to line up by height, with each team getting every other person. On other occasions the Cubs had to pick teams. In these cases, the members of the Cub pack would sometimes actually elect the captains by a formal vote. Most often, however, the oldest or best players simply emerged as "captains" and proceeded to select teams by picking alternately. But before choosing, the two captains had to decide who would pick first. At this point other practices would come into play. They might call out "heads or tails" or "odd or even." Or, they might spin the football for "laces or spaces," or toss a baseball bat in the air and do a "hands over hands."

After this the captains would choose their teams. At the end of the process, of course, there will always be someone chosen last. When this happens to be the youngest person in the group, little stigma attaches to being last. Next year, someone else will be youngest. But where the last chosen is an older, uncoordinated or "not very good" player, and that person is always chosen last, embarrassment and humiliation can result.

Most children are aware of this problem, and seek ways to deal with it. I remember, one evening, observing two "sixers" at Cubs deal with it by quietly agreeing that they would pick each other's team. If only for once, the last picked became the first picked. Some months later, I saw two other "sixers" develop the idea further. They agreed that they would pick one way or the other on a six by six basis. In two of the four sixes (black and red) they picked the best players. In the other two sixes (yellow and grey) they started with the least able players. When I asked the two of them at the end of the meeting where they got the idea to pick like that, their off-hand answer was: "it's obvious."

These nine-year-old boys had a very refined understanding of the psychological consequences of choosing sides. Even more impressive were their strategies for picking balanced teams in a way that was sensitive to other Cubs. To keep a game playable, teams have to be reasonably balanced. Not that boys

do not like to win. But if the score becomes lopsided, the other team loses interest, and the game collapses. Even after the teams are picked, there are various ways to keep the teams balanced. Sometimes the person who scored a goal had to change sides. Another technique was to have the goal scorer sit out for a substitute until the next goal was scored. Still another was to require the team that scored to play even strength, but without a goalkeeper.

Of course, the sixers did not simply invent all these procedures without the guidance of an adult at any point. And, they occasionally had trouble applying them to particular games without an argument. But they showed an adaptability and creativity in organizing activities not always found among adults. As adults, we tend to take a relatively formal approach to ensuring social cooperation. Our reflex is to write down the rules that will guide our conduct (a reflex to legislate), and to set up some specialized bodies for settling arguments (a reflex to adjudicate). As the examples of how these Cubs structured their games suggest, however, there are many options for organizing life in society besides getting Parliament to make laws or the courts to decide disputes.

VOTING AND DELIBERATELY RESORTING TO CHANCE AS ORDERING PROCESSES

Enacting rules, developing customs and practices, adjudicating, mediating, and negotiating are processes by which we create and maintain social order. Sometimes they can lead to unfairness, as when one person seems to have all the power, or when some people are totally excluded from the process. But for the most part, in the playground and elsewhere, people are able to recognize and overcome these potential injustices. We just have to know how each process works, so that we can adjust the way we use it to prevent unfairness.

What the playground experience also shows is that we routinely deploy a wide variety of procedures to make rules and reach decisions. Two of the most common of these techniques are voting and deliberately resorting to chance. Here also we need to think about how the processes actually work, if we are going to avoid an injustice.

Voting works well for most types of group decision-making. It can be formalized, as in political elections; or it can be quite informal, as when a group of people decide, for example, what movie they want to see. Usually, everyone has an equal vote. But not always. Sometimes a vote is weighted according to social or economic factors. Sometimes we create unequal voting rights by requiring proposals to be approved by a concurrent majority of two or more groups. Sometimes a special majority is required, and sometimes a simple

plurality is sufficient. However we decide, it is obvious that establishing who is entitled to cast a ballot, with what weight, and according to what rules, is a necessary precondition of a voting process.

Fairness in elections has two components. It begins with the fairness of the substantive decisions about allocating voting rights. It continues with the voting process itself. Elections must be carried out fairly. For example, voters cannot be intimidated; and those standing for election must have reasonable access to means for communicating their message. Ballots must be counted as cast. Rules for deciding the outcome cannot be changed after the ballots have been tallied.

Resorting to chance also depends on people agreeing on a number of basic organizational questions in advance. If the choice is only two-sided — odd or even, heads or tails, for example — they still have to decide who chooses first. If the choice is multi-sided, drawing straws for example, the rules of the draw need to be decided in advance. Normally the precise shape of these procedural rules — drawing straws, choosing random numbers, spinning a pointer — are not that important since everyone is given an equal entitlement. But where there is a weighted draw, fairness requires that the order of choosing must itself be agreed upon in advance. In any case, once the rules are set fairly, chance is a truly impartial system of decision-making.

MULTIPLE FORMS OF LAW

Judging by the importance the topic is afforded in the popular press, one would think the most important (if not the only) form of rule-making in Canada today happens in Parliament. This media preoccupation is reflected in the reflex to demand that Parliament pass a law to deal with every new situation that arises. These attitudes betray a narrow view of law in contemporary society. While people should be concerned with the statutes that legislatures enact and the decisions that courts announce, they ought also to be interested in how these statutes and decisions influence all the other ways in which social life may be structured and coordinated. Do enacted rules and judicial decisions undermine or reinforce other processes for planning affairs or deciding questions? Is it even necessary for legislatures and the courts to act at all in certain areas?

These several different ways of regulating human interaction have a significant place in the legal system today. They help us to make our own rules; and they help us to decide things. All exist independently of the state, and are routinely used in everyday affairs; yet all can be affected by the way in which these models are reflected in official law. Just as there is no easy division of these processes into those that are formal (meaning legislation and adjudication) and

those that are informal (meaning customary practice, contract, mediation, voting, chance), there is also no even division of these processes into those that result from official activity and those that arise from everyday human activity. The key is to understand how all these formal and informal processes work together, and when it is most effective and most just to deploy one or the other in regulating a field of social life.

SUGGESTIONS FOR FURTHER READING

INTRODUCTION

The general themes of this part were a life-long preoccupation of Lon Fuller. The posthumous volume edited by Kenneth Winston, THE PRINCIPLES OF SOCIAL ORDER: SELECTED ESSAYS OF LON L. FULLER (Durham: Duke University Press, 1983) assembles Fuller's writings relating to the various forms of social order in contemporary society and the limitations of each of these forms. Fuller analyzed the characteristic features of statutes in detail in THE MORALITY OF LAW, 2d ed. (New Haven: Yale University Press, 1969) and those of the common law in ANATOMY OF THE LAW (New York: Praeger, 1968).

While not specifically directed to what Fuller called the architecture of the social order, four collections of essays by Jean Carbonnier can also be read with profit for their insight into the interaction of formal and informal law. See J. Carbonnier, DROIT ET PASSION DU DROIT SOUS LE VE RÉPUBLIQUE (Paris: Flammarion, 1996); FLEXIBLE DROIT 8th. ed. (Paris: L.G.D.J., 1995); ESSAIS SUR LES LOIS, 2d ed. (Paris: Répértoire Dufrénois, 1995); SOCIOLOGIE JURIDIQUE (Paris: PUF, 1994).

In the domain of political theory, problems of institutional design in law have been a perennial concern — from Plato and Aristotle through to the present. Aquinas, Montesquieu, and Bentham are particularly insightful on the character of legislation. See generally, G. Postema, BENTHAM AND THE COMMON LAW TRADITION (Oxford: Clarendon, 1983).

Those who debate whether a society should adopt a constitutional Bill of Rights are also puzzling through an issue of institutional design. See, for contrasting views on this question, M. Mandel, THE CHARTER OF RIGHTS AND THE LEGALIZATION OF POLITICS, 2d ed. (Toronto: Thompson Educational Publishing, 1994); and W. Bogart, COURTS AND COUNTRY (Toronto: Oxford University Press, 1995).

Michael Walzer's SPHERES OF JUSTICE (New York: Basic Books, 1983) explores how different conceptions of justice can be attached to different fields of human interaction. A similar thesis is argued, from a sociological perspective, in B. de Sousa Santos, TOWARDS A NEW COMMON SENSE: LAW, SCIENCE AND POLITICS IN THE PARADIGMATIC TRANSITION (New York: Routledge, 1995). A recurring theme in law reform circles is how to evaluate the relative merits of different forms of social ordering as vehicles for solving civil disputes. For an application of theories of institutional design to the problem of civil justice reform, see Ontario Law Reform Commission, STUDY PAPER ON PROSPECTS FOR CIVIL JUSTICE (Toronto: OLRC, 1995).

A recent report by the LAW COMMISSION OF CANADA exemplifies the practical importance of the general themes of this part. In 1998, the LAW COMMISSION was asked to prepare a report on the means for addressing the harm caused by past physical and sexual abuse of children in institutions operated, funded or sponsored by government. It began by examining the present needs of survivors of abuse, their families, and their communities. From these needs it derived a list of procedural and substantive criteria that could be used to evaluate different types of approaches to providing redress to survivors. Some of these criteria spoke to universal themes: openness, fairness, impartiality. Others addressed specific needs of survivors: accountability, acknowledgement, compensation, therapy, prevention.

The approaches assessed by the LAW COMMISSION included criminal trials, civil actions, criminal injuries compensation boards, *ex gratia* payment mechanisms, ombudsman processes, children's advocates' offices, commissions of inquiry, truth commissions, administrative redress and compensation programs, and non-governmental local community initiatives. See RESTORING DIGNITY: RESPONDING TO CHILD ABUSE IN CANADIAN INSTITUTIONS (Ottawa: Supply and Services Canada, 2000). This report is also available at <www.lcc.gc.ca>.

LAW DAY AND CHOCOLATE BUNNIES

The issues raised in this story have important resonance in many arenas of human endeavour. Ever since Aristotle's discussion in Book V of the NICHOMACHEAN ETHICS philosophers have considered questions of "distributive justice." In contemporary political theory, one can usefully compare J. Rawls, A THEORY OF JUSTICE (Cambridge: Bellknap, 1971) with R. Nozick, ANARCHY, STATE AND UTOPIA (New York: Basic Books, 1974).

The preoccupation with the criteria for arriving at a just outcome (or ends) has often obscured the importance of finding a workable process (or means) for achieving that outcome. A rich exploration of the different processes by which social order can be achieved, nurtured, and maintained in situations of potential conflict may be found in W. Witteveen and V. van der Burg, eds., REDISCOVERING FULLER: ESSAYS ON IMPLICIT LAW AND INSTITUTIONAL DESIGN (Amsterdam: Amsterdam University Press, 1999).

Three other helpful sources are H. Hart and A. Sacks, THE LEGAL PROCESS: BASIC PROBLEMS IN THE MAKING AND ADMINISTRATION OF LAW, ed. W. N. Eskridge and P.P. Frickey (Westbury, NY: Foundation Press, 1994); N. Komesar, IMPERFECT ALTERNATIVES: CHOOSING INSTITUTIONS IN LAW, ECONOMICS AND PUBLIC POLICY (Chicago: University of Chicago Press, 1994); and J. Elster, LOCAL JUSTICE: HOW INSTITUTIONS ALLOCATE SCARCE GOODS AND NECESSARY BURDENS (New York: Russell Sage Foundation, 1992).

Questions of how to best distribute finite resources amongst the members of a social order have been addressed throughout the centuries. The biblical stories of King

Solomon, and Cain and Abel, as well as the Sermon on the Mount are foundational attempts at broaching this topic. The question also arises in literary settings as diverse as Shakespeare's KING LEAR, Dickens' BLEAK HOUSE, and Swift's A MODEST PROPOSAL. The documentary series SEVEN UP, traces the consequences over time of processes of distribution of societal resources.

For a particularly evocative example of strategies for assigning burdens, involving the drawing of lots to determine who should be put to death in a situation of scarcity, see A.W.B. Simpson, CANNIBALISM AND THE COMMON LAW (Chicago: University of Chicago Press, 1984).

STREET-HOCKEY, SKATEBOARDING AND RESPONSIVE LAW

Ensuring that when legislative and policy decisions are taken, the decisionmaker has as broad an understanding of the competing interests in play as possible is a central concern of Lon Fuller in THE MORALITY OF LAW, 2d ed. (New Haven: Yale University Press, 1969). Fuller explores the conditions under which legislation is likely to attract the fidelity and attachment of citizens to whom it is directed. Recently, scholars have considered a variety of techniques to overcome what has been called a "democratic deficit" in the legislative process. See, for example, J. Mashaw, GREED, CHAOS, AND GOVERNANCE: USING PUBLIC CHOICE TO IMPROVE PUBLIC LAW (New Haven: Yale University Press, 1997); D. Farber and P. Frickey, LAW AND PUBLIC CHOICE: A CRITICAL INTRODUCTION (Chicago: University of Chicago Press, 1991).

Much of the literature on access to justice is as concerned with the legislative and policy processes as with access to courts. See R. Abel, ed. THE POLITICS OF INFORMAL JUSTICE, 2 vols. (New York: Academic Press, 1982); and C. Greenhouse, PRAYING FOR JUSTICE: FAITH, ORDER AND COMMUNITY IN AN AMERICAN TOWN (Ithica: Cornell University Press, 1986). For a general discussion of the procedural requirements appropriate to different lawmaking forms, see R.A. Macdonald, "A Theory of Procedural Fairness" (1981) 1 WINDSOR YEARBOOK OF ACCESS TO JUSTICE 3.

The merits of litigation as a strategy of empowerment have been widely debated in the United States. Writers on the American civil rights movement broach the topic of the relationship between a defective political process and a propensity to litigate when they argue that those excluded from political power often seek to vindicate their interests in court, using the language of rights. See, for example, P. Williams, THE ALCHEMY OF RACE AND RIGHTS (Cambridge, MA: Harvard University Press, 1991); and compare Mary Ann Glendon, RIGHTS TALK: THE IMPOVERISHMENT OF POLITICAL DISCOURSE (New York: Maxwell Macmillan, 1991).

On the general problem of lack of political power and the ineffectiveness of legislation and litigation in the face of such a deficit, see L. Lithwack, BEEN IN THE STORM SO LONG

(New York: Knopf, 1979); and G. Rosenberg, THE HOLLOW HOPE: CAN COURTS BRING ABOUT SOCIAL CHANGE? (Chicago: University of Chicago Press, 1991).

Notwithstanding empirical evidence to the contrary, popular culture still invests enormous significance in the trial as a catharsis for those lacking political power. Movie classics such as INHERIT THE WIND, TO KILL A MOCKINGBIRD, ERIN BROCKOVICH, and THE INSIDER reinforce the idea. Two 1960s television dramas — PERRY MASON, starring Raymond Burr; and THE DEFENDERS, starring E.G. Marshall — provide contrasting perspectives on the role of lawyers. The latter, despite its title, focuses more on the workings of the legislative and other non-judicial processes.

IS LAW ABOUT ISSUING ORDERS OR MAKING RULES?

The study of the different forms of legal rules has long fascinated lawyers and philosophers. St. Thomas Aquinas addressed the legislative art in the SUMMA THEOLOGICA, *prima secundae.* Jeremy Bentham wrote several volumes on the topic, of which the most accessible is AN INTRODUCTION TO THE PRINCIPLES OF MORALS AND LEGISLATION, ed. H.L.A. Hart and J.H. Burns (Oxford: Oxford University Press, 1996). On the general character of rules see H. Hart and A. Sacks, THE LEGAL PROCESS: BASIC PROBLEMS IN THE MAKING AND ADMINISTRATION OF LAW, ed. W. N. Eskridge and P.P. Frickey (Westbury, NY: Foundation Press, 1994); F. Shauer, PLAYING BY THE RULES: A PHILOSOPHICAL EXAMINATION OF RULE-BASED DECISION-MAKING IN LAW AND IN LIFE (Oxford: Clarendon Press, 1991).

Much contemporary legal writing examines the differing forms of legal expression, and the assumptions about human agency that these forms reflect. See W. Witteveen, "Semiotics, Symbolic and Symphonic Law: Communication Through Legislation," in SEMIOTICS AND LEGISLATION, ed. H. van Schooten (Liverpool: Deborah Charles, 1999) at 27; W. Witteveen, "Legislation and the Fixation of Belief," in THE EYES OF JUSTICE, ed. R. Kelveson (New York: Peter Lang, 1994) at 319; Winston, "Legislators and Liberty" (1994) 13 LAW AND PHILOSOPHY 389; G. Postema, "Implicit Law," (1994) 13 LAW AND PHILOSOPHY 361. Assumptions about the capacity of human beings to understand and to follow rules also shape debate about whether it is possible to draft statutes in plain language. See, for example, K. Shriver, DYNAMICS IN DOCUMENT DESIGN: CREATING TEXTS FOR READERS (New York: Wiley, 1997).

Attempts to answer the question of whether rules are inherently facilitative or coercive in nature are often present in popular culture. In stories with inspirational teachers at their centre, the teacher typically reveals an understanding of rules as baselines for creative interaction, while an external force, typically a retrograde school administration, conceives of rules as instruments with which to restrict and check the unruly desires of students (See e.g., the DEAD POETS SOCIETY, and the syndicated television program, HEAD OF THE CLASS).

Although the analogy is inexact, the different approaches to rules set out in the piece can also be seen in Chinese Philosophy. The notion of a rule as a command is associated with Han Fei-Tzu and the Legalist school, while the concept of rules (especially rules of propriety and ritual), as opportunities for the development of relationships, is associated with Confucius. See W.T. Chan, comp. and trans., A Source Book in Chinese Philosophy (Princeton, NJ: Princeton University Press, 1963).

If it Goes without Saying, Does it Go Better when You Say it?

The impact of writing on culture generally is explored in J. Goody, The Logic of Writing and the Organization of Society (Cambridge: Cambridge University Press, 1986). The effects of rendering a rule into linguistic form have been analyzed by Joseph Church in Language and the Discovery of Reality: A Developmental Psychology of Cognition (New York : Random House, 1961). See also S. Pinker, Words and Rules: the Ingredients of Language (new York: Basic Books, 1999).

There is a strong connection between words and justification. See J. Vining, The Authoritative and the Authoritarian (Chicago: University of chicago Press, 1986). The character of legal writing is explored in D. Klinck, The Word of the Law: Approaches to Legal Discourse (Ottawa: Carleton University Press, 1992); J. B. White has also addressed this issue in Acts of Hope: Creating Authority in Literature, Law and Politics (Chicago: University of Chicago Press, 1994); Heracles Bow: Essays on the Rhetoric and Politics of Law (Madison: University of Wisconsin Press, 1985); When Words Lose Their Meaning (Chicago: University of Chicago Press, 1984).

Once a decision has been taken to legislate, the question of the "pitch" of legal rules is the subject of D. Jacoby, "Doit-on légiférer par généralités ou doit-on tout dire?" (1982-83) 13 Revue de droit de l'Université de Sherbrooke 255; see also C. Diver, "The Optimal Precision of Administrative Rules" (1983) 93 Yale Law Journal 65.

The relationship of everyday law to written texts in the domain of contractual practice is discussed in J.G. Belley, Le contrat entre droit, économie et société (Cowansville: Éditions Blais, 1998). See also, J. Deprez, "Pratique juridique et pratique sociale dans la genèse et le fonctionnement de la norme juridique" (1997) Revue de la recherche juridique 799.

Of course, the words of a statute or a contract can never completely express normativity. The question of when or whether to put a rule into explicit linguistic form is the subject of Maurice Tancelin, "Les silences du Code civil du Québec" (1994) 39 McGill L.J. 747. The normative possibilities of silence are the subject of much religious reflection. Robert Bolt's A Man for All Seasons explores the issue in a Christian context. In

Mahayana Buddhism, the *locus classicus* of this reflection is THE VIMALAKIRTI SUTRA (see the translation by R. Thurman, THE HOLY TEACHING OF VIMALAKIRTI: A MAHAYANA SCRIPTURE (University Park: Pennsylvania State University Press, 1983).

A recurring theme in popular culture is the persistence of unwritten practices and understandings in the face of modernity. Movies such as THE REMAINS OF THE DAY and HOWARDS END, and almost all prime-time television comedy — including classics such as ALL IN THE FAMILY — depend on establishing a sense of location that shapes interaction even in the absence of formalized rules.

HEADS I WIN …

The literature of political science is replete with studies of voting systems and the impact of different voting systems on participation and outcomes. Condorcet's paradox remains as vivid today as two hundred years ago: see J.C. Condorcet, SUR LES ÉLECTIONS ET D'AUTRES TEXTES (Paris: Fayard, 1986). Hannu Nurmi, VOTING PARADOXES AND HOW TO DEAL WITH THEM (Berlin: Springer, 1999) is an excellent recent review. Recently, legal scholars have also become more interested in voting systems, especially in fields like bankruptcy law, corporate reorganizations and class actions. In LAW AND SOCIAL NORMS (Cambridge: Harvard University Press, 2000), Eric Posner reviews how informal norms can sustain formal voting rules.

Deliberate resort to chance is also widely discussed as a principle of social ordering. See, for example, D. Albert, TIME AND CHANCE (Cambridge: Harvard University Press, 2000); M. Orkin, WHAT ARE THE ODDS? CHANCE IN EVERYDAY LIFE (New York: Freeman, 2000); A. Dershowitz, THE GENESIS OF JUSTICE: TEN STORIES OF BIBLICAL INJUSTICE THAT LED TO THE TEN COMMANDMENTS AND MODERN LAW (New York: Warner, 2000).

The relationship between chance and voting, and especially the significance of the former, where the margin of difference in an election is minute, was made evident in the 2000 US presidential election. For a well-respected analysis of the election that completely misses the point, see R.A. Posner, BREAKING THE DEADLOCK: THE 2000 ELECTION, THE CONSTITUTION, AND THE COURTS (Princeton: Princeton University Press, 2001).

The importance of chance as a device for the distribution of benefits and harms also arises in much religious reflection. Perhaps the starkest presentation of chance's religious significance can be found in Calvin's doctrine of election (COMMENTARIES, Book VII).

By contrast, much modern law is devoted to attempts to regulate chance. For example, the management of chance is a central concern for both proponents and opponents of new reproductive technologies. Proponents argue that the technologies will permit individuals to minimize risks of harm that flow from genetic diseases that are detectable

before birth, while opponents contend that often what is conceived of as "harmful" (i.e., a physical "disability") is a social construction, rather than an objective fact. For the former, judicious use of technological capacities reduces the negative effects of "chance," while for the latter, extensive recourse to these capacities detracts from the potential positive value that accrues from "chance" allocations of certain genetic traits, and distracts attention from the social imbalances that result in conceiving a "disability" as harmful. For a discussion of these issues, see E. Parens and A. Asch, PRENATAL TESTING AND DISABILITY RIGHTS (Washington, DC: Georgetown University Press, 2000).

A common theme in contemporary literature involves the chance discovery of wealth, and the attempts of families and communities to deal with their good fortune. Michel Tremblay's LES BELLES SOEURS is a classic. In the same genre are the movies WAKING NED DEVINE, SHALLOW GRAVE and A SIMPLE PLAN.

PART TWO

RULES

INTRODUCTION

Rules are a central feature of modern law: rules that command; rules that regulate social life around us; rules that coordinate behaviour; rules that establish institutions through which we can pursue individual and group projects; rules that provide a conceptual framework to organize our various relationships with others.

Today, most of these rules governing human conduct remain unwritten. But many are not. Written rules and official regulations seem now to have a much larger place in the law than in previous centuries. Yet, as in other matters, familiarity breeds contempt. It is easy to take the processes by which rules are discovered or made, for granted, forgetting just how complex the endeavours are.

Explicit rule-making — the deliberate enactment of rules — has become an art form. Whether at home, on the job, in a social club, or in society generally, we are pressed to discover the best ways to state law through written rules. So too is Parliament. Because human beings do not like to "re-invent the wheel" continuously, they look for precedents. These they often find in current practices. Where rules are meant to restate a practice, the practices must first be recognized and described. Only then can a written rule be generated. Where rules are meant to change a practice, or to frame what appears to be a new idea, it is always easier to make modest adjustments that preserve past insights and past understandings than it is to begin completely afresh.

Of course, rules are not physical objects. They are guidelines for human action. Once made, they need to be continually monitored and interpreted. Rule-makers confront three main challenges in the ongoing process of assessing their handiwork. Sometimes, a rule simply does not accomplish in practice

what it has been designed to do. Sometimes, circumstances change so much over time that a rule is no longer effective. And sometimes, rule-makers discover that the narrow issue they thought they could solve by a small legislative change, is actually a reflection of a much larger social problem crying out for attention.

How legal rule-makers come to recognize and deal with these challenges are the subjects of the four stories in this part. Every rule that begins to show its age requires them to ask how much legal change is really necessary in order to modernize it, or bring it up-to-date. Every rule that does not exactly match the policy objective meant to be pursued challenges them to decide whether to prefer formal or functional concepts as a way of realigning policy and text. Whenever the assumptions that shape the way a problem is conceived in law are overtaken by social change rule-makers have to consider whether it may be best to rebuild an entire conceptual structure from the ground up. Finally, since every adjustment to a rule need not be direct, they continually must decide when it is better to change a rule tacitly, by interpretation, rather than explicitly, by enacting a new rule.

SOMETIMES IT'S BETTER JUST TO FIX THE DOCK

Legal rules, especially written legal rules, are meant to have a degree of stability. When a lawmaker takes the trouble to reduce a rule to writing, there is usually a presumption that it will have a longer life than a customary or unwritten rule. If written rules change constantly, they lose their capacity to guide behaviour. People will not be able to keep up with all the changes, let alone be able to adjust their conduct in consequence. But rules also cannot be permanent. New technology can affect practices; so rules about privacy of telephone conversations need to be adapted for Internet communications. Attitudes and values also evolve; we no longer set the voting age at 21.

Social change usually breeds legal change. A key challenge for lawmakers is to decide how much legal change is required when legal rules, legal concepts and legal institutions become outdated or inefficient. Sometimes it may seem that a concept or a rule needs to be abandoned and replaced; other times it appears sufficient just to tinker with it. There is no easy way to decide whether total replacement, major renovations or simple repairs are in order short of asking, in each case, how many of the key social assumptions upon which the rule rests still hold. Even then, the benefit expected may not be sufficient to justify the disruptions caused by replacement or extensive renovation.

Each summer for the past 20 years I have spent a week vacationing at a cottage built by my grandfather and now owned by my sister, my brother, and myself. In the spring we have the pleasure of surveying the latest episode in the long-running and unequal struggle between the forces of nature — the power of ice at break-up — and our capacity to imagine new and better ways of reinforcing and anchoring our docks. Each summer vacation, as I set about repairing the winter's damage, I cannot help thinking about whether to rebuild the docks from the ground up, and if so, how to best do it.

My sister, who lives in the city, usually wants to rip things out and start afresh. My brother, who lives not far from the cottage in a rural setting, typically suggests doing the minimum amount of repair necessary to make the docks serviceable for the summer. I, who wind up actually doing much of the work, alternate perspectives depending on how much energy I have during

my vacation. Sometimes I take the docks apart down to their foundations; sometimes I just level up the deck and replace broken planking.

This year's experience was especially humbling. Last year, my sister carried the day with a plea to rebuild one particular dock from scratch. And so we did, unloading several tons of rock, digging several cubic feet of sand and entirely rebuilding the cribbing from the bottom up. When we finished the job I was convinced that we had finally "solved" the problem. Indeed, the new dock survived the winter magnificently. But a small ramp for putting boats into the water that was attached to it was crushed by the ice flows deflected from the new dock. Worse, another dock, which for 50 years had been anchored behind two huge boulders, was heaved up because ice moved the boulders. A different and completely unanticipated pattern of spring break-up seemed to mock our efforts.

FIXING DOCKS AND FIXING LAW

As I surveyed the damage to the docks my thoughts turned to my work as a law-reformer. When the Law Commission of Canada first developed a strategic agenda and began to elaborate upon how we should select our specific research projects, we undertook a reflective exercise not unlike the annual family discussions about dock-building and dock repair.

Upon examining a statute, or a legal rule reflected in a judicial decision, or a series of contractual and customary practices, law-reformers can often see small problems that need to be adjusted. The rule may be too narrow. It may be overly broad. It may rest on outdated assumptions about social life. It may not be capable of covering modern technological devices. And so on. A first reaction of the law-reformer is, of course, to fix the small problem. Do not enquire about basic principles, about the bigger picture, or even about the forces that are driving the need for change. Just, in other words, "fix the dock."

For a short period, just fixing the dock can be a workable approach. As the ice breaks certain dock planks, you simply replace them. However, after a few years, even if the surface of the dock looks completely new, the underlying foundation will have been weakened. Indeed, the supporting cribbing may be collapsing, so that all of a sudden it falls apart. Then it becomes necessary to rebuild the entire dock.

Rebuilding from the ground up is, however, not always easy, nor even always successful. When one takes a weak structure and rebuilds it more solidly in more or less the same place, the pressures that led to its collapse are usually just transferred elsewhere. If the new dock itself will not budge under the strain of the ice, the boat-ramp attached to it most certainly will.

So, thinking through dock repair also requires thinking through where the ice is going to move next. It also requires worrying about whether the dock is placed in the right position in the first place. And it compels one to ask whether the current design of the dock is appropriate. Is the cost and difficulty of reinforcing the cribbed dock worth the energy when it could be replaced by a lightweight dock that can be lifted out of the water each winter? After all, sometimes even a well-designed and well-grounded dock can crumble when the forces pushing against the bedrock foundation are just too strong. It is usually at moments like these that frustrated cottagers begin to question whether it is even necessary to have a dock at all.

REBUILDING DOCKS AND REFORMING LAW

The analogy between rebuilding docks and reforming law is very close. One may well be able to solve a little problem in one corner of the law with a legislative amendment that has the effect of displacing the problem elsewhere. This is the everyday business of policy development within government. But it is not clear that it requires an independent agency like a law reform commission to undertake this kind of task.

On other occasions it may be necessary to rebuild or even reconsider the foundations of a regulatory regime. Here is where the tough stuff of law reform occurs. For here it is necessary to ask whether an improved statute (a better permanent dock), or a new statute (a replaceable dock), or perhaps no statute (getting rid of the dock) is required. In these cases one seeks to understand the forces of social change (the character of ice flows) and to direct them, where possible, in a manner that dissipates and channels them productively (that preserves the dock and transfers the stress harmlessly).

The business of meaningful law reform is all about this kind of creative inquiry. It is about how we have designed and built the law to date, and about what options we have for meeting the dilemmas and challenges of social change. Sometimes it may be better for a lawmaker to just "fix the dock." More often, however, reconceiving and redesigning the dock, or even getting rid of the dock altogether are likely to be the appropriate response. To know when these different responses are desirable or possible is one of the central challenges of law reform.

RULES, REPAIR AND RENOVATION

Focusing law reform efforts on those places where the pressures of social change can be channelled into legal responses that involve more than just repairing

the docks at first glance seems to be a fruitful use of resources. After all, the instinct of the law-reformer is to act. If there has been social change, necessarily there must be an explicit legal response. Lawmakers face a similar temptation. If the law is not working, it should be fixed.

Sometimes, however, social change does not demand legal change. Life just goes on, and the law becomes increasingly ineffective. In many of these cases courts assume the burden of law reform. At a cottage, there are times when one just gives up the struggle against the ice. Over the years one invests less and less time in resisting the irresistible until finally one arrives in the spring to find the dock washed away. The struggle and eventual failure of the Parliament of Canada to deploy the criminal law to regulate therapeutic abortions is a reflection of this kind of resignation.

There are also times when legislative law reform is not required because a field of legal regulation has become irrelevant. At the cottage, the use of the lake may change. A sailboat dock in addition to a swimming dock may just not be needed anymore. No one much cares if the sailboat dock falls apart, unless it poses a safety hazard. Reforming the law requiring tavern-owners to provide hitching posts for their customers' horses hardly merits legislative attention.

Lawmakers constantly confront choices about how to proceed. They should never lose sight of the choice between renovation, replacement or simple repair when contemplating law reform. They should always assess whether the benefit expected from the chosen strategy justifies the costs incurred. And just as importantly, they should never forget the option of doing nothing.

50TH ANNIVERSARIES AND FAMILIES

Law in modern society fulfils many purposes. Two of its most prominent roles are these: to announce principles for the effective organization of social life that take account of actual patterns of human interaction; and to state the central values and moral principles that are thought to be at the foundation of social life. In a homogeneous society these two roles rarely come into conflict. The more diverse a society, however, the more there will be genuine debate about foundational values and principles. And the more diverse a society, the more there is likely to be a lack of congruence between legal rules drawn from traditional social and religious practices and the emerging legal needs of the general public.

Lawmakers usually try to accommodate incrementally any lack of congruence caused by increased social diversity. The scope of traditional rules and concepts is gradually expanded. Because most rules and concepts are not explicitly framed by reference to the policy goals being pursued, incremental law reform normally does not challenge lawmakers to consider whether purpose-defined concepts might be more appropriate in socially diverse societies. But as the range of incremental extensions widens, what initially may have looked like a narrow issue reveals itself as a reflection of a much broader problem of legal definition. In no field of law is this more apparent than that dealing with personal relationships between adults.

Earlier this year my family and I travelled to British Columbia to celebrate the fiftieth wedding anniversary of my wife's parents. The high point of our visit was a party attended by about 60 friends and relatives, and their various children. As I circulated among the guests I was struck by a couple of things. Most in attendance were then, or had recently been, involved in a stable domestic relationship. But only a small minority was actually married at that moment.

There were an elderly brother and sister (a widower and widow) who had been sharing an apartment for five years. There were two sisters who had never married and who had lived in the same house for over 40 years. There were two air force friends of my father-in-law (one widowed, one divorced) who also were sharing an apartment. There were three unmarried couples in their forties and fifties who had each been living together for more than a decade after their respective divorces. There were single fathers and single mothers trying to re-establish a relationship with a new partner. There were

never-married guests currently living alone who had in the past been involved in a long-term relationship. And there was one same-sex couple. The obvious diversity of these domestic situations caused me to realize just how few long-married, never-divorced couples such as my wife's parents there really were, and just how many other forms of a stable domestic relationship now exist.

This got me thinking about how the law currently addresses issues concerning close "personal relationships" between adults. It also reminded me just how difficult the development and implementation of social policy to deal with these kinds of issues really is. Traditional concepts like marriage and filiation (notably, the relationship between parent and child) just do not seem adequate any more.

CLOSE PERSONAL RELATIONSHIPS BETWEEN ADULTS

Currently, Canadian law does not take a consistent approach to matters of marriage, support obligations, and filiation. We know that human beings are, for the most part, social beings who enjoy the company of, and seek stable relationships with, others. Studies indicate that most human beings live healthier, longer, happier and more productive lives when they are involved in such relationships. Indeed, when these human relationships are not possible, the emotional attachment is often transferred to a beloved pet.

Might this not suggest that, as a matter of public policy, we should be trying to encourage the formation and continuance of stable, adult relationships? And might it not also suggest that we should be enacting legislation that affords to people in such relationships a degree of emotional security, physical security, psychological security, and economic security?

Today, the law actually aims in this direction. But it targets the beneficiaries of these laudable public policies only indirectly. For the most part, we have pursued the goal of promoting stable, mature, nurturing, adult relationships by focusing legislation on those who are married. The bulk of our current social programs are inapplicable to many unmarried couples and to people in most other adult relationships. So the issue now confronting governments is whether policies that currently support the emotional, physical, psychological and economic security of married couples should be redesigned so as to reach as many Canadians as possible.

This means asking whether the goal of these policies is to promote marriage or to support stable relationships of interdependence. Should the two sisters who have always lived with each other be able to designate each other as RRSP beneficiaries? Or should the two elderly air force buddies who move in together be able to share in dental or other contributory plans? Or should

the widowed brother and sister who seek to re-establish a household be entitled to file a joint income-tax return?

Suppose for a moment that we were to conclude that the real goal should be to promote and support stable, adult relationships. How could our statutes be redesigned so as to produce a closer coherence between our desired policy and the legal rules we enact? How might we re-write legislation that has become both under-inclusive and over-inclusive?

TWO MODELS FOR REDRAFTING STATUTES

In law, there are normally two ways of redrafting legislation that in practice is incongruent with the policy objective being pursued. It is possible to extend the existing definition of a concept by analogy or by an overt statutory fiction. Adoption is an example of the former: an adopted child is placed in the same legal position as a biological child. An example of the latter can be seen in the idea of considering corporations to be legal "persons" with the same rights as human beings in most cases.

Both in the case of adoption and in the case of extending the concept of "persons," the legislature is making a policy choice about the scope of a legal concept. It determines that a situation not obviously falling within an historical definition should, nonetheless, be treated from then on as if it did. Notice that in both cases, but especially in the second, the extension of the concept really distorts some of the root ideas associated with the initial concept: how do ideas like freedom of religion, or freedom of willing apply to corporations?

Insofar as implementing a generalized public policy of promoting and nurturing the stable, adult relationships of interdependence is concerned, a legislature could, following these approaches, adopt one of two definitional techniques. It could provide that people in all these other types of relationships — widowed brother and sister; elderly sisters; old air force buddies; and so on — should be treated in the same way as a married couple. The new statute would have to read something like: "In this Act, a person who lives in a relationship A or B or C, shall be entitled to do X or Y or Z in the same manner and with the same effect as a person who is lawfully married."

A legislature might also simply redefine "marriage" so that these relationships would fall within the new definition. Rather than drafting a series of legislative amendments to individual statutes, it would take their existing conceptual organization and simply redefine the key concept. The new statute might, for example, state: "The term 'spouse' means persons who live in a relationship A or B or C." Both, in some measure, require the legislature to modify the concept of marriage.

Alternatively, it is possible to redraft a statute in a manner that simply abandons an existing concept as the reference point for a policy and focuses rather on the substance of the desired policy objective. The law would identify criteria of inclusion and exclusion that relate to the facts of a human situation or to the purposes that people are pursuing, rather than to the formal categorization of that situation. In some areas of commercial law, for example, we have given up extending old concepts like mortgages to new situations, and have chosen to invent a brand new concept called "a security interest" that is defined by reference to the substance of the commercial transaction at issue.

Again, in so far as implementing a generalized public policy of promoting and nurturing stable, adult relationships a legislature could, following this approach, rewrite various laws relating to pensions, tax, insurance, or whatever, so that the criterion for eligibility would relate to substantive facts about a relationship — its length and character — rather than to the marital status of the persons in it.

DEFINING LEGAL CONCEPTS

Because legal concepts do not automatically line up with material things in the world, alternative means for fixing their scope have to be found. That is, in order to include and exclude certain social facts or legal relationships from any given concept, new criteria for defining the concept need to be announced. Over a large range of legal fields, concepts originally extracted from everyday experience have been extended through relatively benign fictions. Especially where the initial referent of the concept was a material thing, the policy object being pursued did not usually cause people to question the technique that the legislature chose to pursue it.

Where, however, a legal concept has no material reflection but is defined by its presumed "essential characteristics," these extensions by analogy can sometimes be highly controversial. Where, in addition, a legal concept is grounded in socio-cultural reference points such as custom, tradition, religion, morality or ideology, these extensions can cause significant debate. This is particularly the case when they are fictitiously extended by the law well beyond the definitional limits provided by socio-cultural reference points.

Today, there is probably no better example of a legal and socio-cultural concept under this kind of stress than the concept of marriage. Understanding the reasons why marriage has become such a contested legal concept gives us a good insight into the issues that policymakers and lawmakers have to confront every day in redrafting legislation that makes reference to socio-cultural

concepts. Thinking through what public policies we wish to pursue as a society, given the evident plurality of stable, adult relationships that cry out for some response, and then assessing different means for achieving this desired result by legislation is, obviously, a delicate and difficult task. But the happy occasion of the fiftieth wedding anniversary of my in-laws gave me first-hand exposure to why these questions need to be asked and why they are important in a very concrete way to Canadians.

MEASURE FOR MEASURE

Many of law's rules set out or refer to general concepts that allow us to organize our relationships with others. In one sense, these general legal concepts work like systems of measurement. They provide a grid against which our relationships can be "measured," organized, and compared. In law, as in life, two types of measurement systems are common. In one, everyday experience is used to frame how relationships are characterized and assessed. In the other, experts deduce a framework of abstract principles to organize and characterize relationships. How do lawmakers know when to stick with experience-based concepts, and when it is better to reorient the logic of legal concepts by reference to general abstract criteria?

Since all concepts are a product of their time and place, lawmakers face the competing claims of experience and logic whenever a new social context arises. Part of the challenge is to decide whether adopting new abstract concepts not grounded in everyday experience will distance the law from the very people to whom it is addressed. Another part of the challenge is to evaluate when redesigning a legal structure from the ground up can be effective in overcoming the hidden prejudices and harmful consequences of existing legal rules based on experience. As in all cases where a change in measurement systems is being contemplated, the most important lesson is that neither sticking with experience, nor reinventing the wheel, will always be the right response.

One afternoon last winter I was skiing with my children on a particularly cold and windy day. As we rode the ski lift, I remarked to my son that the temperature was probably near zero. He answered, "Dad, it's got to be at least minus 25." Of course he was right. But so was I. He was calculating in centigrade and I was using the Fahrenheit scale.

This got me to thinking about ways in which we measure things. Sizing up the world must have been a central survival skill for human beings. Most early types of measurement appear to have been based on experience and need. For example, to measure time we know that people used days, moons, years; to measure distance they used thumbs, forearms, paces; later, to measure volume they used teaspoons, cups, bushels, and barrels. None of these three measurement systems — time, space, volume — were linked together.

But 200 years ago in Europe, the French revolutionaries had what they thought was a better idea. They would standardize all measurements, including

temperature and time, using multiples of ten (for example, centimetres, metres, kilometres). Then they would integrate into a common system the various measures of distance, volume, and weight (for example, a cubic centimetre is a millilitre, and a millilitre of water weighs one gram).

The difference between the way my son and I described temperatures led me to reflect upon the consequences of the fact that there is no absolute standard for deciding how best to measure things. Traditionally, systems of measuring have been developed largely on the basis of convenience. Do they serve our purposes? In this sense, measuring is a lot like using a language. It is one way of examining the world around us, of organizing the way we communicate about what we see, and of explaining relationships between things.

This is exactly what law does. Law "measures" human relationships. Every legal concept or idea defines something or someone, and structures relationships between people, and between people and things. For example, when the law says that all human beings are persons, it is also saying at the same time that they cannot be property. This means that human beings may not be slaves.

Does law have anything to learn from the process of standardizing and integrating measurements? Is it possible or desirable to undertake something like a conversion to the "metric system" in law?

EXPERIENCE AND LOGIC IN MEASUREMENT AND LAW

Like most countries today, Canada uses the metric system. Only people over 50 who spent hours in school memorizing units like rods, chains, pecks, gills, grains, and stones, would know or care that four rods make a chain, and that 14 pounds make a stone. Even the most common of these old English measurements — ounces, pounds, quarts, gallons, inches, feet, and miles — are largely unknown to children today. They survive only in expressions like "a miss is as good as a mile," or "that's as heavy as a ton of bricks," or a "ten-gallon hat."

These now-forgotten old English measures were usually developed to meet the needs of certain groups. Whether it was carpenters, brewers of beer, bakers or shipowners, the rationale for each was located in commercial or artisanal activity — in local knowledge serving local needs. Law also has now-forgotten concepts based on local need and experience. Today, few lawyers remember what a "fee-tail" or a "tenancy by the entireties" means in the common law; and few lawyers are familiar with concepts like "civil death" and "proof by solemn oath" in the civil law.

The eighteenth century idea of standardizing units of measurement on a base-ten system came from a core belief of the enlightenment: systematized

rational knowledge was better than experiential knowledge; so "rational, scientific" systems of measurement were better than the pragmatic measurements of everyday life. But, in standardizing and integrating measurements on a base-ten system, many useful intermediate units of measurement disappeared. These intermediate measures, for example, feet, or pounds, or gallons, were often important in practice because of the relationships that they described.

For example, a tavern keeper's primary measuring tasks related to pints and extended downwards to glasses and upwards to quarts and barrels. Smaller or larger measurements did not matter; nor did the fact that these units of volume were not multiples of ten; nor did it matter that liquid measures and weights were not easily transposed. Once the goal became to standardize measurements, however, the practical usefulness of units of measurement had to give way to the "rational elegance" of a logical system. In some ways we might say that the needs of local users were sacrificed to the convenience of larger manufacturers.

A similar desire for rationality exists in law. Local practice and the experience of users are being devalued. Abstract general legal categories and concepts based more on the needs of lawyers and judges are taking hold. A good example can be found in commercial law. Buyers and sellers know that there is a practical difference between borrowing money from a bank to purchase a car, and buying the car on credit from the seller. Today our legal system does not care. Whether the agreement is a "chattel mortgage" from a bank or a "conditional sale" from a seller, in the modern legal world, it is called a "security interest."

RECALCITRANT MEASURES

Rationality in measurement has not, however, been fully achieved. Some exceptions continue. The French revolutionaries were not able to impose their base-ten system on time. We still use a system of 12-month years, 7-day weeks, and 24-hour days of 60 minutes and 60 seconds, rather than a system of 100-minute hours, 10-hour days, 10-day weeks, and 10-month years.

Even within metric systems, needs and experience still matter. Not all metric measurement units are equally popular. Some — like decimetres, hectometres, decalitres, and hectograms — are rarely encountered, while others are used even in their multiples of ten — in the Olympics we talk of a 100-metre race rather than a one-hectometre race.

Here is another example. In some recently converted metric countries, practice has retained traditional units expressed in metric terms. We buy 454 grams rather than 500 grams of butter because 454 grams is one pound. Even

in long-time metric countries certain non-standard measures hold sway over other official units. The French normally bottle wine in 75 *cl* (or 750 *ml*) bottles and not in 1 *l* bottles.

The choice and shape of measurement systems depend on a whole series of factors such as human physiology, theology, economics, inertia in manufacturing processes, and politics. It is easy to see even today that the idea of a base-ten counting system comes from the number of our fingers and thumbs and that seven-day weeks are connected to Judeo-Christian teaching about the time it took God to create the world. It is not as obvious, although just as true, that the development of the metric system was less about measurement than it was about the belief in a perfect human rationality that dominated in revolutionary France.

From the perspective of the non-professional public, experience-based measurement systems will always be preferred as a way of understanding the world. From the perspective of the scientist or the engineer, a metric measurement system will always be preferred because it ties units of measurement and their interconnections to an easy-to-calculate, base-ten scale. In the same way, from the perspective of the non-professional public, legal concepts based on experience will always make more sense than concepts developed and promoted as logical abstractions by lawyers and judges.

EXPERIENCE AND LOGIC IN HOW LAW "MEASURES"

The creation and imposition of the metric system is an example of the triumph of science over experience. Today most people have come to accept and use it. But this has little to do with whether they think it is superior as a measurement system. It just does not matter that much what system is used, once one learns the new system. In the end, as my son and I discovered, minus 25° C and 0° F refer to the same thing: it's darn cold!

What about law? Is the choice of one "measurement" concept over another really as trivial as the choice between centigrade and Fahrenheit scales? We are constantly being told by professionals that their ideas about what counts, and how things work together are the only ones that should be adopted. Yet we know that our own ideas are often just as sensible. The law may tell us that the rules relating to the sale of land and the sale of automobiles should be the same. Our experience tells us otherwise. The law may tell us that a contract between two corporations is the same as a contract between two consumers. Again, our experience contradicts this.

A fundamental challenge for modern lawmakers is to know when we should retain experience-based concepts, and when it is helpful (and safe) to

reorient our concepts by reference to general abstract concepts that do not refer to or rely on everyday experience. This is especially important where we attempt to apply an existing concept to an entirely new situation. But lawmakers also have to know when adopting new concepts is the best way to overcome harmful consequences and hidden prejudices of existing experience-based legal rules. Neither experience nor logic will always give the most appropriate answer to the lawmaker's question.

LEGAL FICTIONS – THE LAW'S "LITTLE WHITE LIES"

Most people live their lives with a relatively close grip on reality. When asked to explain themselves or to describe a particular event or occurrence, they can usually do so in a manner that makes sense to those around them. Their grammar is coherent and the words they use generally fit the facts. A vicious attack is not typically described as a "love tap." In most cases law works like this as well. It describes the events of everyday life in a way that people recognize, and characterizes them using terms that people understand. But not always. Sometimes legal terms and legal concepts seem out of place. On occasion, the law uses a strange vocabulary. And in a few cases it uses a familiar vocabulary in a strange way.

Strange uses tend to result from the law trying to deal with a new or unforeseen situation. This is a common human reaction. People often deal with novel circumstances or with change that is happening too fast by telling themselves "little white lies." These fictions are usually benign, especially where the deception is acknowledged by everyone. Spouses who send each other presents labelled "From Santa Claus" do not aim to deceive each other. Where a legal concept or the words of a statute fall out of step with social life, law also invents fictions to bridge the gap till the legislature can act. These "little white lies" enable the law to maintain current structures of thinking, while nonetheless adapting itself to changed circumstances.

As a young boy of 11, one of my favourite summer camp activities was canoeing. Of course, at five feet tall and one hundred pounds I did not always find it easy to manage a 16-foot-long wooden canoe when the water got choppy. Part of the idea of taking canoeing lessons at camp was to learn different paddle strokes so as to be able to cope with all kinds of conditions. An early lesson was that if you get blown off-course by a head-on gust, you should use what was called a "C-stroke" to pull the bow of the canoe around straight again.

Once, during a blustery day I got blown all the way to the end of the bay. No matter how hard I tried, I could not get the canoe pointed upwind. The C-stroke was not working. I kept getting turned around backwards. Finally, the canoe instructor paddled out to get me. Instead of offering me a tow back to the dock he said this: "Just paddle hard straight forward. When you get off centre, do a 'front sweep' stroke to spin the canoe completely around.

Then, just before you get pointed directly upwind, start over again paddling hard straight forward."

I followed his advice. I took five strong forward strokes, veering left. Then I did a front sweep to make a complete circle. Then another five strokes forward, again veering left. Then another front sweep and another complete circle. Before too long I had looped my way like this back to the dock. With great relief, I put the canoe away. Afterwards I remember telling the instructor that his advice about the front sweep was not bad — it had worked, sort of — but that it was wrong. After all, I pointed out, he had just finished teaching us to use a C-stroke to keep a canoe going straight when paddling into a breeze. He laughed and said: "Oh, don't worry about that. Let's just call this technique the 'windy-weather' C-stroke."

About five years later I came across a similar situation in a story by Mark Twain. Tom Sawyer and Huckleberry Finn had decided to go digging for buried treasure. Tom was using his jack-knife while Huck was leaning on a nearby shovel. Huck asked Tom: "Don't you want this shovel?" Tom replied: "No. The book I read about digging for buried treasure says that you are supposed to use a jack-knife." After about 15 minutes of going nowhere, Tom turned to Huck and said: "Pass me the jack-knife you are leaning on."

Just like me during canoe class, Tom had discovered one of life's key lessons. Things do not always work out the way the books say they should. When this happens, sometimes it is easier just to pretend that they do by means of a fiction than it is to rewrite the book. Such an approach is often true of the law: rather than directly reforming the law by legislation, fictions are sometimes used by courts to informally amend rules that are not working any more.

WHY DO WE USE FICTIONS IN LAW?

Unlike the unwritten law of old, law today is very much about using enacted words to express legal rules. Enacted statutes are like "how to canoe" manuals and "how to dig for buried treasure" books. Our laws, regulations and court judgements provide us a description of how the world should work. They also announce the consequences that will follow from certain of our actions. Words have a magical capacity to make us think that we can control the unpredictable events of our daily lives simply by giving them a name.

The problem legislatures face, however, is that written rules cannot be made to cover every type of case that may come up in the future. Sometimes, they confront an entirely new problem: a law about vehicles and highways passed in the early nineteenth century would not have been intended to cover motorized automobiles. Sometimes, an old situation presents itself in a novel

form: it is not obvious that a nineteenth century law about defaming someone in letter or in print will cover electronic mail. Sometimes, the facts do not change but society comes to a better understanding of what the law should be doing: we now see that nineteenth-century laws that did not give married women the same right to own property as married men are inappropriate.

There are many ways to deal with these different situations. If a legislature has the time and energy, it can enact a new statute. If courts have the chance, they can make a ruling based on "equity and fairness" to cover the new case. Both of these reform options compel legal officials to be relatively explicit about what they are doing.

Legal fictions serve an intermediary step. Sometimes legislatures are not ready to decide an issue that they feel is too divisive. Sometimes, but much less frequently since they have been given the constitutional power to override statutes, courts are reluctant to give a fresh interpretation to legislation that has become controversial. Fictions let both accomplish their goals without disrupting settled patterns of thinking. Of course, a true fiction exists only when everyone who is a party to it knows that it is a fiction.

Here is an example, known in law as a "putative marriage." A couple whose marriage is declared void because they did not know at the time of the ceremony that they were close relatives, are still entitled to claim some of the legal benefits of being married. While legislatures could amend statutes to specifically set out post-marriage entitlements in these cases, usually they have not done so. Rather, they have used the fiction of a putative marriage (an "as if" marriage) to achieve the desired outcome.

Fictions in law create the following paradox. The more rules of law are explicitly written down in legislation — that is, the more we deal with the need to keep law up to date by using statutes rather than fictions — the more we find ourselves, over time, needing to tell other "little white lies" to deal with situations not covered by our "new and better" rules.

WHEN DO FICTIONS STOP BEING USEFUL?

This does not mean that fictions are always benign and that we should not be concerned with them. There comes a time when they outlive their usefulness. When enough canoeists gain experience about paddling into the wind and new techniques for handling rough weather are developed, the "windy weather" C-stroke will no longer be needed. A new stroke with a new name will be invented. And when this happens, it is often difficult to know whether we have actually "invented" a new stroke, or simply renamed the stroke with a label that does not reveal its fictitious origins.

In law, there are normally two kinds of cases where a lawmaker chooses to override a well-established fiction. Either public opinion has shifted so that a situation that previously could be dealt with only indirectly, can be explicitly treated. Or a lawmaker feels that it has enough evidence and understanding of a new situation that it can legislate directly to deal with that situation.

But these are not the only ways that legal fictions seem to disappear. Many lose their fictitious character when we forget that they are, in fact, fictions. One of the most important current examples is the business corporation. The law now generally treats corporations as if they were just the same as real people, and it gives them most of the same contractual and property rights. How many of us actually stop to notice either that this fiction — the corporation as person — is a fiction? More than this, how many of us realize that it is a legal fiction that could be changed easily if we wanted to abandon it?

Today, some of the most difficult issues in law reform arise because we have forgotten that our fictions are just that. We have come to take them as true, even when they cause us great difficulty. Tom Sawyer calling a shovel a "pen-knife" to help him dig a hole is a harmless fiction. If, however, his aim is to cut through a rope that is strangling someone, then reaching for a shovel because one thinks of it as a pen-knife fiction can be both unproductive and dangerous.

One of the most important tasks for law reform is to uncover situations where the law is now muddling through with fictions. Once these are brought to light, we must then ask whether the assumptions that sustained the original rules and their fictitious extensions are still valid. Where they are not, we should not be afraid to say so. It is, of course, impossible to abolish legal fictions; social life does not stand still. But by gaining a better understanding of how they work in specific cases, we will be better able to judge when it is time to replace a fiction with a legislative amendment or a new judicial interpretation.

SUGGESTIONS FOR FURTHER READING

Introduction

Much contemporary legal and social theory is devoted to explaining the differences between rules and norms, and the different kinds of rules. Standard sources include H.L.A. Hart, The Concept of Law, 2d ed. (Oxford: Clarendon, 1994); F. Schauer, Playing By the Rules: A Philosophical Examination of Rule-Based Decision Making in Law and Life (Oxford: Clarendon, 1991); and R. Dworkin, A Matter of Principle (Cambridge: Harvard University Press, 1985). In social theory, see J. Shklar, Legalism: Law, Morals and Political Trials (Cambridge: Cambridge University Press, 1983); and G.H. Von Wright, Norm and Action: A Logical Inquiry (New York: Humanities Press, 1963). Unfortunately, this literature is largely inaccessible to readers who are neither lawyers nor philosophers. On the other hand, S. Levinson, "The Adultery Clause of the Ten Commandments" (1985) 58 Southern California Law Review 719 is a highly readable analysis of the Ten Commandments as legal rules.

Written rules are not, of course, an inevitable feature of social life. For a discussion of the advantages and disadvantages of deciding to have a rule, see H.M. Hart and A. Sacks, The Legal Process: Basic Problems in the Making and Application of Law (White Plains: The Foundation Press, 1994); and W. Eskridge, Legislation: Statutes and the Creation of Public Policy, 3d ed. (St. Paul: West Publishing, 2001). One of the best discussions of the forms and function of unwritten law is L. Fuller, "Human Interaction and the Law" (1969) 1 American Journal of Jurisprudence 3.

For the past two centuries there has been an increasing tendency to express law in legislation. The great European codification movements of the nineteenth century also had their reflection in North America. See the historical reviews in A.-J. Arnaud, Les origines doctrinales du code civil français (Paris: L.G.D.J., 1969); and in C.M. Cook, The American Codification Movement: A Study of Ante-Bellum Legal Reform (Greenwood: Westport Press, 1981).

The energy devoted to harmonizing law through international conventions and through various Uniform Law Movements is a contemporary reflection of the same goal. For an overview and critique, see M. Boodman, "The Myth of Harmonization of Laws" (1991) 85 American Journal of Comparative Law 699. In Canada the co-existence of common law and civil law systems, and the requirement of bilingualism create special difficulties: see The Harmonization of Federal Law with Quebec Civil Law and Legal

BIJURALISM (Ottawa: Supply and Services Canada, 1999). An excellent modern collection of essays is "Harmonisation et dissonance: Langues et droit au Canada et en Europe" (1999) 3 REVUE DE LA COMMON LAW EN FRANÇAIS 1-278.

Of course, rule-making is a central component of most official law reform endeavours. For competing perspectives and a summary of current theories, see R.A. Macdonald, "Recommissioning Law Reform" (1997) 35 ALBERTA LAW REVIEW 831, and the response by W. Hurlburt, "The Origins and Nature of Law Reform Commissions in the Canadian Provinces: A Reply to 'Recommissioning Law Reform' by Professor R.A. Macdonald" (1997) 35 ALBERTA LAW REVIEW 880.

The general problem of keeping written legal rules up to date in uncodified legal systems is discussed in G. Calebresi, A COMMON LAW FOR THE AGE OF STATUTES (Cambridge, MA: Harvard University Press, 1982). The analogous problem in systems of codified law is discussed in J.E.C. Brierley *et al.,* QUEBEC CIVIL LAW (Toronto: Emond-Montgomery, 1993), Part One.

SOMETIMES IT'S BETTER JUST TO FIX THE DOCK

Law is a "high-maintenance" social activity. While usages, practices and customs are constantly evolving, once rules are written down they acquire an inertia. This inertia is amplified because the process for making or amending written rules is typically laborious. This has led some to suggest that courts should have the power to amend or overrule statutes: see G. Calebresi, A COMMON LAW FOR THE AGE OF STATUTES (Cambridge, MA: Harvard University Press, 1982).

Even when Parliaments marshall the will to reform the law, it is often unclear how best to do so. Should they just tinker with a legal concept that is largely constructed on formal grounds, or attempt to rework a concept on functional grounds. For a thorough discussion of this conflict of law reform method in a commercial law context, see M.G. Bridge, R.A. Macdonald, R.L. Simmonds and C. Walsh, "Formalism, Functionalism, and Understanding the Law of Secured Transactions" (1999) 44 MCGILL LAW JOURNAL 567-664.

The debate over the possibility and desirability of civil code recodification can be understood as a disagreement over whether to opt for replacement or renovation in the repair of civil codes; see M. Planiol, "L'inutilité d'une revision générale du Code Civil," in LE CODE CIVIL, 1809-1904, LIVRE DU CENTENAIRE (Paris: A. Rousseau, 1904) 958; see also, L.J. De la Morandière, "The Reform of the French Civil Code" (1948) 97 UNIVERSITY OF PENNSYLVANIA LAW REVIEW 1. For an understanding of the recently enacted *Civil Code of Québec* as legal renovation, see J. Pineau, "La philosophie générale du Code civil," in LE NOUVEAU CODE CIVIL: INTERPRÉTATION ET APPLICATION (Montreal: Thémis, 1993) at 269.

Compare, however, P. Legrand, jr., "Sens et non-sens d'un Code civil européen" (1996) 48 REVUE INTERNATIONALE DE DROIT COMPARÉ 779.

External to law, disagreements over whether to replace or renovate institutions are pervasive. One can understand debates between (self-styled) revolutionaries and reformists as instantiations of this disagreement. In theological circles, the representatives of these two camps are respectively, liberation and liberal theologians. See, e.g., G. Gutiérrez, A THEOLOGY OF LIBERATION: HISTORY, POLITICS, AND SALVATION, translated and edited by Sister Caridad Inda and John Eagleson (Maryknoll, NY : Orbis Books, 1973); and W. Rauschenbush, CHRISTIANITY AND THE SOCIAL CRISIS, ed. R.D. Cross (New York: Harper & Row, 1964).

50TH ANNIVERSARIES AND FAMILIES

The challenge of multicultural and multi-ethnic societies has often been cast by political theorists as a challenge raising the relationship between identity and social diversity. It is the focus of much contemporary political and ethical reflection; see, e.g., W. Kymlicka, LIBERALISM, COMMUNITY AND CULTURE (Oxford: Clarendon Press 1991); and C. Taylor, MULTICULTURALISM AND THE POLITICS OF RECOGNITION (Princeton, NJ: Princeton University Press, 1992).

In everyday life, however, the challenge runs much deeper. It is not just political structures and organization that may require adjustment. Basic legal concepts — marriage, the family, property, successions, civil liability — are also the reflection of social context. For a detailed study of the legislative dilemmas and a bibliography of issues as they relate to close personal relationships between adults, see Law Commission of Canada, DISCUSSION PAPER: CLOSE PERSONAL RELATIONSHIPS BETWEEN ADULTS (Ottawa: Supply and Services Canada, 2000).

What constitutes a close personal relationship, and how society should understand these relationships is a theme that underlies many popular movies. The following show the diversity of such relationships and the range of social responses possible: BUTCH CASSIDY AND THE SUNDANCE KID, THELMA AND LOUISE, THE ODD COUPLE, and HAROLD AND MAUDE.

The question of how to adopt social institutions to changing social realities arises often in stories about immigrant populations. For a moving depiction of difficulties faced by second-generation Asian-American women in filling the institutional role of "daughter," in the face of the conflicting expectations of the wider culture and their "traditional" families, see A. Tan, THE JOY LUCK CLUB (New York: Vintage Books, 1991).

A good representation of the challenge of diversity for those who like brightly coloured illustrations to accompany their texts, see E. Carle, THE VERY LONELY FIREFLY (New York: Philomel Books, 1995).

Measure for Measure

The temptation to organize legal concepts and legal rules uniquely on the basis of "experience" or of "systemic rationality" confronts judges and legislatures. Usually, by the time the legislature is seized with a problem for decision, it has been framed as one for which a "systemic, rational" solution is appropriate. That is, the legislative process seems to privilege one type of organization of legal rules. This, indeed, lies behind repeated efforts to codify the law. For an early discussion, see the early nineteenth century debate between Bentham and von Savigny. See J. Bentham, Of Laws in General, ed. J. Burns and H.L.A. Hart (London: Athlone Press, 1970); A comment on the commentaries, ed. J. Burns and H.L.A. Hart (London: Athlone Press, 1977); and On the principlces of morals and legislation, ed. J. Burns and H.L.A. Hart (Oxford: Clarendon Press, 1996); and compare K. F. von Savigny, On the vocation of our age for legislation and jurisprudence (New York: Arno Press, 1975).

For an amusing illustration of potential tensions between "experience" and "systemic rationality," see J.L. Borges, "On Exactitude in Science," in Fictions (London: Calder, 1965) — being a fable about a map that exactly covers the entire landscape on a one-to-one scale.

This tension is a source of much literature, and often, either "experience" is romanticized and "reason" associated with modernity and denigrated, or reason and modernity are simply resisted. For the former, see e.g., the later works of Tolstoy, especially, The Kreutzer Sonatas, trans. Beatrice Scott (Greenwich, CT: Fawcett, 1961). Compare F. Dostoevesky, Notes from Underground, trans. Katz (New York: Norton, 2001), arguing that modernity will not eliminate the human desire to resist rationality. Thomas Gradgrind, in Dicken's Bleak House is another literary personnage who confronts these two ways of knowing, and who wants to remake education as exclusively concerned with "facts" and "systemic rationality."

In ethical writing, the extremes of the dichotomy are occupied on one hand, by emotivists, and on the other, by ethicists working in the anglo-american analytic tradition. For a discussion of the distinction, see R.M. Hare, Sorting Out Ethics (Oxford: Clarendon Press, 1997). See also D. Seanor and N. Fotion eds., Hare and His Critics: Essays on Moral Thinking (Oxford: Clarendon Press, 1988). For a recent work that argues that appeal to a broad range of ways of human knowing — both reason-based and experiential knowledge — is necessary for an adequate understanding of complex legal problems, see M. Somerville, The Ethical Canary: Science, Society and the Human Spirit (Toronto: Viking, 2000).

Much legal anthropology explicitly deals with the confrontation between local, experience-based indigenous law, and the systematic rationality of colonial law. See, for example, C. Geertz, The Interpretation of Cultures (New York: Basic Books, 1973); Local

KNOWLEDGE (New York: Basic Books, 1983); and most recently, S.E. Merry, COLONIZING HAWAII: THE CULTURAL POWER OF LAW (Princeton: Princeton University Press, 2000).

The claim that there are two kinds of knowledge — one grounded in experience, and the other in reason — has been articulated in feminist literature. See e.g., FEMINIST APPROACHES TO THEORY AND METHODOLOGY: AN INTERDISCIPLINARY READER, ed. S. Hesse-Biber, C. Gilmartin and R. Lydenberg (Oxford: Oxford University Press, 1999); KNOWLEDGE, DIFFERENCE, AND POWER: ESSAYS INSPIRED BY WOMEN'S WAYS OF KNOWING, ed. N.R. Goldberger *et al.* (New York: Basic Books, 1996).

A fascinating exploration of the relationship between systemic rationality and experience in mathematics can be found in Georges Ifrah, THE UNIVERSAL HISTORY OF NUMBERS (London: Harvill, 1998).

LEGAL FICTIONS – THE LAW'S "LITTLE WHITE LIES"

Fictions have long been a popular topic in legal literature. In the nineteenth century Maine first explored the use of fictions as a technique of law reform, comparing them to other techniques such as statutes, and appeals to equity. See H.S. Maine, ANCIENT LAW (Boston: Beacon Press, 1963). More recently, fictions have been understood as a necessary component of any system of knowledge that claims to be comprehensive in a field. See, for example, L. Fuller, LEGAL FICTIONS (Palo Alto: Standord University Press, 1968).

Contemporary legal fictions are explored in R. A. Samek, "Fictions and the Law" (1981) 3 UNIVERSITY OF TORONTO LAW JOURNAL 290, who understands them as a means to facilitate the "meta-phenomenon," or the displacement of the primary (substantive) by the secondary (procedural). The idea is further developed in R. Samek, THE META PHENOMENON (New York: Philosophical Library, 1981), who like Fuller, draws on the work of H. Vaihinger, THE PHILOSOPHY OF "AS IF," trans. Ogden (London: Routledge, 1924).

In Hans Christian Andersen, HANS CHRISTIAN ANDEREN'S FAIRY TALES (London: Children's Press, 1963), several stories, most notably *The Emperor's New Clothes,* explore the world of fictions.

The idea of the corporation has generated significant commentary in law as to whether it is a fiction. Compare, J.C. Coffee, "'No Soul to Damn: No Body to Kick': An Unscandalized Inquiry into the Problem of Corporate Punishment" (1981) 79 MICHIGAN LAW REVIEW 386; and C.D. Stone, WHERE THE LAW ENDS: THE SOCIAL CONTROL OF CORPORATE BEHAVIOR (New York: Harper & Row, 1975). Both authors speculate on whether the fiction is a distinct legal technique, or simply an example of the law's need to label and categorize. Other knowledge disciplines confront the same problem.

In medicine, the act of naming the unknown, or the different can be seen as an attempt to control it. The characterization of human behaviour as a syndrome (for example, Attention Deficit Disorder) or the identification of a pathology as a disease (for example, Acquired Immunity Deficiency Syndrome) appears to be a necessary step in the organization of activity to understand and treat the behaviour or pathology. For a discussion in the context of mental illness, see T. Szasz, Law, LIBERTY AND PSYCHIATRY (London: Routlege, 1974); THE THERAPEUTIC STATE (Buffalo: Prometheus Books, 1984). Compare T.J. Scheff, "The Labeling Theory of Mental Illness" 39 AMERICAN SOCIOLOGICAL REVIEW 444-452. For a parody of the labelling process, see the movie THE MADNESS OF KING GEORGE.

G. Lakoff and M. Johnson argue that forming metaphors is a fundamental cognitive process in METAPHORS WE LIVE BY (Chicago: University of Chicago Press, 1980). M. Ball argues that metaphors constitute or create the reality that they seek to embody in LYING DOWN TOGETHER: LAW, METAPHOR AND THEOLOGY (Madison, WI: University of Wisconsin Press,1985).

The importance of metaphor is nicely illustrated by an examination of the connotations that attach to the "organic" state in T.S. Eliot's writing. On this point, see T. Eagleton, LITERARY THEORY: AN INTRODUCTION (Oxford: Blackwell, 1983). This analysis can also be applied to metaphors of the state as "family" and the related conflation of language, nationality and race; see, e.g., E.J. Hobsbawm, NATIONS AND NATIONALISM SINCE 1780: PROGRAMME, MYTH, REALITY (Cambridge: University Press, 1990).

PART THREE

DECISIONS

INTRODUCTION

Making decisions about rules is an everyday occurrence, not just for judges but for all of us. The process has many steps. First we have to decide whether in fact there is a rule to be applied at all. Is the so-called rule actually just a piece of advice, or a suggestion? Next, we have to decide if the rule is addressed to us. Do we fit the category of people — parents, consumers, tenants, employees, for example — that it targets? After that we have to decipher the precise meaning of the rule. What exactly does it actually require, or permit, us to do? Finally, in some cases of binding rules, we have to decide whether or not we are obliged to follow the rule. Does some extenuating circumstance excuse us from doing what the rule requires?

In the normal flow of events, of course, these various steps are rarely broken down into separate questions. Nor do they always present themselves in a logical order. Everyday decision-making does not seem to have, or to demand, the rigour we associate with formal decision-making by courts. For this reason, many people do not think that their routine decisions about the meaning of rules are really examples of legal decision-making. They believe that legal decision-making is what courts alone do. Only judges actually are required to go through the difficult process of analyzing and applying legal rules.

Nevertheless, the decision-making task at home, at work, or in the park, is every bit as complex as the task faced by judges. All legal decisions require careful attention to the facts, a thoughtful assessment of the rule to be applied, and a keen sense of what the justice of the situation requires.

The five stories of this part are meant to address some common difficulties and interpretive challenges faced by all legal decisionmakers. Law provides a wide variety of formal and substantive arguments that can be marshalled in

support of any particular outcome or decision. How does a decisionmaker weigh these different arguments? Sometimes, conduct seems to fall within the general scope of a rule, but is not directly covered by the specific words used to express the rule. How does a decisionmaker know when to follow the letter of the law, rather than its spirit, or its spirit rather than its letter?

Legal decisionmakers face other problems too. General rules that apply to ordinary, everyday situations allow us to plan and to organize our lives. Unfortunately, not all situations are ordinary. How does a decisionmaker know when to set a rule aside or adjust its application to deal with special circumstances? Again, courtroom rules of evidence are meant to enable judges to determine what the facts in any specific dispute might be. But they are not very good at getting to the bottom of any conflict that has a history. How do we know when to prefer legal processes that get at the whole story? Deciding the kinds of explanations to accept as being the truth for any particular purpose is one of a legal decisionmaker's most difficult challenges.

... BUT EVERYONE ELSE IS ALLOWED TO

The profound difference between decision-making by a computer game and real life human decision-making is often forgotten. Legal decisionmakers are never confronted by a rule or rules that apply automatically to decide a case. Rarely are the facts presented in the same way by everybody who has an interest in the outcome. This is true even in courts. Judges must always exercise discretion in determining what the facts are, and how to apply a particular rule to those facts. Most other kinds of legal decision-making are even less constrained than this. For example, at the point of law-making, officials have to decide whether to have a rule, how detailed it should be, and who should have authority to interpret and apply it.

Everyday legal decision-making – by parents, teachers, people in the public service, and the police – also involves the exercise of considerable judgement. Legal rules may set out the general framework within which a decision is to be taken, but the law also recognizes a wide variety of arguments that can be invoked to influence the interpretation of these rules. These arguments are very similar to those one hears every day in a family setting. The first task of the legal decisionmaker is to weigh and evaluate the merits of these different arguments. Then they have to be woven together so as to provide a persuasive rationale for whatever decision is reached about the meaning and application of the rule or rules in question.

Halloween is one of the great experiences of parenting in urban communities: watching hordes of gremlins parade up and down the streets, shrieking with joy; meeting friends and neighbours as they escort their children, and sometimes even their babies, from door to door; making costumes from old clothes; watching as the imagination of youngsters is fired by their desire to be fairies, sports heros, cartoon characters, animals, or whatever; and suffering a week's worth of temper tantrums while they gobble down the vast quantities of candy they have collected. These are just a few of the many highlights of the occasion.

Often, however, Halloween can lead to less pleasant exchanges. Few occasions spark the conflict between a child's desire to push the boundaries of parental authority and a parent's concern to nurture and protect offspring, as much as the annual request to stay out later or to visit more distant streets. Inevitably all parents are visited with the plea: "... but everyone else is allowed

to." Years ago, I made it myself. More recently, hearing it from my own children, I was much better able to appreciate how youngsters can be quite adept at making legal arguments.

LAWYERS BIG AND SMALL

Child psychologists tell us that eight to ten year olds are at the most legalistic developmental stage. My own children are now teenagers and our conflicts have moved on to other issues. What fascinated me when they were younger, however, was the richness of the claims they raised in support of their case for staying out later to "trick or treat." The angry outburst followed by tears was the furthest thing from their minds as they attempted to persuade my wife and I to change our minds. Indeed, their arguments and rationales were no less worthy than those routinely heard in the Supreme Court of Canada.

What were the kinds of claims made by these "little lawyers" among us?

Let me recite them, as best I can remember. First on their lips was: "Everyone else is allowed to." This was followed closely by: "Last year you let her (an older sister) stay out later." Before long the claim is: "You said that if I was good and did well at school I could have more privileges."

Then the bargaining gets more intense: "I'll go to bed early tomorrow night." Often the deal being offered is not very subtle: "I'll share my candy with you, and won't ask for money to buy more."

The pleas do not stop there. They move on to: "I bet you were allowed to stay out when you were young." Or again: "I'll be safe because I'll stick with my friends." More than once my son said: "There is no law that puts a curfew on trick-or-treating." I even remember my ten-year-old daughter proudly announcing: "All the books on being a good parent say you should be flexible about bed-times and other limitations."

And, of course, when all else fails, the claim is simply: "It's not fair! You're being unreasonable and mean!"

Fortunately, I knew almost all these arguments by heart, having used them against my own parents 30 years earlier. I could, therefore, quickly come up with counter-arguments. Not surprisingly, faced with these cogent counter-arguments, my children claimed that life was unfair. They were especially miffed because they had to argue with a lawyer, while most of their friends did not suffer the same disadvantage. After my wife and I partially gave in to them, I began to reflect on their claim to be at a disadvantage. The more I thought about it, the more I could see the point. Each kind of argument my children made, and each rebuttal, had a court-room equivalent.

LEGAL ARGUMENTS AND COUNTER-ARGUMENTS

Most often people think about legal rules as being indications of what to do. They do not see them as constituting arguments justifying a particular course of action or outcome. But that, in fact, is what they are. We do, of course, distinguish between a legal rule that we present to a decisionmaker, and the various arguments we present to convince the decisionmaker to interpret and apply the rule the way we want. Substantively, however, the rule itself is offered up to the decisionmaker simply as another reason for action. Consider the arguments made by my children at Halloween.

The "everyone else" argument is an appeal to community customs, practices, and usages. The "last year you let her" argument is nothing more than citing a precedent. The "you said that if I was good" argument rests on the idea of enforcing a prior promise, or an agreement. The "I'll go to bed early" argument is an invitation to negotiate. And the offer to "share my candy" is an economic argument that shows a willingness to arrive at a win-win agreement.

The "you were allowed to stay out late when you were young" plea is an appeal to tradition. The "I'll be safe" argument demonstrates some long-range concern about consequences. To say "there is no municipal curfew" is like pointing to a statute, or its absence. To make reference to "all the books" reminds us how much official, legal decisionmakers rely on outside expert knowledge. And complaining that "it's not fair" is a direct attempt to invoke a standard of justice, whatever that standard may be.

Depending on how narrowly one wants to define the concept, only one (the appeal to a statute) or at most four (the appeals to custom, to precedent, to tradition, and to a statute) of these types of arguments will normally count as a legal rule. Yet in any attempt to convince a decisionmaker they are all woven together with the other kinds of arguments is a single effort at advocacy. Every day, in every court, lawyers are making these arguments based on custom, precedent, prior agreements, proposed settlements, economics, tradition, consequences, statutes, expert opinion and justice. Recognizing that claims of this kind are as common in families as they are in courts is a first step to understanding the inevitable mixing together of rules with arguments about how they should be interpreted and applied.

MAKING RULES AND ARGUING ABOUT RULES

Just because there may be rules, does not mean that there are simple solutions to conflicts between people. Children know that the rules in a family are always anchored in a social context. They also know that whether the rules apply

in any given situation is rarely self-evident. This is why they are so good at making "legal-type" arguments. And they also know that what distinguishes arbitrary from responsible parents is a willingness to listen to these arguments about the meaning of the rules that have been made.

For their part, parents know that it is never enough simply to tell a child "Well, that's the rule." Of course, sometimes a situation requires fast action; sometimes parents are exhausted and do not have the patience to explain; sometimes children are simply being argumentative and difficult. But apart from these situations, parents carry a burden of justification when applying rules.

They know that, in the end, their rules are only as good as the reasons behind them. Every time a rule is being applied it is necessary to offer reasons to justify applying it. Wise parents also know that their rules alone do not provide specific solutions to specific problems. Their rules really serve as guidelines that set out the kinds of considerations parents find important. Rather than giving ready-made answers to questions, they actually invite further questions. Children will, and should, test their meaning and their rationale. By doing this, children can actually help parents make better rules.

The same is true for official legal rules. Part of the job of a lawmaker or a decisionmaker is, in the manner of children testing their parents' rules, to test the meaning and rationales of existing rules of law. In so doing, the aim is to explore how they might be changed or reframed in a way that helps everyone ask better questions about their meaning. And by asking better questions, and getting everyone to formulate more cogently the real arguments about justice being advanced in individual cases, we can turn many procedural claims like "everyone else is allowed to" into more substantive discussions about whether an outcome is "fair," and whether a rule is "just."

IT'S JUST A LEGAL TECHNICALITY

The decision to announce a rule to govern human conduct is just the beginning of the legal endeavour. A whole series of additional issues arises immediately. Most obviously, decisionmakers have to determine just what kind of conduct falls within the rule as announced. The solution to this problem is frequently bound up in everyday questions of interpretation: What do the words of the rule mean? But not always. Two other types of problem are common, especially where the criminal law is concerned. Sometimes, conduct clearly falls within the scope of a rule, but for a procedural reason a person is provided with an excuse not to follow it. This is where the expression "getting off on a technicality" is usually encountered.

But the expression also comes up in another case. This is where people are doing something that is very similar to what the rule prohibits, but that does not seem to be directly covered by it; and where, in addition, they are doing it to achieve the same outcomes as if they had engaged in the prohibited activity. Here, getting off on a technicality usually means that the decisionmaker has interpreted the rule according to its letter, rather than its purpose or spirit. A decisionmaker has to know when and why a technicality is not just a technicality but an important procedural feature of the criminal law. It is no less important to know when and why a literal rather than a purpose-driven approach should be followed in the interpretation of all types of legal rule.

Both my children are sometime baseball fans. Like many they were quite interested in Mark McGwire's 1998 chase of the single-season, major-league home-run record. Just as he was poised to break the record, however, newspapers reported that he regularly used a performance-enhancing drug of the steroid family. Basically, this was the same kind of drug for which Ben Johnson was stripped of his gold medal ten years ago, and a much more potent drug than the over-the-counter cold medicine that led to the disqualification of Olympic rower Silken Laumann.

Whether Mark McGwire should be permitted to play baseball or be recognized as setting a single-season home-run record is, I suppose, an interesting question. But for me, the incident raises a more fundamental point. Supporters of the baseball player repeatedly observed that in professional baseball, unlike in other sports (including olympic baseball), there is no rule that prohibits the use of performance-enhancing steroids. To McGwire's defenders,

the controversy can be resolved easily. Taking steroids is not illegal under the rules of professional baseball. No further inquiry into the question of whether any new record that he may set should stand is, therefore, needed.

In this kind of reaction lies a real challenge for the law. After all, we do not always decide if conduct is, or is not, appropriate simply by reference to what the law says. Think of the situation where a person is found not guilty of a criminal offence because evidence clearly proving the crime was improperly obtained by the police. How often we hear in such cases that the accused person "got off on a technicality." "Getting off on a technicality" means that we think the accused person really ought to have been convicted.

WHAT IS A "LEGAL TECHNICALITY"?

When people use the expression "legal technicality," what exactly do they mean? Why do they not say that Mark McGwire is "getting off on a technicality"?

These are not easy questions. Most people's view of whether a legal argument is just a technicality appears to turn on what they think about the alleged wrongdoing. That is, everything depends on how they frame the background issue: Is the alleged conduct ethically wrong?

We might, for example, believe that it is ethically wrong for any athlete (or perhaps a professional athlete) to take performance-enhancing drugs. In this light, to defend steroid users on the basis that taking drugs is not illegal under the current rules of professional baseball is simply to invoke a legal technicality. We would then say that taking steroids is wrong and that baseball's existing rules should either be amended, or interpreted so as to prohibit it. This type of attitude reflects a "spirit of the law" approach to legal interpretation: judges should interpret the law so as to catch all conduct falling within the scope of its purposes regardless of how these purposes are actually expressed in words.

Conversely, we might believe that it is not ethically wrong for athletes to take performance-enhancing drugs. In this light, unless we could point to a specific rule prohibiting players from taking steroids, there is no crime and there would be no such thing as getting off on a legal technicality. We would then be taking the position that crimes can only exist when the rules clearly prohibit conduct. So-called technicalities are actually part of the definition of what the wrongful conduct is. Here we can see an attitude that reflects a "letter of the law" approach: the law should only catch behaviour falling within the dictionary definition of the words it uses.

THE LETTER AND THE SPIRIT OF RULES

When my children asked me why Ben Johnson was disgraced as a cheater and Mark McGwire embraced as a hero, I had no easy answer. I found myself hard pressed to justify the difference simply because of the different rules adopted by the Olympics and professional baseball in the United States. Baseball is one of the most rule-bound games we play. But for all its rules about spit-balls, about putting pine-tar on bats and about the size of baseball gloves, there are no rules about steroids. Why not?

As I thought about this, I began to consider other possibilities. Perhaps it is not the rules of baseball, but the Olympic rules that should be changed. Why are we so concerned about drugs in sports anyway? We encourage athletes to train hard, sleep well, eat better, and take vitamin supplements. We do not even care if they take over-the-counter headache pills to improve their performance when they don't feel well. Perhaps the only reason that we have come to think of drug-taking in baseball as wrong is because it is generally against the rules in the Olympics. Maybe taking steroids is no different than taking vitamin supplements.

In discussing these ideas with my children, my doubts about the Olympic position disappeared. I came to see that what was really bothering me was the structure of professional baseball, and indeed the management of most professional sports leagues. The reason Mark McGwire's case attracted attention was because baseball's rules were out of step with our expectations about how games should be played. He could be seen to be exploiting a technicality because we feel that there should have been a rule to prevent drug-taking.

LINING UP RULES WITH UNDERLYING POLICIES

Sometimes a whole system of detailed rules can fail to capture the policies and values that actually underlie the rules that have been enacted. This failure to set out policies and values is more common in baseball than in the sports that do not have as lengthy a history. It usually happens in areas where the rules have been added bit-by-bit over time to deal with specific matters. Only after considerable experience does the rationale for the various specific rules clearly emerge.

Today, we can see that baseball's rules about spit-balls, pine-tar on bats, and the size of gloves are really rules about "fairness." They are designed to keep the playing field level. Their purpose is to prevent one person from gaining an unfair advantage over another — in a word, cheating. When they were first enacted, the only ways to cheat were by fooling with an athlete's

equipment or with the way the game was played. Today, of course, we know that we can cheat by fooling with the athlete. Putting foreign objects like cork inside baseball bats is "juicing the bat." Putting foreign objects like spit on the ball is "juicing the ball." Putting foreign objects like performance-enhancing drugs into a player is "juicing the player."

Rules in law are more like rules in baseball than rules in other sports. At some point or another they wind up falling out of step with our expectations. When that happens, they are added to incrementally to address specific situations. The challenge, however, is to avoid just piling on more and more detailed sub-rules. The challenge is to recast the law so that the words we use are adequate to reflect the policies we want to enact.

If we succeed, we will also keep alive the question of whether certain conduct is ethically right. This is a first step to achieving a more just regime of law. If we fail, however, we will soon come to think that the rules have no larger purpose than to regulate specifically identified conduct. Like defenders of Mark McGwire, we will just conclude that the only question worth asking is whether some conduct is legal according to the narrowest interpretation of the rules as they currently exist.

The tone of most public discussion about the relationship of drugs to Mark McGwire's athletic achievements is heartening. It illustrates that most people are not cynical about true "legal technicalities" and that they really do care about these difficult issues of legal regulation — whether in the context of a favourite sport, or the criminal law.

LET'S JUST STICK TO THE RULES

Much of our capacity to organize daily activities depends on there being a high degree of predictability in the actions of others. This is true not only of the informal routines of everyday life, but also of the general social rules we live by. In families, for example, it eases everyone's planning to know that supper will be served at the same time every day. Likewise, it is important to know that the police will display some consistency in interpreting traffic and parking regulations. Occasionally, however, we may have to set aside or modify a rule meant for the usual situations. Special circumstances are constantly confronting us. How are we to know when the rationale for the rule requires us to adjust its application in particular cases?

All legal decisionmakers, from senior public officials and judges to post office clerks and parents, constantly confront this challenge. Sometimes, it is possible to see how to apply the basic logic and goals of the general rule to novel or special circumstances. In these cases, most people are able to make the appropriate adjustment for the new situation without re-inventing the rule. Judges do this all the time. Yet there are times when it is more difficult to do so. Drafting rules that sufficiently reflect their underlying logic that they can be applied relatively easily to unusual situations, is a key to enabling legal decisionmakers to figure out when, and how, they should just stick to the rules.

There is nothing like the end-of-year holiday season to remind us just how fragile our everyday patterns of life, especially within families, can be. Comfortable routines are disrupted by visitors, overnight guests, having to purchase gifts, entertaining relatives, going to friends' homes for a meal, and so on. Compounding the uncertainty is the lack of structure caused by our children not having to go to school each morning. Nothing seems to work as it usually does. Is it surprising that children are quick to take advantage of the uncertainty by neglecting tasks and chores that they normally perform? Rooms are left messy, dishes are not done, sidewalks are not shovelled, plants are not watered, garbage is not taken out, and so it goes.

When called to account, their response is always the same: "Well, things are different during the holidays. If you want me to keep up the regular routine you should say so." They think the rules that normally apply do not (or should not) apply to situations that are not "normal." And yet, when parents neglect to make a meal at the usual time, for example, children are often upset

that the daily pattern has not been maintained. Without seeing the irony, here they are just as likely to say: "Why can't we just stick to the routine?"

No doubt, there are self-interested reasons for both these reactions. Just like many adults, children would prefer to avoid personal responsibilities but still hold everyone else to theirs. But another lesson can also be learned from these reactions. Everyday routines and rules are not like the laws of physics and chemistry. They do not describe patterns of motion and chemical reactions. Rather they prescribe patterns of human conduct. While they reflect the lessons of experience, they also constitute good reasons for action.

Whether in the family or in society, most rules are designed to address the normal situation in which people find themselves. They cannot possibly speak directly to all the unusual cases that may come up without becoming long, detailed, and complex. So the practical issue is to know what approach to take to general rules and routines when we face unusual situations. When should decisionmakers try to stick to the rules no matter what, and when should they take a more flexible approach?

PATTERNS OF LAW AND PATTERNS OF LIFE

Most of us have had the experience of lining up at a bus-stop. The rule-of-thumb, "first come, first served" is usually effective in avoiding conflicts and producing an ordered system for boarding the bus. But where traffic is backed up at an intersection, and the bus has to stop half-way down the line, the guidance provided by the rule breaks down. The line normally does not back up or reorganize itself so that those at the front are able to get on first. While some later arrivals may politely let those in front board ahead of them, if the people at the very head of the queue insist on pushing to get on first, the result is often chaos and anger.

In these unusual situations, one of two things normally happens to the line-up. Sometimes the front part of the line reverses itself until the person formerly first-in-line gets on board, and then the rest of the line-up continues. And sometimes the order of boarding alternates between the front part and the back part of the line. In both cases, the outcome is like the situation of children who react to an abnormal holiday situation by acting as if the regular routine does not apply. And yet, it is not as if a mob scene results. It may be that people are not able either to readjust the rule of lining-up to deal with this unusual situation, or to easily figure out how to move around so that the "first-come, first-served" principle is fully respected. Still, they develop spontaneous practices that recognize at least some priority in the claims of those at the front of the line.

This inventiveness and adaptability are often taken further. People are sometimes able to adjust practices so as to maintain the rule even in unusual cases. They can see how to extend the idea behind the rule cooperatively to an unanticipated situation. Think of what happens at city street intersections where the traffic lights are not working. Most often, traffic quickly falls into a pattern where one car heading north and south goes ahead, followed by one car heading east and west, and so on. Here, motorists are able to slightly modify the stop-and-go rule of working traffic lights to cover the unusual situation when the lights are not working. They turn defective traffic lights into the patterns of a four-way stop, even though most do not know that this is what the traffic regulations actually provide.

Of course, if the traffic lights also were to incorporate advanced or extended green signals to permit left turns, these refinements to the rule will not normally be carried forward into the practice that develops for the unusual situation. It seems that there are limits to the complexity of rules that can be replicated informally. Nonetheless, in most cases, the underlying pattern continues to be followed even where the legal rule itself does not operate directly. The outcome here reflects the same attitude as that of children who cannot understand why parents do not simply adjust the normal routine so as to maintain a predictable pattern of mealtimes during the holiday season.

THE RULE AND THE REASON FOR THE RULE

These two examples show that, in extraordinary situations where routines and rules cannot apply exactly as intended, people will react quite differently. Sometimes they can see the underlying pattern of the routine or the rule and apply that pattern to an abnormal or novel situation. Here the rule continues to be of assistance in helping them structure their conduct productively in a way that avoids conflict. Sometimes, however, the effort required to do so is either too great, or there are too many people who must all at once figure out what to do, or the issue at stake is too trivial to invest the energy needed to make the adjustment. Here, whether or not they manage to avoid conflict in reacting to the unusual situation, the rule seems to be of no great help.

Making rules that are effective in guiding human activity is no easy task. Rules do not apply themselves. It is not enough that rules can be easily interpreted and applied by experts. To work they have to be capable of being applied by the people to whom they are directed in the first instance. This means that their interpretation and application is relatively straightforward not just in regular situations, but that they can be extended to unusual situations as well.

When children say "things are different" they are acknowledging that rules only make sense when they speak to recurring real-life situations. But at the same time, they are claiming that the normal factual basis for the rule is absent and, therefore, it should not apply. When they say "let's just stick to the rules" they are acknowledging how useful rules can be in maintaining predictability even in new situations. In wanting to keep to rules and routines, children see that rules allow them to make choices about what to do, because they establish patterns of expectations about what others will do.

There are important lessons for the legal system in these stories. Not all social changes require explicit amendments to the law. People can often make the adjustments to their practices and routines themselves. Moreover, some rules are better than others in educating people about their underlying logic and rationale. These are the rules most easily extended to unusual situations. Good lawmakers understand how people are likely to respond to different kinds of rules. They also know how rules can be written so that it is relatively easy to apply their rationale to novel situations. This, in turn, enables legal decisionmakers — whether judges, the police, or citizens — to make wise choices about when it is better just to stick to the rules.

IT'S NOT FAIR, HE HIT ME FIRST!

Conflict and disagreement are practically daily features of life within families and society generally. Most conflicts are quickly and informally resolved with a spontaneous "Excuse me" or "I'm sorry." In other cases, even when an apology is not offered, the aggrieved person just walks away. Occasionally, disagreements escalate. When this happens, it is often necessary to call in a third person to help settle things down. Parents normally play this role when their children become aggressive toward each other. Once third persons are projected into a conflict, however, things change. Whether acting as judge or as mediator, they find it difficult to prevent the apparently simple disagreement from unravelling into a complex problem.

As more and more facts are explained, it often becomes harder, not easier, to figure out what is going on. This is not just because there are two sides to every story. The truth in a story often depends on how much of the story one is prepared to listen to. Especially where the goal of a decision-making process is to build for the future rather than just repair the past, the range of facts and issues that have to be dealt with expands enormously. Regular court processes are usually not adequate to handle these tasks of historical reconstruction. But other processes are. The challenge for decisionmakers is to know when they should try to search for the whole story, and when they should be satisfied with solving a narrowly-cast small dispute.

Arriving in the middle of an argument between children is a trying experience for parents. Often you become aware of the conflict only when you hear a scream or when one child comes running to you in tears. Even though you have not seen the whole affair, you are pressed to make an immediate judgement about what to do.

It takes just one mistake to realize that, before acting, it is best to ask both children what is going on. There are almost always two sides to every story. How many times does the response to the question "did you punch your sister?" turn out to be "but she hit me first"?

Everyday squabbles between children give a rich perspective on how difficult it is to be a parent. Often it is quite a trick just to find out what happened. And when you do get to the bottom of the story, you discover that the bottom is much deeper and more complex than you first thought. This is equally true of all types of legal decision-making.

FINDING OUT WHAT HAPPENED

Parents who are called upon to help settle arguments between their children are, of course, not exactly in the same position as judges and courts. For example, parents have a special relationship to their children that exists long before any particular conflict arises. Parents will also have a special relationship with their children long after the conflict has been dealt with. This means that they have concerns about maintaining harmony in the family that go beyond just settling the argument. It also means that they can bring much more context and background to family problem-solving.

Judges, by contrast, normally do not have this type of context and background about cases they decide. We would not expect a judge to say, in the middle of a divorce proceeding: "Wait a minute. That's not true. I know what kind of relationship you have with your spouse." A fair adjudication in court means that judges should have no objectives other than deciding the case according to the applicable legal rules. It also means that they should have no personal knowledge of the conflict to be decided, because that might prejudice or bias their opinion.

There are other differences between parenting and judging. Usually parents feel the need to personally take charge of discovering the facts, and to question each child closely. The activity they are going through is a bit like being a detective. They want to find out what is "really" going on. So they ask one child a question, and then the other, and alternate until they feel they have figured out the situation.

This is not the role our judges now play. We assume that people in court will present their own case in a manner that they think best. In court, there is no objective version of the facts — just two different versions offered by each person in the conflict. The procedure in a judicial setting is adversarial, and the judge is required to listen fully to the stories as presented rather than to run an independent investigation.

These two features distinguish normal court-room proceedings from family problem-solving. Judges do not have personal knowledge of disputes they are deciding. And judges do not take on the role of investigators.

As a way to decide conflicts the judicial process has both advantages and disadvantages. It ensures that the judge is impartial and does not come to a conclusion until the persons affected have had a chance to say all they want. It also ensures that the persons affected can tell their story in their own words, and not be required to reveal it only in response to a judge's questions. But judicial procedures mean that judges may often have to decide on the basis of less than complete knowledge. Any deeper context is excluded, and some questions that a judge might think worth asking usually cannot be fully canvassed.

WHEN HAVE YOU GOTTEN TO THE BOTTOM OF IT?

Courts, like parents, make good use of the methods they have for finding out what has gone on. But in family conflicts, the range of things that seem to bear on outcomes is always much broader and always involves many more considerations than court-room proceedings seem to allow.

I remember once, arriving home from work, being confronted by my daughter who was in tears because her younger brother had punched her. When I asked what the problem was, she said that he would not let her watch her favourite TV program. Immediately, I called on her brother to explain. Here is how the story unfolded.

"He punched me."

"Yes, but she bit me."

"But that's because he hit me first."

"But that's because she turned off the TV."

"But I did that because Wednesday is my day to watch my program at five o'clock."

"But I let her watch TV at five o'clock yesterday, when it was my regular turn."

"But that is because he was outside playing with his friends."

"But last week, when I watched on her day because she was at a friend's house, mum made me let her watch on my day."

"But dad, I had a really rough day at school today. The teacher made me sit in the hallway. No one wanted to eat lunch with me. And I lost my favourite pen. So I should get to watch my TV show anyway."

But..., but..., but..., but. What is a parent to make of all this? A first issue is to decide how much of the story is really relevant to settling the argument. Is it necessary to consider matters that go back weeks, or things that went on at school? Part of the problem is that when parents do ask probing questions, they discover that an important part of the story always relates to an event completely beyond the control of either child. More often than not, finding out the whole story just makes it harder to help children settle their argument.

A second issue relates to how one understands the conflict itself. Is the argument about who punched whom first? Is it about TV programs? Is it about trying to be sensitive to a child who is having other problems? More often than not, finding out the whole story just makes it harder to figure out what the argument is all about, and who it is really between.

DISCOVERING THE WHOLE STORY OR KEEPING A PROBLEM SMALL?

Generally parents try to discover the whole story in any conflict involving their children. Yet there are also times when parents with a lot of experience listening to arguments between children decide that it is better not to get the bottom of a conflict. For all kinds of reasons — time, energy, relative triviality, inappropriate situation — they decide simply to deal with the surface issue, at least for the moment. Exactly these kinds of limitations also affect the structure of decision-making in courts. Those who expect courts to routinely act like parents fail to appreciate the constraints that the judicial process imposes. Not every situation can, or should, be dealt with by a judge the way a parent would approach a family conflict.

This is not to say that law is powerless whenever it is necessary for the whole story to come out. There are many other kinds of legal processes besides those followed by courts. The procedures of Ombudsman Offices, Commissions of Inquiry, and coroners' inquests to take three examples, are designed specifically to get to the bottom of things by broadening the scope of the fact-finding investigation and enlarging the issues that are being considered.

Some of these processes are like an expanded court-room inquiry, and are meant to discover how a particular event happened. In this sense they resemble an everyday parental search for the facts in a family dispute. Others go further. They are task forces designed to examine a general issue of public concern and make policy recommendations. These inquiries resemble the parental investigation of the whole range of issues lurking in the background of a sibling conflict.

Obviously, the broader the scope of the fact-finding exercise and the larger the view of the issues being investigated, the more likely the decisionmaker will have to come up with creative responses in order to solve the problem. Understanding when to design and deploy procedures designed to keep a problem small and when to use procedures that let the whole story come out, is one of the most difficult challenges legal policymakers have to confront.

I WAS ROLLING ON THE FLOOR AND IT FELL IN!

Why do we not have better legal processes for getting at the truth? This is a question people ask every time a high-profile criminal trial ends in an acquittal because of a lack of evidence. Dissatisfaction with the criminal law can often be traced to popular misconceptions about what the trial process is meant to accomplish. The purpose of a criminal trial is not to discover the facts about a situation the way a scientist would. Its purpose is to determine whether the prosecution has proved beyond a reasonable doubt that accused persons have committed the crimes with which they are charged. Many rules of criminal evidence aim only at preventing people from being convicted wrongfully.

Occasionally, these rules can be quite hard on victims who have to testify. This is especially the case with rules governing cross-examinations. In a criminal trial, judges do not control the fact-finding process. The accused person is given much latitude in deciding what evidence to present and what questions to ask on cross-examination. Truth on cross-examination is not about learning the facts so as to prevent something from happening again. How far the "whole truth" extends depends only on the reasons why any particular question is being asked. Since different legal processes permit different kinds of truth to be pursued, the first question for policymakers in choosing a process is to decide on what kind of truth they looking for.

Almost 50 years ago I used to go to a play-group in a local church basement every Tuesday afternoon. Of course, after a couple of hours of running around, finger-painting, making monsters with plasticine, sticking paste in each others' hair and like activities, we would get pretty tired. So each week there would be "nap-time" at 3:30. We would all roll out our little "security blankets" onto the hardwood floor and lie down for 15 minutes.

One afternoon, I was restless and could not fall asleep. Close to my blanket, I spied a little wooden peg, about an eighth of an inch in diameter and about one inch long. Before long, I had picked it up, stuck it in my mouth, my nose and, finally, my ear. That was a big mistake. I could not get it out of my ear. Panicked, I began to cry. The caregiver could not get it out either, so my parents were called. Off we went to the doctor, who used his tweezers to extract the offending object.

As we were leaving his office he asked me "Young man, how did you get that peg in your ear?" Probably fearful of telling the truth I blurted out: "I was rolling on the floor and it fell in!" To my great surprise, my mother seemed to believe me, although both the doctor and my father were sceptical.

My explanation, and the reaction of those around me to it, raise two of law's central issues. How do we know when people are telling the truth? And what is truth in law anyway? It did not take long after I started studying law for me to realize my earlier good fortune. Thankfully, I was being questioned in a doctor's office and not when I was on the witness stand in a case called *Little Roddy Macdonald* v. *Greenborough Community Day Care.*

DISCOVERING WHO IS TELLING THE TRUTH

Television shows and movies constantly bombard us with courtroom dramas where a persistent lawyer finally catches a witness telling lies and forces him or her to blurt out a "true confession." The idea of cross-examining a witness to test for the truth of a statement is not hard to see. Even when not consciously lying, people will always tell a story that puts their own conduct in its best light. Directly confronting witnesses to probe for inconsistencies in the story they tell is one way to make sure that at least some version of the truth gets to emerge.

Of course, a cross-examination is not the only way in which evidence given by a witness can be put to the test. Sometimes there will be other witnesses to the event and these witnesses will have their own stories to tell. Sometimes there will be objects, fingerprints, and other evidence that either back up, or challenge testimony offered by a witness.

In many civil and criminal trials, however, the act which a person is being accused of committing occurred many years earlier. Often there is only one witness – the person who brings the complaint. Here rigorous cross-examination of the victim might be the only way that an accused person can establish his or her innocence.

Nevertheless, despite its effectiveness as a means for testing the reliability of testimony, cross-examination is an aggressive process that can be very hard on witnesses. This is especially the case where the event in question is an assault, rather than a burglary, theft, or other damage to property. Victims of personal assaults have a special vulnerability that comes from having to relive experiences that were an affront to their dignity.

Sexual assaults are among the most notable of the crimes that produce long-term personal stress and that are hardest to retell on a witness stand. Where the assault took place several years earlier, the retelling can bring back

long-repressed painful memories. If the victim is still a child, the trauma is compounded. A formal court process where a victim has to present evidence and then endure a cross-examination is never an easy experience.

PROTECTING VICTIM WITNESSES

Victims who are witnesses may be forced to testify even when they do not wish to do so. But they are rarely given adequate support. In a criminal trial, victims are not entitled to have the state pay for a lawyer to assist them. Sometimes there are no victim-services programs available. Often victims are required to reveal the humiliations they have suffered in a public setting. Today we understand the need to protect child witnesses, but we tend to forget that adults who have been abused as children can be just as vulnerable.

Is it possible to improve this process for getting information about an alleged crime? The interest of the defence in a full cross-examination cannot be contested. After all, a person accused of such a crime will suffer great damage to his or her reputation if convicted, as well as the likelihood of a significant term of imprisonment. But two features of the adversarial trial process, especially as it affects victims of sexual assaults have recently come into question.

First, publicity. Is it necessary for anyone but judge, jury, accused person, and victim-witness to actually be in the court room when the testimony and cross-examination takes place? Might not the interests of openness and transparency be served just as well by temporarily excluding journalists and the curious from the court room and videotaping the testimony?

Second, muckraking. Is it always necessary for a defence lawyer to ask victim-witnesses about their past sexual conduct? Imagine asking a homeowner to recount in a criminal trial how many times before an alleged housebreaking offence was committed his or her house had been burgled. So many assumptions we make about peoples' conduct in sexual matters are completely at odds, with no good reason, with assumptions we make about human behaviour in other settings.

TRUTH AND THE CRIMINAL LAW

Today many Canadians feel that the criminal justice system is "too easy on criminals." One commonly hears that guilty people are getting off because certain evidence cannot be presented at their trial. These comments mistake what the criminal trial process is designed to accomplish. The aim of a criminal trial is not to discover the whole truth about a situation in the manner of a scientist or an historian. Its goal is to determine whether the prosecution can

prove beyond a reasonable doubt that the accused person committed a crime. And not just any crime. Only the specific crime with which he or she is charged.

There are, of course, some types of criminal trial processes that are designed to do more. In many European countries the trial is an investigation, and the presiding judge takes the lead in asking questions and directing the process. The trial is meant to get at the whole truth in the larger sense. In Canada, however, a criminal trial is not structured as an inquisition. It is an adversarial proceeding in which the prosecution and the defence are each responsible for presenting evidence. What is more, they only need present the evidence they think is relevant.

The more limited objectives of a criminal trial in Canada can be understood with the help of an example. Imagine that there is a family rule that children should not drink milk in their bedrooms. A parent discovers a milk spill on the floor and asks a child: "Were you drinking a glass of milk in your room?" We might normally think that this question really means: "Were you responsible for the milk-spill?" But the criminal process, by contrast, is designed to produce the answer "No" to that specific question, if it should turn out that the milk was spilled not from a glass, but from a bowl of breakfast cereal being eaten in the bedroom.

This is not to say, however, that the law should never be interested in the "whole truth" in its broadest sense. Certainly the kind of medical inquiry that the doctor was conducting about the wooden peg in my ear should not be limited by the constraints of the criminal law. For him, the guilt of innocence of little Roddy Macdonald is not in issue. Finding out how the piece of wood got into an ear and where else it had been — for example, was it gently or violently pushed in, and had it been somewhere that would likely lead to an infection? — are the key diagnostic questions.

The whole truth in law, in other words, will always be relative to the context in which a question is being asked. And it will always be relative to the purposes for which the institution doing the asking has been established. It is frustrating for citizens to see people acquitted because they cannot be proven to have actually committed the specific crime alleged. Our constitution takes the position, however, that it would be worse if people could be convicted and fined or sent to jail simply because they were morally culpable of something or other.

But this is not the end of the story. Because of the impact of the criminal law process on witnesses, especially in cases where victims of humiliating sexual assaults are subjected to intense cross-examination as witnesses, many are now questioning other features of the criminal law. Might it be better to move away from the adversarial approach to finding truth in these cases, or

with these witnesses? The idea is that a judge-led process might be better at protecting victims while still ensuring a fair trial. Some even want prosecutions for sexual assault to be run like public inquiries.

There are, of course, many issues to be considered in any redesign of criminal procedure. One thing is, nonetheless, certain. Since different legal processes permit different kinds of truth to be pursued, the first is to decide upon what kind of truth we are going to look for. Only then will we be in a position to judge if it is appropriate, as my mother thought it was, to accept an answer like "I was rolling on the floor and it fell in."

SUGGESTIONS FOR FURTHER READING

INTRODUCTION

Legal decision-making, especially in courts, is a constant preoccupation of "access to justice" advocates. Several different considerations are present. For a general review of civil dispute behaviour, see L. Nader and H. Todd, The Disputing Process: Law in Ten Societies (New York: Columbia University Press, 1978). Often disputes never get beyond an informal stage, even when apparently "criminal" behaviour is involved. For a discussion of the rationales for informal dispute processing, see J. Skolnick, Justice Without Trial: Law Enforcement in a Democratic Society (New York: Wiley, 1975)

The movement to alternative dispute resolution is seen by many as a means to overcome the disadvantages of adversarial adjudication as a disputing mechanism. See generally, S. Goldberg, F. Sander and N. Rodgers, Dispute Resolution: Negotiation, Mediation and other processes (Boston: Little Brown, 1992); P. Emond, Alternative Dispute Resolution: A Conceptual Overview (Toronto: Canadian Bar Association, 1992); P. Noreau, Droit préventif: le droit au dela de la loi (Montreal: Themis, 1993).

Claims that the law should not be so reliant on adversarial adjudication are often raised by members of groups that feel excluded from the societal mainstream. For the situation of Canada's Aboriginal Peoples, see Aboriginal Peoples and the Justice System (Ottawa: Royal Commission on Aboriginal Peoples, 1993). The position of visible minority populations is considered in P. Ewick and S. Silbey, Differential Use of Courts by Minority and Non-Minority Populations in New Jersey (Trenton: State Justice Institute, 1993). A cross-cultural perspective of civil disputes emerges from the essays published in A. Hutchinson ed., Access to Civil Justice (Toronto: Carswell, 1990).

Most legal decision-making takes place within institutional structures. On the influence of institutions on decision-making processes, see M. Douglas, How Institutions Think (Syracuse: Syracuse University Press, 1986); M. Dan-Cohen, Rights, Persons and Organizations: A Legal Theory for Bureaucratic Society (Berkeley: University of California Press, 1986); F. Kratochwil, Rules, Norms and Decisions: on the conditions of practical and legal reasoning in international relations and domestic affairs (New York: Cambridge University Press, 1989).

In classical theories of adjudication there are two main considerations that influence decisionmakers — legislative rules and prior decisions. The application of the former engages the process of statutory interpretation, itself the subject of an enormous

literature. For an excellent discussion, see W. Eskridge, DYNAMIC STATUTORY INTERPRETA-TION (Cambridge, MA: Harvard University Press, 1994). Theories of precedent and the obligation of courts to follow their own prior decisions are equally numerous. See M. A. Eisenberg, THE NATURE OF THE COMMON LAW (Cambridge, MA: Harvard University Press, 1988); L. Meyer ed., RULES AND REASONING: ESSAYS IN HONOUR OF FRED SCHAUER (Portland: Hart Publishing, 1999).

... BUT EVERYONE ELSE IS ALLOWED TO

The arguments put forth by children at Halloween, and by litigants pleading their cases in courts, are also canvassed by J. Paul, "A Bedtime Story" (1988) 74 VIRGINIA LAW REVIEW 915. Of course, these same arguments are not just used when trying to convince parents and judges. They reflect structures of argument that are present in other domains as well.

Consider the typical claims made by advertisers. The "everyone else" argument, or appeal to custom is one commonly made by beer and fashion commercials. The argument from precedent is one made by any vendor who seeks to draw on consumers' past experiences and positive associations with the vendor's product, to make a sale; it is commonly made by established brands against less established ones. The "I'll go to bed early" or invitation to negotiate is the basis for any "or best offer"-type advertisement. The "you were allowed to," or tradition argument is commonly invoked by vendors who try to establish their credibility through an appeal to their own history; this is the tacit claim made by investment firms that show grainy black and white footage of their founders espousing the firm's central tenets. Finally, the "it's not fair" or appeal to justice arguments are a fixture of fund-raising appeals for charitable causes.

While these forms of argument are pervasive, they have a particular shape in situations where the decisionmaker is an adjudicator. For discussion, see L. Fuller, "The Forms and Limits of Adjudication" in THE PRINCIPLES OF SOCIAL ORDER, ed. K. Winston (Durham: Duke University Press, 1983). The constraints of rule-based decision-making receives more detailed consideration in F. Schauer, PLAYING BY THE RULES: A PHILOSOPHICAL EXAMINATION OF RULE-BASED DECISION MAKING IN LAW AND LIFE (Oxford: Clarendon Press, 1991).

Not all authoritative decisions need be fully constrained by rules. What has been characterized as Solomonic or *kadi* justice privileges individual equity in decision-making over adherence to pre-existing rules. An accessible treatment of Weber's ideas about decision-making is given in A. Kronman, MAX WEBER (Palo Alto, CA: Stanford University Press, 1983) at 47-95. Again, in many modern forms of private arbitration the arbitrator is empowered to decide *ex aequo et bono* (in equity and good conscience).

Especially poignant studies of the kinds of considerations that weigh upon decision-making in different settings are seen in movies such as SOPHIE'S CHOICE (a two-party choice) and SCHINDLER'S LIST (a multi-party choice). Movies exploring situations of family breakdown, for example, KRAMER V. KRAMER, raise the same kinds of issues.

IT'S JUST A LEGAL TECHNICALITY

Some of the best discussions of interpretation can be found in studies of rules in sports. These are often found on the sports pages of newspapers and magazines. For 20 years, sports journalists have been asking about how hockey referees interpret rules such as the "foot in the crease" rule. Similarly, the changing strike zone in professional baseball has attracted much journalistic commentary. Baseball is a particular favourite among certain North American legal scholars. See, for example, "The Common Law Origins of the Infield-Fly Rule" (1975) 123 UNIVERSITY OF PENNSYLVANIA LAW REVIEW 1474; and C. Yablon, "On the Contribution of Baseball to American Legal Theory" (1994) 104 YALE LAW JOURNAL 227.

The question of "legal technicalities" as a strategy of interpretation arises in various other contexts as well. Frequently, it merges with considerations of formalism. For example, should a now 50-year-old couple be considered not to be married if at the time of the marriage one was only 16 years old? On this and related questions, see C. Blakesley, "The Putative Marriage Doctrine" (1985) 60 TULANE LAW REVIEW 1.

Not all interpretation is of words and documents. Patricia Williams, in the ALCHEMY OF RACE AND RIGHTS (Cambridge, MA: Harvard University Press, 1991) uses narratives of everyday experiences like apartment-hunting to show the range of issues that influence interpretation. Nonetheless, the idea of "technicality" invokes the idea of a rule or a direction stated in relatively precise terms.

The most common forms of legal writing are, of course, legislative instruments (constitutions, statutes, regulations) or contracts or wills. A fascinating account of the "technical" interpretative difficulties caused by an apparently simple provision in a will leaving a substantial sum "to the Mother who has since my death given birth in Toronto to the greatest number of children" may be found in M. Orkin, THE GREAT STORK DERBY (Toronto: General Publishing, 1981).

The choice between close adherence to the text of rules, and broad purposive interpretations is illustrated by contrasting regular broadcasts of the television program "Who Wants to Be a Millionaire," where participants are playing for themselves, and where the rules are strictly enforced, with celebrity-week broadcasts of the program, where celebrity-participants are playing for charities, and where the rule against unauthorized assistance is routinely breached (the breach normally takes the form of Rosie O'Donnell mouthing answers to other celebrity contestants).

The choice between these two general approaches to interpretation is also made explicit in the biblical dialogues between Jesus and the Pharisees. The divergent attitudes toward rules also captures a broad distinction between conservative and liberal approaches to religious practice. For a fictional illustration in a Jewish context, see Chaim Potok, The Chosen (Greenwich, CT: Fawcett, 1967).

LET'S JUST STICK TO THE RULES

Understanding when, in the flow of everyday life, one is in an extraordinary situation calling for adjustments to settled expectations is one of the themes explored in M. Reisman, LAW IN BRIEF ENCOUNTERS (New Haven: Yale University Press, 1999). Gerald Postema has written extensively on this issue. See G. Postema, "Coordination and Convention at the Foundations of Law" (1982) 11 JOURNAL OF LEGAL STUDIES 165; "Implicit Law" (1994) 13 LAW AND PHILOSOPHY 361.

The question of sticking to the rules has implications for the way in which people react to the law and to legal institutions. For a narrative of the small claims court, see S.C. McGuire and R.A. Macdonald, "Tales of Wows and Woes from the Masters and the Muddled: Navigating Small Claims Court Narratives" (1998) 16 WINDSOR YEARBOOK OF ACCESS TO JUSTICE 48. On general evaluations of civil disputing see Tom Tyler, WHY PEOPLE OBEY THE LAW (New Haven: Yale University Press, 1990); T. Tyler ed., COOPERATION IN GROUPS: PROCEDURAL JUSTICE, SOCIAL IDENTITY AND BEHAVIOURAL ENGAGEMENT (Philadelphia: Psychology Press, 2000).

The issue of the applicability of rules in special circumstances is the subject of much anthropological writing on "liminal states," see Victor Turner, THE RITUAL PROCESS: STRUCTURE AND ANTI-STRUCTURE (Ithica: Cornell University Press, 1991). See also Mary Douglas, PURITY AND DANGER: AN ANALYSIS OF THE CONCEPTS OF POLLUTION AND TABOO (London: Routledge and Kegan Paul, 1966).

For a non-scholarly analysis of liminality in narratives, see Joseph Campbell, THE HERO WITH A THOUSAND FACES (Princeton, NJ: Princeton University Press, 1968). The issue is also considered in popular literature. Consider, for example, William Golding, LORD OF THE FLIES (London: Faber, 1962).

At the extremes of human experience, appeals to pre-existing rules can seem beside the point. The ice-storm of 1998 in Montreal plunged an entire city into a survival mode in which "sticking to the rules" was not a relevant consideration. So too, in situations of hostage taking, high-altitude airplane crashes, and so on, the limits of "normal rules" are quickly perceived. For accounts, see P. Hearst, THE TRIAL OF PATTY HEARST (San Francisco: Fidelity Press, 1976); A.W.B. Simpson, CANNIBALISM AND THE COMMON LAW (Chicago: University of Chicago Press, 1984); M. Abley, THE ICE STORM (Toronto: McClelland & Stewart, 1998).

IT'S NOT FAIR, HE HIT ME FIRST!

The "size" of a conflict vexes decisionmakers whatever the context. Much of the literature on dispute resolution attributes difficulties in settlement to the inability of parties to "fractionate" their conflict into issues that can be resolved through negotiation. See R. Fisher, GETTING TO YES (New York: Penguin, 1992); BEYOND MACHIAVELLI (Cambridge, MA: Harvard University Press, 1994).

In courts, the question of the "size" of a conflict raises problems of evidence, but it also raises problems of institutional competence. Are judicial proceedings well suited to broad policy investigations? Usually, the issue comes up when judges are asked to make broad rulings about how public officials should manage organizations: school systems, hospitals, prisons, and so on. For an optimistic perspective, see O. Fiss, THE CIVIL RIGHTS INJUNCTION (Bloomington: University of Indiana Press, 1978). Contrast the conclusion of the Law Commission of Canada in RESTORING DIGNITY: RESPONDING TO CHILD ABUSE IN CANADIAN INSTITUTIONS (Ottawa: Supply and Services Canada, 2000), reviewing the limits of the remedies that may be gained through the civil litigation process.

In recent years much energy has been invested in designing processes of civil disputing meant to increase access to justice for citizens who cannot afford a lawyer. For a review of the merits of different proposals such as informal courts, administrative agencies, community dispute-resolution centres, and so on, see PROSPECTS FOR CIVIL JUSTICE (Toronto: Ontario Law Reform Commission, 1995); RETHINKING CIVIL JUSTICE, 2 vols. (Toronto: Ontario Law Reform Commission, 1996). Much energy has been expended on determining how socio-demographic characteristics influence access to justice: see, for one empirical study, S.C. McGuire and R.A. Macdonald, "Small Claims Courts Cant" (1986) 34 OSGOODE HALL LAW JOURNAL 509. Compare, J. Paquin, "Avengers, Avoiders and Lumpers: The Incidence of Disputing Style on Litigiousness" (2001) 19 WINDSOR YEARBOOK OF ACCESS TO JUSTICE 3, which explores "psychological" rather than "sociological" factors that influence disputing behaviour.

These studies suggest that perceptions of the process and potential remedial outcome of any decision-making process are fundamental to the decision to litigate. Interviews with judges, who say they generally do not wish to hear cases brought by plaintiffs on a point of principle, or in order to have the whole truth come out in public, confirm the point. See S.C. McGuire and R.A. Macdonald, "Judicial Scripts in the Dramaturgy of Montreal's Small Claims Court" (1996) 11 CANADIAN JOURNAL OF LAW AND SOCIETY 63.

The two functions of searching for truth — to uncover a particular fact or broad systemic problems — are played out in many different kinds of administrative proceedings. For example, in contemporary human rights litigation, commissions are often asked to inquire into and make findings about failures of entire systems: systemic discrimination. For contrasting views as to the capacity of decision-making institutions to handle

allegations of systemic discrimination, compare Towards Managing Diversity: a study of systemic discrimination at DIAND (Ottawa: DIAND, 1991); and R. Knopff, Human Rights and Judicial Policy Making: The case of systemic discrimination (Calgary: Socio-legal Studies Unit, Faculty of Law, 1985).

In popular culture, these two approaches to truth-finding are represented respectively, in the detective novel and the conspiracy movie. See Arthur Conan Doyle, The Adventures of Sherlock Holmes (New York : Oxford University Press, 1993) and Oliver Stone's movie JFK.

The different approaches can also be seen in two movies about responses to the AIDS epidemic. In Philadelphia, the narrative was driven by the attempt to demonstrate that the protagonist was discriminated against by a group of individuals, namely the partners in his law firm. By contrast, in And The Band Played On, one of the recurring themes of the book was the systemic discrimination faced by the gay community. Finally, the two functions of truth-seeking are sometimes united in a single narrative. For example, the protagonist in Conrad's Heart of Darkness seeks to resolve a particular problem — finding Kurtz — while at the same time uncovering for the reader the nature of the colonial enterprise.

I Was Rolling on the Floor and it Fell in!

The civil or criminal trial in Canada today is a stylized process for making factual determinations relating to a relatively narrowly cast set of issues. It assumes that a fair understanding of a complex question can be derived by having protagonists present competing interpretations of events, and conflicting versions of events — these competing presentations are meant to cast the most favourable light possible on contested ground. For an accessible discussion of the trial process, see L. Fuller, "The Adversary System" in Talks on American Law, ed. H. Berman (New York: Vintage Press, 1961).

An inevitable by-product of the adversary system is the cross examination of witnesses. In criminal trials, the requirement that guilt be proved beyond a reasonable doubt often leads defence lawyers to undertake aggressive cross-examination of victim-witnesses. For attempts to palliate the effects of testifying on those who have been victims, see Protocol for Protecting Victim Witnesses (Ottawa: Department of Justice Canada, 1991).

In general, when a decision is made that the truth about a particular event needs to be discovered — a collapsed mine; suspicious hospital deaths; polluted ground-water; an airplane crash; a prison riot — governments use the public inquiry format. For an assessment of public inquiries as institutions for truth-finding, see E. Pross, I. Christie and J. Yogis, Commissions of Inquiry (Toronto: Carswell, 1990). Perhaps the most famous

inquiry into the truth of certain past events undertaken in recent times has been that of the Truth and Reconciliation Commission in South Africa. For a discussion, see D. Dyzenhaus, JUDGING THE JUDGES, JUDGING OURSELVES, TRUTH, RECONCILIATION AND THE APARTHEID LEGAL ORDER (Oxford: Hart Publishing, 1998).

Not all inquiries are strictly forensic. In some, the objective is to achieve a broad understanding that can be used to inform public policy. Two modern Canadian examples are the ROYAL COMMISSION ON CANADA'S ECONOMIC PROSPECTS and the ROYAL COMMISSION ON ABORIGINAL PEOPLES. In these latter types of inquiry the nature of the truth being sought is much different than that of a forensic inquiry. For a close analysis of the relationship of types of truth to occasions for lying, see Sissela Bok, LYING: MORAL CHOICE IN PUBLIC AND PRIVATE LIFE (New York: Pantheon, 1978).

The claim that there are different kinds of truth has often been made in relation to the distinction between the humanities and the sciences. See C.P. Snow, TWO CULTURES AND THE SCIENTIFIC REVOLUTION (New York: Cambridge University Press, 1962). Isaiah Berlin has argued for different ways of "seeking" truth, which influence the kind of truth that is produced with his famous analogy of the hedgehog and the fox, see THE HEDGEHOG AND THE FOX (New York: Simon & Schuster, 1953).

Widely divergent understandings of what truth consists of can be seen in representative works by Enlightenment and Romantic writers, see e.g., Descartes, MEDITATIONES DE PRIMA PHILOSOPHIA : MÉDITATIONS MÉTAPHYSIQUES (Paris: Librairie philosophique J. Vrin, 1963); and Keats' poem, "Ode to a Grecian Urn." Robert M. Pirsig's ZEN AND THE ART OF MOTORCYCLE MAINTENANCE (New York: Morrow, 1974) gives a post-1960s interpretation of the problem of truth.

PART FOUR

CONCEPTS AND INSTITUTIONS

Modern societies have developed and refined a number of concepts and specialized institutions to assist in discerning, stating and promoting the values to which they aspire. The effectiveness of these concepts and institutions in doing so should not be taken for granted. Nor should the effectiveness of the various rule-making and decision-making processes — like elections, contracts, adjudicating, legislating and mediating — by means of which these concepts may be put into operation.

Law's capacity to organize, structure, and reduce the caprice of everyday life rests on a very small number of foundational postulates. Law must provide concepts that succeed in grouping human situations into easily recognizable categories. These concepts must succeed in capturing the values that a society seeks to promote. They also have to offer people options for characterizing life situations. Understanding how we have come to categorize the events of social life in certain ways, and the collateral consequences of these characterizations is a primary diagnostic ability in modern law. Keeping debate open about these classifications — both their defining features and their scope — is the mark of a democratic society.

Legal characterization is not just about situations and things. Contemporary law also attaches labels to people. This it usually does through the concept of identity. At one level, the law considers people to simply have a single identity as citizens. But just as the characterizations that law gives to everyday life are multiple, so too are the characterizations — by sex, race, class, status — that it gives to legal subjects are multiple. Permitting legal subjects a large measure of liberty to choose which of their possible identities they wish to adopt is the mark of a liberal democracy.

Law mediates, sometimes uneasily, between people and institutions, whether public or private. It provides the vehicles and agencies by which the state can recognize and express fundamental public values. Among these institutions are legislatures, courts, and governmental agencies. State agencies are an especially important site of legal regulation today. At the same time, the law also acknowledges the everyday law and private associations through which people express a sense of commitment to each other. Many of society's most important legal institutions arise in the law of everyday human interaction. Voluntary associations and community groups provide the link between official institutions and the informal practices by which everyday law is constituted, debated and modified.

Within both types of organization, law allocates the exercise of power and authority. It structures the relationships between formal office-holders and those whose influence is more subtle. The challenge for law today is to find the right balance within all types of legal institutions between official and unofficial, between explicit and tacit, and between formal and informal processes of social ordering and decision-making.

WHAT YOU SEE DEPENDS ON
WHERE YOU STAND

One of the first human survival instincts is learning how to recognize different life situations and their likely or usual impacts. Knowing if something is safe or dangerous to eat matters. So does knowing if a person approaching on a sidewalk is going to say a friendly hello or violently demand money. And when driving a car, so does knowing if a road is a residential street, or a dead-end. The ability to see common features and to recognize situations — that is, the human capacity to categorize, to classify and to characterize — can reduce uncertainty in our daily lives and thereby increase cooperative action. Most characterizations are, of course, not given by nature. Nor are they self-evident. Different people characterize situations and events differently.

Law is one of society's highly refined classification systems. It gives us categories and concepts, and provides institutions and processes for piecing these categories and concepts together in a coherent whole. Like all systems of classification, however, legal characterization is neither given, nor self-evident. More than this, in law there is rarely a single characterization of a situation, a relationship or an event. The choice among law's several alternatives usually depends on the specific outcomes one hopes to achieve and values one hopes to promote as a result of the characterization chosen. Understanding the likely impacts of choosing any given characterization is, consequently, a key element in legal analysis.

Some time shortly after the birth of our daughter, my wife and I were visited by her three surviving grandparents: my father, my mother-in-law, and my father-in-law. One afternoon we all went out for a stroll. Shortly, we came across an accident involving a car and a bicycle. The police and ambulance had arrived and were attending to the injured cyclist.

The conversation that followed was very interesting. My mother-in-law, who had trained as a nurse, was most concerned about the injuries to the cyclist, noting that he was fortunate to have been wearing a helmet. My father, a retired civil engineer, commented on what he perceived to have been a defect in the design of the intersection and the placement of the traffic lights where the accident occurred.

My father-in-law, also retired, had been an airline navigator. He commuted to work by train from the small town where he lived to Dorval airport.

He remarked that traffic in cities was congested and that cycling was more fun and less dangerous in small towns. My wife, a social worker, observed that ambulance and other health-related social services in Montreal had become much more efficient over the past few years.

To no one's surprise, I was most interested in how the accident happened: In what ways did the conduct of the motorist and the cyclist contribute to the accident? Was the driver going too fast, or not paying attention? Did the cyclist make a foolish move, or go through a red light? In short, I wanted to know if anyone was at fault.

I am sure our daughter had no idea that the perspectives and preoccupations of her parents and grandparents were so different. If she were a few years older, she would have expressed her own views. And she would also probably have wondered, as I did, what else would have been said if all her aunts and uncles were present as well. Among these were an elementary school teacher, an urban planner, a marine biologist, a carpenter, a landscaper, and an artist. Once we get over the initial reaction to a situation like this — does anybody need any help? — our further thoughts are shaped by our prior experiences and our other preoccupations.

The diversity of our reactions to the accident points to an important feature of law that is often overlooked. One of law's main purposes is to label the events of everyday life. Law's labels then provide a framework within which we can discuss these events, make plans about how to manage them in the future and, where necessary, work through the conflicts that they may create. We must be on guard, however, not to think that the way law presents these everyday events is the only way in which they should be understood. The law's description is only one of several possibilities.

WHY DOES LAW CHARACTERIZE EVENTS AS IT DOES?

This story of the bicycle accident shows how much our own background shapes the way we come to think about the world around us. Of course, we should not think that our training or our occupation alone controls what we see. Nor should we think that we will always see things the same way. Our view is constantly changing as a result of our continuing life experiences.

So, for example, where one person may see a fair market exchange, another might see exploitation. Where one person might see a childish prank, another might see vandalism. Where one might see a *"bona fide* occupational qualification," another might see racial discrimination. Part of law's role is to help each of us sort out for ourselves which of these characterizations we wish to emphasize in different contexts, and why.

In passing laws that label life's everyday events Parliament often gives specific direction to our reflections. A good illustration of the impact that the different official legal characterizations can have is revealed in our very different attitudes toward four kinds of conduct that many people view as sins: consuming alcohol, gambling, taking non-prescription drugs, and prostitution. A century ago all four of these activities were generally looked upon with moral disfavour and as creating enormous social costs. The law was used to repress or strictly control them.

Today, however, the landscape is different. Legal regulation of two of them — alcohol and gambling — is minimal. In fact, in many provinces the government itself tries to assert something close to a monopoly in purveying alcohol and gambling. Yet Parliament continues to regulate prostitution closely, and possession of most non-prescription drugs remains a criminal offence.

Over the past 100 years, Parliament has gradually come to change its characterization of alcohol consumption and gambling. These are no longer seen as examples of an individual moral failing. Rather, they have been recast as social luxuries that can generate substantial revenues for the state. Along with this change in characterization, has come a change in the way Parliament thinks about possible social costs. The human costs of alcoholism and gambling addictions are acknowledged, but are thought to be best dealt with as issues of public health or social welfare.

Some argue today that exactly this type of change in characterization should occur in relation to prostitution and the consumption of non-prescription drugs. Legalize the behaviour. Perhaps even create a government monopoly. Tax it highly. And deal with the social costs as matters of public health or social welfare.

Others take the opposite position. Parliament should not fully legalize prostitution and other parts of the "sex trade." Nor should it relax its controls on non-prescription drugs, even so-called "soft drugs" like marijuana. In fact, some take the view that Parliament should now reverse its previous decisions about alcohol and gambling. Both should be either prohibited outright, or at least much more carefully regulated.

Whatever the outcome of these political debates, one conclusion is obvious. The way these activities are initially characterized has a large impact on how we, individually, view and respond to them.

MULTIPLE CHARACTERIZATIONS IN LAW

It is obvious that there are important differences in the way law and other disciplines — like medicine or engineering — characterize everyday life. But we should not think that there can or should be only one legal characterization

for any particular event. Law frequently offers us multiple ways of thinking about the same situation.

Some years ago, the Supreme Court of Canada had to decide a case that involved a manager of a shopping centre bringing a complaint under the *Petty Trespass Act* against an employee of a store that was leasing space in the shopping centre. The employee was picketing her employer. The manager argued that the shopping centre was private property and that the striker was a trespasser. The employee argued that lawful picketing was an exercise of the right of freedom of expression and that the manager should not be permitted to stop it.

The trial court and the appeal court in Manitoba came to opposite conclusions. Six judges on the Supreme Court decided in favour of the shopping centre manager and against the employee — primarily on the basis that the shopping centre was, in fact, private property. But three judges found in favour of the picketer — primarily on the basis that freedom of expression as reflected in the right to picket was a paramount value in Canada.

Commentators and lawyers were quick to point out that lurking in the facts of the case were many other issues that the court did not really address. Was the case really about deciding between private property and freedom of speech? Or was it about the relative power of employers and employees in labour disputes? Or was it about discriminatory wages paid to female employees — the reason for the strike in the first place? Or was it even about whether eighteenth-century English rules about trespass to land designed to protect private feudal estates should continue to apply in the twentieth century to public spaces like shopping centres?

Here again, it is obvious that how the court decides to characterize the issue in the dispute will have a major bearing on the decision that it ultimately reaches. What is more, by contrast with the cases of alcohol, gambling, prostitution, and drugs, here neither provincial legislatures nor Parliament have given a firm direction about which characterization should be preferred. How we, and the courts, decide this initial question of characterization tells us a lot about the social and legal values we think are most important.

DECIDING HOW TO CHARACTERIZE SOCIAL SITUATIONS

One of the easiest ways for law to fall out of step with the values and expectations of society is to get stuck in the way it characterizes events. If the only way that the law can look at a traffic accident is as an occasion to attribute fault to someone, then we are unlikely to ask whether civil trials are the best way to ensure the people who suffer harm receive proper compensation. If

assigning blame to individual drivers exhausts law's contribution to understanding accidents, then we are unlikely to think about how improvements to design of cars and intersections, to the efficient delivery of ambulance services, and to the way we organize traffic in our cities, might reduce the number and severity of accidents in the first place.

These same types of questions about characterization can be asked in every area of the law. What factors would induce us to characterize everyday events as moral issues to be regulated by the criminal law, as public health issues, as economic issues, or in some other way? The challenge, both for lawmakers and for citizens, lies in the fact that there is no ready-made formula available to decide this question.

WHO DO YOU THINK YOU ARE ANYWAY?

The notion of personal identity plays a powerful role in shaping who each one of us thinks we are. Modern law even makes many visible human characteristics such as, for example, age, gender and skin colour important badges of identity. Yet other, less visible, identities escape or are denied official legal recognition. People are not, for example, thought to be constituted by traits of personality — their shyness or boldness, or whether they are pessimists or optimists — or by their intelligence, or by their deeply rooted likes and dislikes. There is no simple formula for deciding which of our various identities should count in law, and which should remain beyond its official reach.

That people may be legally constituted by several of their identities but still be just one person raises a central paradox. Contemporary law takes many of these partial identities into account in attributing rights and benefits upon groups. At the same time, the law attempts to overcome discrimination and disadvantage by recognizing and protecting diverse identities. It insists that they should not matter when people deal with each other in the workplace, the marketplace or the neighbourhood. And yet, it also treats most of these personal identities as voluntary. It permits people themselves to accept or to reject the legal rights and benefits flowing from them as they see fit.

Professional sports teams seem to have a great hold upon the imagination of North American males. My son and I are no exceptions. In Montreal there is constant talk that the city is about to lose its major-league baseball team, the Expos. Last year, the prospect of this loss led me to think about the meaning of team names. Would the name Expos (decided for its bilingual quality and to celebrate Expo '67) mean anything if the team moved to, say, Nashville or Washington? Is a team nickname just a label? Or does it in some way reflect the identity of the team? Take another example. In what way would the Montreal Canadiens hockey team still be the "canadiens" were Quebec to become an independent country separate from Canada?

Every time a team moves the relationship between name and identity arises. Are the Colorado Avalanche a new team or just the Quebec Nordiques in disguise? Are the Phoenix Coyotes really the Winnipeg Jets? There are even

more striking examples. The Calgary Flames hockey team began life as the Atlanta Flames — the nickname referring to the burning of the city by General Sherman during the American civil war in 1864. What does the nickname "Flames" have to do with Calgary? Again, the Utah Jazz basketball team began life as the New Orleans Jazz. Jazz and New Orleans go together. Is it so clear that Jazz is the right name for a team playing in Mormon-dominated Salt Lake City?

There is more to team names than curiosities caused by franchise transfers. It is not hard to think of examples of sports teams that changed their name even while staying in the same city. The New York Jets football team began life as the New York Titans. The Houston Astros baseball team started out as the Houston Colt 45s. Even the Toronto Maple Leafs underwent a name change, from the St. Patrick's. Does changing a name always lead to a change in identity?

I do not raise these examples of sports teams changing their names just for fun. People also change their names. Yet there is more to the notion of identity than just a name. We all occasionally ask ourselves "who am I?" And we are all occasionally asked by others "who do you think you are?" Some of the most difficult problems of modern law can be traced to how it asks and answers these two questions about identity.

IDENTITY AS A LEGAL IDEA

Modern law generally rests on the view that human beings should have just one legal identity. This idea, of course, came out of the enlightenment. It was one of the ways by which the assumptions of feudalism were challenged and overcome. In most cases, law gives us a legal identity that we have in common with everyone else. So, for example, everyone has the same rights under section 7 of the *Canadian Charter of Rights and Freedoms*. People are simply people.

Now, however, more and more people see themselves not just as individuals, but as members of groups. Their identity is, in some sense, made up of their group attachments. The law is now coming to recognize this directly. Often it invites or requires us to take on a particular identity that we do not share with everyone. For example, adults have certain rights — such as the right to vote — that children do not. And certain classes of people have rights under section 15 of the *Canadian Charter of Rights and Freedoms* that others do not.

But how do we know which of our various identities deserve legal recognition? And how do we know when these particular identities should matter?

Some of our identities are very powerful in shaping who we are. This is often the case when they relate to our visible characteristics. The law accepts

that a person's identity can be constituted by, for example, age, gender, and skin colour. And yet, not all physical characteristics are legally significant. Some, like height, weight, eye colour, and hair colour, do not seem to count. Why the difference?

Canadian law also holds some not so visible characteristics to be important to identity: religion, sexual orientation, and mother tongue. Yet, other less visible identities escape official legal recognition. People are not, for example, thought to be constituted by their shyness or boldness, their like or dislike of sports, or by whether they are pessimists or optimists. Again, why the difference?

PARADOXES OF IDENTITY

To ask which of our various identities are to count in law, and which are beyond its reach, raises several difficult issues. How can the law view people as constituted by their multiple identities but still treat them as one person? And who should decide what identities are important to any given person?

Take my own several identities as an illustration. Which of them count when I act, write, and speak? Can I really claim that am I speaking "as" or "because I am" a 50-year-old, white male? Or as a tall, blue-eyed, bald person? Or as a married, heterosexual, bilingual, anglophone, Protestant parent of two teenagers? Or someone who is shy, a sports fan, a law teacher, or a resident of Montreal? Suppose I were to make a speech in favour of publicly-funded medicare. Would I be speaking as some of these things? As all these things? Or as none of these things? This is not a trivial point. Frequently, the law has to decide exactly who it is that I am when I act. Voting in local school board elections is one example where only one of my several identities, language, fully determines my legal rights.

More often, however, the law has to decide who I am when others act in ways that affect me. What right do other people have to make judgements about which identity is most important to me? Generally the law today answers "none." This negative response is what lies behind anti-discrimination law. Surely it is just as offensive to be told that you are only being heard "because of" one of your partial identities, as it is not to be heard at all. And it is just as offensive to be told that you are being refused a service because you are only being seen in one of these partial identities — as, for example, a woman, a person of colour, or a francophone.

Here is the paradox. At one and the same time, modern law has to take these diverse identities into account in order to recognize social diversity, and

to insist that they should not matter when people offer goods, services, and jobs to others.

WHO DO I THINK I AM?

The composition of the Advisory Council of the Law Commission is an example of how identities both matter and don't matter. The Commission is required to choose an advisory council that reflects Canadian diversity. What does this mean?

Currently, the Council consists of 11 women and 11 men. The oldest member is 71 and the youngest is 22. Members are drawn from every Canadian province and one territory. There are six francophones, eight anglophones, and eight allophones. The Council comprises members who are heterosexual, gay, and lesbian. It comprises two members of Aboriginal nations. Someone from most major religious denominations in Canada is a member of the Council, and several are agnostics and atheists. Some members have doctorates, while others have not completed high school. Seven have formal legal training. Eight members live in towns of less than 40,000 people, and seven members live in cities of more than half-a-million. And so on.

In this description of the membership of the Council, it should be noted that I am the one who pointed out these badges of identity. Why did I pick these ones and not others like ethnicity, height, weight, and political affiliation? And why am I the one who makes the choice? After all, each member has several concurrent identities. Surely it should be up to each one of them to decide for themselves who they are, and which of their partial identities, if any of them at all, is most important in any given situation.

For the Law Commission, the challenge is to reconcile the need to create an advisory council in which multiple identities are present, with the need for the Council to be comprised of people who do not just see themselves as representatives of one of these identities. For members of the Advisory Council, the challenge is how to act and speak in a way that reflects these diverse identities, but that does not reflect only one or the other of them.

THE CHALLENGE OF MULTIPLE IDENTITIES

In a liberal democracy, all identities must be legally equal. But some people suffer disadvantage because of one or more of their identities. A first challenge is, therefore, to understand when the best way to overcome discrimination and disadvantage is to recognize and protect diverse identities,

and to organize legal rights around them. The second challenge is to undertake this recognition and promotion in a manner that also permits people who may have one of the recognized identities to decline to consider themselves as having that identity.

Returning to nicknames of sports teams for a moment, these challenges can be expressed in the following question. What is the difference between the Expos moving to Nashville and retaining the nickname "Expos," and the Expos staying in Montreal, but adopting a new nickname like, for example, the "Olympics"?

The answer one gives reflects one's view as to whether law should take account of peoples' multiple partial identities, and if so, whether it should permit people to accept, mitigate or decline the legal consequences flowing from these several possible identities.

CAN WE GO TO A GARAGE SALE THIS WEEKEND?

At first glance, modern society appears to be dominated by the state. Everywhere we look, our activities and relationships are defined and regulated by government agencies. It was not always like this. Not so long ago in rural communities and in local urban neighbourhoods, people felt a strong sense of belonging and commitment to each other. Frequently, these ties originated in religious institutions. Day-to-day life revolved around the church, and its life-stage rituals: birth, marriage, death. Many schools, orphanages, retirement homes, and hospitals were sponsored by churches. As well, various non-religious associations and community groups mustered up other social services: museums, libraries, orchestras, sports teams.

Today, more and more people look first to government to provide services that were previously offered through churches, voluntary associations and local self-help agencies. And yet, as the role of these other groups diminishes, governments are finding it difficult to provide a full measure of social services for everyone. In responding to calls for privatization and deregulation, lawmakers face the challenge of ensuring that the values of democratic accountability and public participation are not totally displaced by a for-profit business model for delivering privatized and deregulated services. Here there is much to be said for remembering how social services were once organized by local, non-profit, community interest groups.

There is something magical about garage sales and yard sales. When my children were younger, these neighbourhood sales were their opportunity to pick up comic books, video and audio tapes, old clothes, and associated knick-knacks. Not least of the attractions they saw in garage sales was the chance to spend money buying things — to pretend that they were shopping. Of course, my wife and I also went to garage sales and yard sales, but with a different purpose in mind. We would buy used household appliances like toasters, radios and televisions, or junky old furniture to fix up. For us, the garage sale had an economic rationale that it did not for our children.

One Saturday, when my daughter was proudly showing off a set of plastic sand-box tools that she had acquired for $1.25, she asked me if I ever went to garage sales and yard sales as a child. I had to say that I did not remember ever having done so. But I do remember participating in two other types of

events that seemed to me to be very similar: the pot-luck supper, and the church-basement rummage sale. Both were community gatherings, like garage sales. Both had the feel and ambience of a bazaar, although not with a bazaar's crass commercial overtones. Both were occasions where things got exchanged from the relatively well-off to those who were less fortunate.

As I began to think more about garage sales, and tried to explain to my daughter what pot-luck suppers and rummage sales were like, I came to realize that these social events were actually quite different. In a garage or yard sale, any profits would go to the family or families running the sale. The money was not meant to support a church activity, a youth sports team, a new piece of equipment for the park, or a local clean-up drive. The items for sale belonged to the people organizing the sale. They were not donated by people in the community. Most people did not come looking for anything in particular that they needed. They just purchased whatever happened to catch their fancy.

This was not how I remembered pot-luck suppers and rummage sales. When I asked my father what he thought, he also felt that there were differences between rummage sales and yard sales. He also mentioned two other community events besides pot-luck suppers and rummage sales that served a similar purpose: barn-raisings and the volunteer fire-brigade. For him, all these events were cooperative community projects. More than this, perhaps because he was a long-time member of the Board of Stewards of his church, he described pot-luck suppers and rummage sales as examples of what he called "the social gospel." They were occasions for a community to put into practice the basic principle of fair distribution: from each according to ability to contribute; to each according to need.

DISTRIBUTIVE JUSTICE IN COMMUNITIES AND NEIGHBOURHOODS

I had never before thought about these church activities as anything other than a meal, a bazaar, a community social event, or a voluntary tax to support certain public goods. My father had a richer understanding. First, he gave me a quick lesson on the causes and consequences of social difference in any community. Some farmers and some business people are more successful than others. Some have better land. Some are stronger or work harder. Some are blessed with greater intelligence or a better business sense. Some may have a problem with gambling or an addiction to alcohol. Some are simply luckier. And in some, usually non-farm families, the husband may have run away without a trace, leaving his wife and children to fend for themselves.

In a rural community, few of these facts escaped public notice. According to my father, pot-luck suppers were an efficient way to manage social redistribution without the humiliation of organized welfare. Everyone brought as much food as they could afford. Everyone ate as much as they needed, and the left-overs were taken away by those families that needed them most. Under the tutelage of the church minister, the pot-luck supper was advertised and run as a church social event. The ulterior purpose of ensuring that the less-fortunate members of the congregation and community always had food to eat was never publicly avowed.

So it was, he explained, with the rummage sale as well. This I realized was the reason why, in contrast with a garage or yard sale, there was never any real junk at a rummage sale. People donated to the church any of their left-over clothes, furniture, and household objects that were still in good condition. These items wound up going mostly to certain families more in need than others. But the transfer was always structured as a market transaction in which the object and clothes were sold, not given away. Once again, the goal of social redistribution was camouflaged by a community event that described itself as something else.

MUTUAL AID IN COMMUNITIES AND NEIGHBOURHOODS

As my father pointed out, pot-luck suppers and rummage sales are not the only form of mutual aid in smaller communities or even in local neighbourhoods of larger cities. Barn-raisings and their urban equivalents such as the neighbourhood clean-up after a fire are two others. They permit a community to accomplish individual tasks beyond the resources or capacities of any one person. Built into the barn-raising process was the assumption of reciprocity: next time it will be my barn or my fence that needs repair, or my crop that needs harvesting in an emergency.

The volunteer fire brigade is another mutual aid enterprise. Here a community generates a social good that no individual could afford, or that even the whole community did not have the money to pay for. Volunteer fire brigades rest on a recognition that groups can effectively come together to pursue a common purpose in advance of any particular occasion where the purpose is needed.

These two kinds of mutual aid — one grounded in reciprocity, and the other grounded in the pursuit of a common purpose — seemed to me really only suited to dealing with pooling physical labour in rural areas. When I mentioned this to my father, he also gave me two other examples, drawn from the time we lived in a suburb of Toronto.

I recall some nights, the telephone ringing long after I was in bed, and my father having to get up to go out for a bit. I never knew why at the time. My father explained that we had a neighbour down the street who was a heavy drinker, and who became violent when he was drunk. The various men on the block organized themselves into a volunteer group to rescue his wife and children before he got out of control. She would call, and depending on the evening, either my father and two friends, or some other threesome would quickly go to the house to escort the husband out. He would spend the night in one of our garages where no children would ever see him. Of course, upon sobering up, he would always promise never to do it again, to join Alcoholics Anonymous, and to mend his ways. Sometimes the incidents were far apart. Sometimes, after he lost his job, they were more frequent.

My father also reminded me that neither he, nor my brother, nor I, ever did all the work that needed to be done around the house by ourselves. Of course, I shovelled snow. I mowed the lawn. I helped tend garden. I worked on the porch or the roof. But usually Grenville was there to help out as well. Grenville lived in a basement flat at one of my friend's homes. He was slightly uncoordinated, and even as children we knew that he was none too swift. But he was the community handyman, the minder of property during vacations, and everyone's general helper. What I did not know then, was that all the families of the community contributed to make certain that there was always enough paid work for Grenville to do.

BEFORE AND AFTER THE WELFARE STATE

In all these examples, one can see neighbourhood and community welfare in action before the welfare state. Community initiatives included various forms of mutual aid, economic redistribution, social regulation, and so on. While religious institutions played an important role in some activities, often as a cover for their true purposes, never was the benefit restricted to members of a given denomination. Indeed, many of the responses had no religious connection at all: the fire brigade; barn-raisings; the policing of domestic assault; or the employment of the unemployable.

For half a century we have looked increasingly to government to provide services that were previously handled through local self-help resources. Firefighting, community construction projects, policing, social welfare, and sheltered workshops are now all within the domain of the state. And yet, governments today are hard pressed to provide these services at a level the public expects. There is much call for deregulation and privatization.

In pursuing these themes by redesigning models of service delivery, policymakers face two challenges. They need to avoid harkening back to a mythological rural arcadia of private self-help welfare. Anyone who has ever lived in such a setting knows of the violence, prejudice, and dysfunction that were also often present. Nor should they simply restructure government functions by creating private bureaucracies. Part of our current sense of loss flows precisely because we have professionalized and bureaucratized community life.

The policy challenge is to find a way to marry the values of democratic accountability and participation in the newly-privatized services with the goal of efficiency. It is to ensure that the for-profit business model is not the exclusive template for replacing the state in the delivery of any privatized and deregulated social services. In planning new processes there is much to be said for remembering how the values of mutual aid and cooperation were reflected in the local, non-profit, community groups and voluntary associations through which these services were once organized. Overcoming both political slogans and unreflective nostalgia is the trick for finding the right mix of strategies.

OLD GUARDS

Organizing and structuring human relationships is one of law's most important roles. Sometimes private contracts are the device through which ordering is achieved. When more than two people are involved, relationships are more frequently nurtured within and through institutions that allocate decision-making authority and responsibility: corporations, unions, schools, churches, social clubs, universities, and so on. These institutions are usually complex and subtle. What look like the formal rules can often be overtaken by practices, tacit understandings, and accepted ways of doing things. And what look like the formal decision-making authorities can also find themselves obliged to share power with informal associations and groups.

    Without informal practices and tacit understandings, and without informal organizations and groups, most complex institutions could not function. Of course, these informal associations and the tacit understandings through which they function are not monolithic. Several may co-exist within the same institution. Some are meant to accomplish particular aims. Others are inchoate and appear to pursue no obvious purpose. Some are more or less recognized within formal structures and are implicit delegates of authority. Others may be completely external to the formal hierarchy. Understanding the interplay between formal and informal associations in organizational life is a prerequisite for the design of effective legal institutions.

During the late 1960s and early 1970s, I spent my summers working at a boys' camp in cottage country just north of Toronto. After several years as a counsellor, in 1969 I became a section director. For the next half-decade, I held various positions as a member of the "senior staff" at that camp. According to the formal chart posted in the camp office, the senior staff comprised a dozen or so section directors and program directors. The senior staff was, in theory, responsible for deciding all matters of policy and for supervising general camp activity.

    Yet, in parallel to this official council of decisionmakers there were other individuals who seemed to wield enormous influence within the camp. Collectively they came to be identified as "the Old Guard." Despite its name, this Old Guard was neither a reactionary body of aged warriors claiming to be "keepers of the true faith," nor an entrenched group covertly wielding power as an "old boys' network." Some members of the senior staff were members of the Old Guard, but some were not. More interestingly, there were a few

members of the Old Guard who were not also members of the senior staff. Many of those comprising the Old Guard had several years experience at the camp. Others had only been on the staff for a couple of summers.

To the law student that I was during much of this time, several features of this group appeared peculiar, if not perverse. There were no organized meetings. There were no specific matters over which it was given authority to make decisions. There were no recognizable rules even made by it. And there were no formal procedures that it observed. The camp director's tolerance of this loose association with a power and authority that overlapped and sometimes overrode the official decision-making bureaucracy puzzled me. I recall thinking that this was not an effective or honest way to run an organization.

One feature of the Old Guard really stood out. There were no guidelines about how one got to be a member. While staff members could lobby for and negotiate a position on the senior staff, it was hard to imagine them demanding appointment to a body that did not officially exist. Indeed, it was an incident relating to the question of membership that first caused me to reflect on what the Old Guard was, and how it functioned within the camp.

In 1972, a talented young philosophy student joined the camp staff as director of the canoe-trip program. This new staff member also happened to be the brother-in-law of a former long-time member of both the senior staff and the Old Guard. As a consequence, he knew a lot about the camp, its operations, its procedures, its personalities, and its history. Being quite smart and armed with this knowledge, he immediately began to insert himself into those casual, unstructured, speculative discussions about planning and policy which members of the Old Guard considered to be their exclusive preserve.

After two or three weeks, I was approached by a couple of other members of the Old Guard, who asked me (acting not as a long-time member of the Old Guard, but as the ranking member of the snior staff) to have a word with this upstart. At the time I did not see the irony of an officially non-existent group calling upon official authority within the camp to legitimate its non-existence.

WHAT IS AN OLD GUARD?

Shortly afterwards I had a chance to talk privately with him about the Old Guard. Because the conversation was so awkward I can still remember most of the ideas we discussed and the conclusions we reached. One of the most important conclusions was this. There was, in fact, not one homogenous Old Guard, but several sub-sets. These had only partially overlapping memberships, depending on the type of issue under discussion and the type

of counsel and advice the camp director was thought to be seeking. In this sense, Old Guard was, by contrast with the senior staff which had an explicit structure of committees and sub-committees, a strikingly plural and amorphous grouping.

Moreover, members of the Old Guard never referred to themselves as belonging to it. Indeed, the initial indication of membership was conferred almost incidentally by existing members reaching out to include potential new members in their episodic discussions. Once informally attributed in this way, membership was then confirmed by the off-hand usage of the epithet "member of the Old Guard" by the camp director in various settings around the camp. Despite the self-identifying and unstructured character of the Old Guard, the group was recognized by members of the camp staff. It seemed to be widely understood and even accepted as an institutional complement to the senior staff.

Even though the role of the Old Guard was acknowledged, its members never formally met as a group to discuss, or decide, matters of policy within the camp. To the extent that members of the Old Guard ever took a position on any issue, this was presented only as the opinion of one or another individual. At the same time, in most formal settings, such as regular senior staff meetings, members of the Old Guard were almost always of the same viewpoint about what should be done.

MULTIPLE OLD GUARDS

The various sub-sets of the Old Guard seemed to wield great informal influence. But they were only one type among several informal groups within, or associated with, the camp. The most visible of these other groups was the Nor'Wester Society, an ever-expanding body of about ten present members and about 60 former members of the camp staff. The Nor'Westers were the true "keepers of the faith" and overtly proclaimed this mission at the yearly Camp Nor'Wester Day. By contrast with the Old Guard, the Nor'Westers were an organized body of alumni, with a constitution, and with defined membership rules, settled procedures for deliberation and decision-making, including a committee structure. Like the senior staff, the Nor'Westers were an organized group. But their role within the camp was entirely informal.

Besides the Nor'Westers there were also various other groupings of staff members who contributed much to everyday camp life. Most of these groupings were informal, and self-identifying. But unlike the Old Guard, they did not coalesce around some vague sense of overall leadership. Rather, they were program specialists, linked by interest, talent or other commonality. Each group

came to play a well-defined and specific role within the camp. All the camp musicians exercised leadership in the presentation of music nights, rainy day programs, and camp fires. The athletically-inclined counsellors seemed to manage the camp's weekly regattas and competitive swimming, sailing, and canoeing events. Those staff members who were most religious looked after the Sunday chapel service. On so on.

Upon examination, leadership among the camp staff turned out to be quite diffuse. In theory, a formal, bureaucratic organization with a specific authority, the senior staff, ran the camp. In practice, at least three other types of association also played a role: a formal, bureaucratic organization that had no specific authority, the Nor'Westers; a series of informal, non-bureaucratic groups that handled particular events and particular occasions, the program specialists; and finally, a loose-knit association of informal, non-bureaucratic sub-groups that had no specific authority but enormous influence, the Old Guard.

OLD GUARDS IN EVERYDAY LIFE

Exactly a decade after I left summer camp, I became the dean of a Faculty of Law. Almost immediately upon taking office I noticed differences in the manner and substance of the contribution that various professors made to collegial life. Shortly after I had joined the faculty five years earlier, I became conscious that some professors' voices carried more weight than others. Until I assumed the deanship, however, I did not attribute much significance to the fact. Nor did I try to uncover any identifying characteristics shared by these influential professors, or seek out other explanations for the preponderance of their opinions.

Only later did I realize fully the extent of the differences between two groups of my colleagues. Those who held the rank of full professor or title of associate dean, and who by virtue of their rank or office presumably should have been showing leadership within the faculty. And those colleagues, some of whom were quite young or recent recruits to McGill, upon whom I actually tended to rely for counsel and advice. This latter group of professors was quite a disparate group, having little in common either as to age, sex, and ethnicity, or as to subject-matter specialization and theoretical approach to law. Nevertheless, I later discovered that they would often eat lunch together, and that they interacted socially both within and outside the university. Despite the fact that they never formally assembled as a group with an agenda, nor sought explicitly to come up with an understanding about how to deal with some current faculty conundrum, invariably the general line of their thinking was consistent.

Just as had been the case at summer camp, the Old Guard of the Faculty of Law unconsciously controlled its own membership. Just as at the camp, the feelings of the formally "elect" excluded from the Old Guard could be easily hurt. And just as at summer camp, not only was there an Old Guard which was a decidedly plural group, there were other groupings of professors playing important roles. The civil lawyers, common lawyers, and public lawyers each claimed a "program specialty" or authority similar to that of the camp musicians and sports enthusiasts. So too did the francophones and anglophones, and the doctrinal scholars and the legal theorists. Even the Nor'Westers had their reflection in the group of graduates who comprised the Law Faculty Advisory Board. Within the Faculty of Law, I was reliving various aspects of my summer camp experience, although as dean my own role had become more like that of the camp director.

Of course, it is not just in summer camps and faculties of law that one encounters Old Guards. For example, every legislative body has its political parties and informal caucuses. Without informal associations and groups, most complex institutions could not function. Institutions that are organized to deny or diminish the role of these informal associations and the tacit understandings through which they function become highly bureaucratic and rigidified. By contrast, formal institutions that recognize the plurality of informal, implicit, and inchoate associations and the role they play are better able to adapt to change and to effectively pursue the purposes for which they were established.

The best response to the inevitable existence of informal power is not to suppress it. It will just resurface elsewhere in different form. Rather, the best response is to give it a productive institutional outlet.

SUGGESTIONS FOR FURTHER READING

INTRODUCTION

The influence of law's conceptual structure on its institutional forms was a recurring theme of both Fuller and Carbonnier. See, in particular, the concluding essay in L. Fuller, THE PROBLEMS OF JURISPRUDENCE (Mineola: Foundation Press, 1949). For a more mature exposition of Fuller's views, see "The Role of Contract in the Ordering Process of Society Generally," in L. Fuller and M. A. Eisenberg, BASIC CONTRACT LAW, 3d ed. (St. Paul: West Publishing, 1973), 89-101. Carbonnier's understanding of law's conceptual structure and institutional forms are best expressed in FLEXIBLE DROIT, 8th ed. (Paris: L.G.D.J., 1996).

Fuller's essay "Means and Ends" in K. Winston ed., THE PRINCIPLES OF SOCIAL ORDER : SELECTED ESSAYS OF LON L. FULLER (Durham: Duke University Press, 1983) is also helpful on this point, as are the essays by J. Vining, "Fuller and Language," and P. Teachout, "Uncreated Conscience: the Civilizing Force of Fuller's Jurisprudence," both in W. Witteveen and V. van der Burg eds., REDISCOVERING FULLER: ESSAYS ON IMPLICIT LAW AND INSTITUTIONAL DESIGN (Amsterdam: Amsterdam University Press, 1999).

Recent feminist scholarship has pointed to the gendered character of many legal institutions: see D. Rhode, JUSTICE AND GENDER (Cambridge, MA: Harvard University Press, 1989). Similar observations have been made in relation to race, religion, and class. Competing perspectives on the rootedness of legal concepts and institutions are offered by P. Kahn, THE CULTURAL STUDY OF LAW (Chicago: University of Chicago Press, 1999); and J. Shklar, THE FACES OF INJUSTICE (Cambridge, MA: Harvard University Press, 1990).

The importance of para-public and private institutions to modern society is a constant theme in legal scholarship. See H.W. Arthurs, WITHOUT THE LAW: ADMINISTRATIVE JUSTICE AND LEGAL PLURALISM IN NINETEENTH CENTURY ENGLAND (Toronto: University of Toronto Press, 1985); Jerold Auerbach, JUSTICE WITHOUT LAW? (New York: Oxford University Press, 1983).

WHAT YOU SEE DEPENDS ON WHERE YOU STAND

The nature and effects of legal characterization are discussed in numerous essays. A particularly insightful recent essay is P. Birks, "Introduction," in INTRODUCTION TO ENG-LISH PRIVATE LAW vol. 1, (Oxford: Oxford University Press, 2000). See also, G. Timsit, LES

NOMS DE LA LOI (Paris: PUF, 1991); J. Vanderlinden, "A propos des catégories du droit" (1999) 2 REVUE DE LA COMMON LAW EN FRANÇAIS 301-330.

Characterization is, of course, a more general social phenomenon. Two features merit particular notice. First of all, an organized structure of characterization permits discrete units to be separated from a larger whole. In law, this facilitates the transplantation of legal ideas and concepts across legal systems and legal traditions. For discussion, especially in connection with the survival of Roman law, see A. Watson, LEGAL TRANS-PLANTS: AN APPROACH TO COMPARATIVE LAW, 2d ed. (Athens: University of Georgia Press, 1993); THE MAKING OF THE CIVIL LAW (Cambridge, MA: Harvard University Press, 1981); THE SPIRIT OF ROMAN LAW (Athens: University of Georgia Press, 1994).

Secondly, characterization is largely driven by institutions and inherited structures of thought. See M. Foucault, THE ORDER OF THINGS: THE ARCHEOLOGY OF THE HUMAN SCIENCES (New York: Pantheon, 1970); Mary Douglas, HOW INSTITUTIONS THINK (Syracuse: Syracuse University Press, 1986); T. Kuhn, THE STRUCTURE OF SCIENTIFIC REVOLUTIONS, 3d ed. (Chicago: University of Chicago Press, 1996).

The influence of perspective on how people characterize problems constitutes a trope, widely resorted to in cultural works. In cinema, perhaps the most influential treatment is Akira Kurosawa's RASHOMON. High and low cultural forms use conflicting perspectives, and partially understood information flowing from cultural difference as devices to drive narrative forward. This is notably the case in Sophocles' ANTIGONE, and Shakespeare's OTHELLO.

The question of differing perspectives also permeates pop-psychology. See, for example, John Gray, MEN ARE FROM MARS, WOMEN ARE FROM VENUS (New York: HarperPerennial, 1994). The question of differences of cultural perspectives is a central motif in Japanese literature; see e.g., Natsume Soseki, THE THREE CORNERED WORLD, trans. A. Turney (New York: Putnam, 1982), and is the grist for many movies that deal with cross-cultural differences: DOUBLE HAPPINESS, ANNIE HALL, and GUESS WHO'S COMING TO DINNER being among the better known.

Who Do You Think You Are Anyway?

A general theorization of the complex nature of identity has been developed in several works by Charles Taylor. See notably, SOURCES OF THE SELF: THE MAKING OF MODERN IDEN-TITY (Cambridge, MA: Harvard University Press, 1989); MULTICULTURALISM: EXAMINING THE POLITICS OF RECOGNITION (Princeton: Princeton University Press, 1994).

Of course, differences of gender, race, and class also bear on the way legal systems respond to potential litigants. In SOCIOLOGICAL JUSTICE (New York: Oxford University Press, 1989) Donald Black explores how social location shapes legal outcome.

The issue of multiple identities and affiliations has spawned a vast academic literature. See e.g., SLEEPING WITH MONSTERS: CONVERSATIONS WITH SCOTTISH AND IRISH WOMEN
POETS (Dublin: Wolfhound, 1990); Lorde, "Age, Race, Class and Sex: Women Redefining Difference," in SISTER OUTSIDER (Trumansberg, NY: Crossing Press, 1984) at 114; and
bell hooks, YEARNING: RACE, GENDER AND CULTURAL POLITICS (Toronto: Between the Lines,
1990). For a classic exposition see Ralph Ellison, INVISIBLE MAN (New York: Modern
Library, 1992).

The nature of personal and group identity is also the source of much contemporary
academic writing and popular debate about what has been called "cultural appropriation." The issue is not new. Generations ago Miles Davis accused white musicians like
Dave Brubeck of cultural mis-appropriation. See Miles Davis and Quincy Trope, MILES:
THE AUTOBIOGRAPHY (New York: Simon & Schuster, 1990).

Uncertain gender identity also figured in some of Shakespeare's comedies, notably A
COMEDY OF ERRORS, TWELFTH NIGHT, and A MIDSUMMER NIGHT'S DREAM. Modern movies
such as LA CAGE AUX FOLLES also play on ambiguities of gender.

CAN WE GO TO A GARAGE SALE THIS WEEKEND?

The two themes of this story — competing principles of social ordering and the relationship of state bureaucracy and voluntary associations — are not always linked. Twice
Lon Fuller attempted to contrast alternative models of organization, models that others like Charles Lindblom describe as the contrast between politics and markets: see C.
Lindblom, POLITICS AND MARKETS (New York: Basic Books, 1977). Invariably, those who
draw such distinctions are preoccupied with reducing the size of government. The
legal *locus classicus* in F. Hayek, LAW, LEGISLATION AND LIBERTY, 3 vols. (Chicago: University of Chicago Press, 1973).

Fuller's concern was less with whether governments or markets should organize social activity than with the forms by which such organization is achieved. At one point
Fuller distinguished between "organization by reciprocity" and organization in pursuit of common ends: see "Freedom: A Suggested Analysis" (1955) 68 HARVARD LAW
REVIEW 1302; later he revised this distinction as one between "the legal principle" and
the pusuit of "shared purposes"; see "Two Principles of Human Association," in THE
PRINCIPLES OF SOCIAL ORDER, ed. K. Winston (Durham: Duke University Press, 1983) at 67.

Fuller was much influenced by Michael Polanyi's collection of essays THE LOGIC OF
LIBERTY: REFLECTIONS AND REJOINDERS (Chicago: University of Chicago Press, 1951). Nonetheless, he did not believe that the "legal principle" could be deployed to accomplish
all social tasks, a conclusion to which some welfare school economists and proponents
of the "Law and Economics" movement appear to have arrived. Compare Fuller's essay

"Irrigation and Tyranny" (1965) 17 STANFORD LAW REVIEW 1021 with R. Posner, THE COL-LECTED ECONOMIC ESSAYS OF RICHARD A. POSNER (Northampton, MA: Edward Elgar, 2000); and FRONTIERS OF LEGAL THEORY (Cambridge, MA: Harvard University Press, 2001).

As for the special problem of deregulation and privatization of governmental functions, the issue is well worked over in both legal and policy studies literature. One particular version is found in R. A. Macdonald, "Regulation by Regulations," in REGU-LATIONS, CROWN CORPORATIONS AND ADMINISTRATIVE TRIBUNALS, ed. I. Bernier and A. Lajoie (Toronto: University of Toronto Press, 1986) at 89.

In popular culture both governmental and non-governmental structures and organizations are typically stereotyped. Voluntary associations are often presented as part of idyllic communities that are free from the interfering influence of the state: see, for example, the various organizations as portrayed on the ANDY GRIFFITHS SHOW. On occasion, however, they are also conceived as sites of pathology, which require the intervention of state actors, notably the police, to redeem them: see, for an example of this genre, the movie WITNESS. State institutions are, of course, invariably portrayed as impersonal, insensitive monoliths. GRIDLOCK'D is a classic of this type. What is common to all movies that do not harken back to the arcadian past, is the apparent celebration of the individual's capacity to triumph against organizational evil — whether in the voluntary or in the public sector. This is true even when the hero is, himself or herself, part of the bureaucratic apparatus, as in THE DAY OF THE JACKAL.

OLD GUARDS

The literature on organizational theory and the sociology of organizations is enormous. One of the best studies of informal associations is Mary Douglas, HOW INSTITUTIONS THINK (Syracuse: Syracuse University Press, 1986). See also Herbert Simon, MODELS OF THOUGHT (New Haven: Yale University Press, 1955). The connection between rights and organizations is explored in Meir Dan-Cohen, RIGHTS, PERSONS AND ORGANIZATIONS: A LEGAL THEORY FOR BUREAUCRATIC SOCIETY (Berkeley: University of California Press, 1986).

Unofficial organizations within official orders are a common feature of political parties, sports teams, and the military. From the essay by James Madison, THE FEDERALIST PAPERS, No. 10 to the present day, governance institutions have struggled with faction. In ROBERT KENNEDY: HIS LIFE (New York: Simon & Shuster, 2000), Evan Thomas writes that Lyndon Johnson resented the "Kennedy loyalists" within the Democratic Party after he became president. Within sports teams there are often factions whose members cannot be categorized within the official hierarchy of the organization (using titles and designations like manager, coach, captain) but that nevertheless exert a powerful influence. For a detailed examination of one such example, see S. Smith, THE JORDAN RULES: THE INSIDE STORY OF A TURBULENT SEASON WITH MICHAEL JORDAN AND THE CHICAGO

BULLS. For an application of theories of informal organization to the military see the essay "The Western Concentration Block," in THE POLITICS OF COMMAND, by T. Connelly and A. Jones (Baton Rouge: Louisiana State University Press, 1973) discussing the role of different factions in the development of Confederate military strategy during the American Civil War.

An epistolic consideration of these same issues within a law faculty is essayed in R. A. Macdonald, "Office Politics" (1990) 40 UNIVERSITY OF TORONTO LAW JOURNAL 419.

In popular literature and movies, these informal organizations are almost always pictured (caricatured) as malignant. They comprise plotters intent on subverting an organization, or an entrenched force bent on stifling democratic reforms. A modern classic, complete with the conventional stereotypes is INDEPENDENCE DAY.

Queen's Policy Studies
Recent Publications

The Queen's Policy Studies Series is dedicated to the exploration of major policy issues that confront governments in Canada and other western nations. McGill-Queen's University Press is the exclusive world representative and distributor of books in the series.

School of Policy Studies

Improving Connections Between Governments and Nonprofit and Voluntary Organizations: Public Policy and the Third Sector, Kathy L. Brock (ed.), 2002
Paper ISBN 0-88911-899-X Cloth ISBN 0-88911-907-4

Governing Food: Science, Safety and Trade, Peter W.B. Phillips and Robert Wolfe (eds.), 2001
Paper ISBN 0-88911-897-3 Cloth ISBN 0-88911-903-1

The Nonprofit Sector and Government in a New Century, Kathy L. Brock and Keith G. Banting (eds.), 2001
Paper ISBN 0-88911-901-5 Cloth ISBN 0-88911-905-8

The Dynamics of Decentralization: Canadian Federalism and British Devolution, Trevor C. Salmon and Michael Keating (eds.), 2001 ISBN 0-88911-895-7

Innovation, Institutions and Territory: Regional Innovation Systems in Canada, J. Adam Holbrook and David A. Wolfe (eds.), 2000 Paper ISBN 0-88911-891-4 Cloth ISBN 0-88911-893-0

Backbone of the Army: Non-Commissioned Officers in the Future Army, Douglas L. Bland (ed.), 2000 ISBN 0-88911-889-2

Precarious Values: Organizations, Politics and Labour Market Policy in Ontario, Thomas R. Klassen, 2000
Paper ISBN 0-88911-883-3 Cloth ISBN 0-88911-885-X

The Nonprofit Sector in Canada: Roles and Relationships, Keith G. Banting (ed.), 2000
Paper ISBN 0-88911-813-2 Cloth ISBN 0-88911-815-9

Institute of Intergovernmental Relations

Health Policy and Federalism: A Comparative Perspective on Multi-Level Governance, Keith G. Banting and Stan Corbett (ed.), 2001 Paper ISBN 0-88911-859-0 Cloth ISBN 1-55339-000-8, ISBN 0-88911-845-0 (set)

Disability and Federalism: Comparing Different Approaches to Full Participation, David Cameron and Fraser Valentine (ed.), 2001 Paper ISBN 0-88911-857-4 Cloth ISBN 0-88911-867-1, ISBN 0-88911-845-0 (set)

Federalism, Democracy and Health Policy in Canada, Duane Adams (ed.), 2001
Paper ISBN 0-88911-853-1 Cloth ISBN 0-88911-865-5, ISBN 0-88911-845-0 (set)

Federalism, Democracy and Labour Market Policy in Canada, Tom McIntosh (ed.), 2000
ISBN 0-88911-849-3, ISBN 0-88911-845-0 (set)

Canada: The State of the Federation 1999/2000, vol. 14, *Toward a New Mission Statement for Canadian Fiscal Federalism*, Harvey Lazar (ed.), 2000 Paper ISBN 0-88911-843-4 Cloth ISBN 0-88911-839-6

Canada: The State of the Federation 1998/99, vol. 13, *How Canadians Connect*, Harvey Lazar and Tom McIntosh (eds.), 1999 Paper ISBN 0-88911-781-0 Cloth ISBN 0-88911-779-9

Managing the Environmental Union: Intergovernmental Relations and Environmental Policy in Canada, Patrick C. Fafard and Kathryn Harrison (eds.), 2000 ISBN 0-88911-837-X

Stretching the Federation: The Art of the State in Canada, Robert Young (ed.), 1999 ISBN 0-88911-777-2

Comparing Federal Systems, 2d ed., Ronald L. Watts, 1999 ISBN 0-88911-835-3
Comparaison des régimes fédéraux, 2ᵉ éd., Ronald L. Watts, 2002 ISBN 1-55339-005-9

John Deutsch Institute for the Study of Economic Policy

The State of Economics in Canada: Festschrift in Honour of David Slater, Patrick Grady and Andrew Sharpe (eds.), 2001 Paper ISBN 0-88911-942-2 Cloth ISBN 0-88911-940-6

The 2000 Federal Budget, Paul A.R. Hobson (ed.), Policy Forum Series no. 37, 2001
Paper ISBN 0-88911-816-7 Cloth ISBN 0-88911-814-0

Room to Manoeuvre? Globalization and Policy Convergence, Thomas J. Courchene (ed.), Bell Canada Papers no. 6, 1999 Paper ISBN 0-88911-812-4 Cloth ISBN 0-88911-812-4

Women and Work, Richard P. Chaykowski and Lisa M. Powell (eds.), 1999
Paper ISBN 0-88911-808-6 Cloth ISBN 0-88911-806-X

Available from: McGill-Queen's University Press
Tél: 1-800-387-0141 (ON and QC excluding Northwestern ON)
1-800-387-0172 (all other provinces and Northwestern ON)
E-mail: customer.service@ccmailgw.genpub.com